| 博士生导师学术文库 |

A Library of Academics by
Ph.D.Supervisors

中国古代朴素哲学思想解析
及其生态文明启示

钟茂初 著

光明日报出版社

图书在版编目（CIP）数据

中国古代朴素哲学思想解析及其生态文明启示 ／ 钟茂初著. -- 北京：光明日报出版社，2023.5

ISBN 978－7－5194－7175－0

Ⅰ.①中… Ⅱ.①钟… Ⅲ.①古代哲学—哲学思想—研究—中国 Ⅳ.①B215

中国国家版本馆 CIP 数据核字（2023）第 073033 号

中国古代朴素哲学思想解析及其生态文明启示
ZHONGGUO GUDAI PUSU ZHEXUE SIXIANG JIEXI JIQI SHENGTAI WENMING QISHI

著　　者：钟茂初

责任编辑：梁永春　　　　　　　　责任校对：李　兵
封面设计：一站出版网　　　　　　责任印制：曹　诤

出版发行：光明日报出版社

地　　址：北京市西城区永安路 106 号，100050

电　　话：010-63169890（咨询），010-63131930（邮购）

传　　真：010-63131930

网　　址：http：//book. gmw. cn

E - mail：gmrbcbs@ gmw. cn

法律顾问：北京市兰台律师事务所龚柳方律师

印　　刷：三河市华东印刷有限公司

装　　订：三河市华东印刷有限公司

本书如有破损、缺页、装订错误，请与本社联系调换，电话：010-63131930

开　　本：170mm×240mm

字　　数：266 千字　　　　　　　印　　张：16. 25

版　　次：2023 年 5 月第 1 版　　　印　　次：2023 年 5 月第 1 次印刷

书　　号：ISBN 978－7－5194－7175－0

定　　价：95. 00 元

目 录
CONTENTS

导　论

　　流传近 3000 年的《易经》，无疑是一部充满哲学思想的中华文化经典。就《易经》文本而言，其思想方法，可以说是典型的"格物致知"①。所格之"物"，是日常社会生活中常见的"事物"或"器物"，通过对某一具体"事物"所涉及的关键性进程，或某一"器物"使用中的关键性局部的考察和分析，得出具有同类结构的可类比事物的一般规律，以此作为社会生活中的行为指导。《易经》所阐述的哲理，对于现今社会人们的行为依然有着许多可借鉴的价值。既然要认识和参鉴其哲理，那么，就必须读懂和理解《易经》文本的原义。

一、为读懂和理解《易经》，需要厘清的若干问题

　　如何去读懂和理解文字如此简略的《易经》？首先要对《易经》相关的若干问题有一个基本判断和认知。以下是本书作者对于《易经》若干相关问题的基本认识，这也是决定本书论述思路和主要观点的逻辑起点。

　　（一）关于《易经》与《易传》的关系及取舍

　　《易经》，仅指包含六十四卦的卦名、卦象、卦辞和爻辞的文本。而后世，把《易传》（包括《文言》《象传》上下、《象传》上下、《系辞传》上下、《说卦传》《序卦传》《杂卦传》等，亦称"十翼"，是后人对《周易》经文的注解和对筮占原理、功用等方面的论述）也作为《易经》的组成部分，即所谓广义上的《易经》（或称《周易》）。

　　本书作者认为，《易传》各篇，或许都可算作对《易经》进行阐释的经典

---

　　① 至于易卦卦象，是否能够体现中国传统文化的"象"思维方式，本书作者认为，其与《易经》文本本身无关，而是后来者借用易卦卦象而阐发的。

文献。但是，不可将这些典籍的内容混杂在一起用来阐释《易经》的本义。原因很简单，因为《易传》与《易经》之间、《易传》各篇之间并没有形成统一的逻辑体系和阐释体系，各篇所采用的逻辑论述体系各不相同。《易传》各篇，名义上是对《易经》的注解，实质上是其作者以《易经》为底本，对自身思想的一种阐述方式，其间加入了特定的假设，这些假设并非来自《易经》文本本身，而是外生性地加入的。所以，《易传》各篇并不是《易经》的解读本，而只是与《易经》涉及内容有所关联的其他哲学著述。

在阐释《易经》的哲学思想过程中，只能采用一种逻辑概念体系。如果把阐释逻辑和方法完全不同的内容杂糅在一起，必然引致逻辑体系上的混乱，其得出的认识可想而知。显然，那种杂糅式的阐释方式并不可取，其分析结论也很难让人信服。现实中，有关《易经》的著述，多数都存在把《易经》和《易传》各篇、把"象、理、数"穿杂在一起论述，表面上似乎能够起到相互参照、相互印证的作用，实质上很难解决其间逻辑杂乱的问题。两千多年来，《易经》难以得到有完整逻辑体系的阐释，其根本原因就在于把各种阐述体系混杂在一起，关系杂乱而缺乏一以贯之的阐述逻辑，阐释者有意无意地不断变换概念，在不同阐述体系之间毫无顾忌地跳跃。更有甚者，还外生地引入"木、火、土、金、水"五行来阐述各卦各爻的性质，其论述逻辑就更加杂乱无序。

所以，本书作者认为，要读懂和理解《易经》的本义，只能依据《易经》的卦辞和爻辞。引入《易传》，不仅无助于理解《易经》的本义，反而误把《易传》的思想认识当作《易经》的本义思想。因此，读懂和理解《易经》的本义，不仅不应引入《易传》各篇的说法，更应把源自《易传》的各种说法，从《易经》认识中剔除出去。诸如，"天行健，君子以自强不息""地势坤，君子以厚德载物"（源自《象传》）、"大哉乾元""柔在内而刚得中"（源自《彖传》）、"一阴一阳之谓道""易有太极，是生两仪，两仪生四象，四象生八卦，八卦定吉凶，吉凶生大业"（源自《系辞传》）、"积善之家必有余庆，积不善之家必有余殃"（源自《文言》），等等，各种耳熟能详的说法，本质上与《易经》文本毫无关涉。

（二）关于"象数"与"义理"的问题及取舍

《易经》，论述的是六十四卦，核心内容是其卦象和卦辞、爻辞。

所谓"象数"，就是指《易经》中由六爻构成的各卦，其阴爻（--）、阳爻

（一）各不相同组成的卦象，所表征的事物以及各爻之间的关系所表征的含义；所谓"义理"，就是指《易经》各卦卦辞和爻辞的文义及其所阐述的道理，以现代学术语言来理解，就是指《易经》各卦卦辞和爻辞的哲理思想。

关于卦象。《易经》六十四卦，是由更早期的八卦（☰、☱、☲、☳、☴、☵、☶、☷）两两叠加而得到的。合理推测：六十四卦象的出现，最初的用途，只是作为表达次序的一种方式。如同以天干地支合在一起得出一套总计60个计序符号的计序方式①（六十甲子纪年计序方式）。同样的道理，将八卦重合也可以得出一套共计64个计序符号的计序方式。简单地理解，六十四卦就是讨论64个问题的序号，而各卦中的六爻就是每个讨论问题中的6个次级问题。"卦象"中的各爻与"爻辞"的关系，类似于一篇论文的二级标题目次②。即，一个卦，论述一个问题，"卦名"是其一级标题；"卦辞"是其内容摘要；各爻（初爻、二爻、三爻、四爻、五爻、上爻）是其二级标题的次序；"爻辞"则是二级标题下的论述内容，依次或为子问题的并列论述，或为子问题的递进论述。《易经》文本固有的内涵，仅此而已，不可能有更多的内涵。除此之外的一切，都是后来者外在地附加于其上的，与《易经》文本本身无关。

关于卦象所表征的意涵。六十四卦的构成，是由八卦两两叠加而得到的。既然上卦下卦已经作为计序符号体现了其含义，就不可能额外追加其他含义。也就是说，"上卦下卦作为计序符号"是一种认识视角，"上卦下卦分别代表天、

---

① 以天干地支作计序的方式是，以天干的甲、乙、丙、丁、戊、己、庚、辛、壬、癸，与地支的子、丑、寅、卯、辰、巳、午、未、申、酉、戌、亥，依照天干地支的递进相配排列的方式可得出甲子、乙丑、丙寅、丁卯……癸亥等"六十甲子"。如果以0、1、2、3、4、5、6、7、8、9代替天干的甲、乙、丙、丁、戊、己、庚、辛、壬、癸，以a、b、c、d、e、f、g、h、i、j、k、l代替地支的子、丑、寅、卯、辰、巳、午、未、申、酉、戌、亥，递进相配排列可得出0a、1b、2c、3d……9l等六十个代码，其与甲子、乙丑、丙寅、丁卯……癸亥等"六十甲子"，没有任何区别，但是，如果不添加任何假设的话，能够对0a、1b、2c、3d……9l等六十个代码做出其"数理"的释义吗？根本不可能。所以，"甲子""乙丑"……"癸亥"，只不过是计序方式，本身并无特定的含义，后世将之附会上各种含义，必然是外生附加了其他假设。

② 南怀瑾、徐芹庭在《白话易经》中亦有类似的认识：《易经》共六十四卦，每卦的内容包括卦画、卦辞、爻题、爻辞。形象地说，六十四卦如同著作的六十四章；卦画如同每章的序号；卦辞如同每章的题目和主旨；每卦六爻如同六个小节，爻题如同每节的序号；爻辞如同每节的内容。六十四卦共384爻，但为首的两卦乾和坤各多一爻，所以共386条爻辞。

地、雷、风、水、火、山、泽"是另一种认识视角①，但这两种视角的认识不可能同时适用。所以，不能将各不相同的"义理""象数"阐述体系混杂在一起。再者，从汉字文化的角度来看，《易经》各卦的卦象，也不应当是各卦表征意义的来源。因为，汉字本身就是象形文字，如果另外又创造出一套象形符号，就没有多少实际意义，其表达的内涵也不可能超过象形文字本身。所以，各卦的卦象，如果有意义的话，那么，必定是外生地附加了其他假设，而不可能是其卦象本身所表达的。

从《易经》文本内容来看，很显然，各卦的卦辞和爻辞，论述的只是义理，而没有对卦象做出任何相关的论述。至于后世所谓"象数"，实质上是借用六十四卦的卦象，来论述另一套"理论"②，与《易经》本身没有关联性。再者，《易经》的卦辞、爻辞，也不可能根据卦象"推演"出来，而是与卦象完全独立的知识阐述。

读懂和理解《易经》，不宜掺入有关"象数"的内容。对于这一认知，可以做一简单的逻辑论证。稍有现代数学知识的人，都可以理解以下问题。表征各卦卦象的阴爻（－－）、阳爻（－），完全可以用二进制的"0"、"1"替代。若进行替代，那么，每卦的卦象就是一个六位的二进制数字（例如，101010，011001，……），面对这样一个个二进制的数字，能够对其"卦象"做出"象数"之理的阐释吗？答案显然是"不可能"。如果要对一个二进制数字做出有其内涵的阐释，必然需要增加其他假设。但是，《易经》文本本身并没有给出任何假设。也就是说，几千年来，众多的《易经》象数派的阐释者做出诸多貌似有所依据的阐释，实质上都加上了构造自己话语体系的若干假设，这些假设，既不是《易经》文本既存的，也不是众多易家的公共知识③。所以，以卦象来阐

① 所谓"乾为天，坤为地，震为雷，巽为风，艮为山，兑为泽，坎为水，离为火"，或许早期八卦存在这样的认知，但是《易经》六十四卦仅仅是采用八卦重叠以计序，并没有采用天、地、雷、风、山、泽、水、火等的表征含义，六十四卦的卦辞和爻辞中完全没有相关的记述。可以肯定地说，《易经》卦辞和爻辞中，基本不涉及自然现象，较大多数都是关于社会活动、日常生活相关内容的记述和论述，与天、地、雷、风、山、泽、水、火等自然现象关涉不大。所谓《易经》包罗万象、涉及天文地理宇宙万物等说法，都是后人的臆想和敷衍。

② 或许可做一类比，后世《金瓶梅》借用了先期《水浒传》中的几个角色，讲述的却是完全无关的另一个故事。

③ 有学者指出：《易传》是对《易经》的义理发挥。《象》是纯粹儒家之作，《彖》是儒道融合奠基之作，《系辞》和《说卦》是儒道和阴阳思想综合合作。参见：叶福翔. 周易思想综合分析——兼论《周易》成书年代及作者 [J]. 中山大学研究生学刊（社会科学版），1995（02）.

释"象数"之理是缺乏逻辑基础的。

（三）关于"易"与各卦卦名的含义问题

关于"易"的名称及其含义。《易经》之"易"，通常解读为"变易、简易、不易"。显然这不是成文初期的思想认识，而是后人根据自身的理解归纳而追加的。"易"字，《汉字源流字典》释为，甲骨文的本义是"赐予"。因此，《易经》的"易"字，本书作者认为，可以理解为"上天示下"的意思。按现代语言来理解，大致相当于可以认知的一般事物运行的"规律"。其实，《易经》，创作初期多半没有题名，"易"应当是后人所取，所谓"简易、变易、不易"的说法，与其说是解读，不如说是解读者的自定义（如，《系辞传》将易理概括为"穷则变，变则通，通则久"，这一概括并非源自《易经》，而是《系辞传》作者自己附加的假设，再用这个假设去论述"易"的含义，其实就是循环论证）。本书作者认为，对"易"字的含义，没有必要去深究，即使深究也无助于深刻认识《易经》的内涵。合理推测，成文初期并没有专门的命名。"易"的名称，应出现在春秋时期，或者说，此前或有此名，但不是普遍使用的通用名称①。

关于六十四卦的卦名。本书作者合理推测，《易经》成书初期，各卦并无卦名②。从汉字文字角度来看，每一个卦的卦象其实就是一个广义的"文字"③，之所以要创造出这些新的"文字"，就是因为既有文字难以表达其所要表达的完整含义。所以，从逻辑上来看，各卦的卦象本身就是卦名。如，"乾""坤"等卦名，显然是后人为了便于指称而加诸其上的。从逻辑上来看，不可能也不应当另外给予一个命名。这就如同刚刚给出一个概念，另外又给出一个具有同等含义的概念，从逻辑角度来看，完全是多余的，并且徒增混乱。例如乾卦，有了"乾"的命名之后，后世的整理者就不得不赋予普通汉字"乾"以特殊的含义，如代表"刚健"，代表"天"，代表"自强不息"，在《象传》中写出"天

①　"易"成为通用名，不会早于《道德经》成文时期。因为，《道德经》对于这一文献是有所借鉴的，但《道德经》通篇都没有出现"易经"的相关字样。

②　帛书本与通行本的卦名存在诸多的不同，这在一定程度上也印证了《易经》成书初期并无统一卦名的推测。

③　关于卦象符号与文字的关系，学术界有两种不同观点，一是认为文字来源于卦象，另一则认为卦象来源于文字。关于卦象符号是不是文字，学术界也有两种不同观点，一是认为卦象符号是具有表意功能的文字，另一则认为卦象符号是表象形式的思维方式。本书作者认为，早期的卦象符号是特殊的文字，如南宋杨万里《诚斋易传》所说"卦者，其名画者，非卦，乃伏羲初制之字。"

行健，君子以自强不息"之类的词句。其实，如果原原本本地从卦辞和爻辞来归纳总结的话，"乾"卦的内容完全与上述内涵无关，只通过阐述"龙"的不同活动形式来阐述相关事物的类比状态特性。

关于各卦卦名的含义。本书作者分析认为，《易经》各卦的卦名，本身未必有特定的含义。六十四卦各卦的卦名来源不一。第一种来源于卦辞的首字或首二字①。如，否卦、大同卦、履卦、噬嗑卦、大过卦、坎卦、姤卦、艮卦；第二种来源于卦辞中出现的第一个实词，或多次论及的实词。之所以有的卦名是一个字，有的卦名是两个字，则是因为有的卦辞的首字不适合用于指称卦象，如"大""家""既""已"等，否则无法体现各卦的区别，由此原因，此类卦只能以卦辞中出现的第一个实词来指称，其后才逐步成为该卦的卦名。如，蒙卦、需卦、讼卦、师卦、比卦、谦卦、豫卦、随卦、蛊卦、临卦、观卦、贲卦、剥卦、复卦、颐卦、离卦、咸卦、恒卦、遁卦、晋卦、明夷卦、家人卦、睽卦、蹇卦、解卦、损卦、益卦、夬卦、萃卦、升卦、困卦、井卦、革卦、鼎卦、震卦、渐卦、归妹卦、丰卦、旅卦、巽卦、兑卦、涣卦、节卦；第三种来源于后人对于卦辞和爻辞所描述的事物及其引申表达的意涵。后人根据自己的认识命名，是以相应卦辞和爻辞之外的字词来命名的。如乾卦、坤卦、大畜卦、中孚卦②、既济卦；第四种来源于某句爻辞的简省，如，大有卦的卦名，最大可能是来源于"大车以载，有攸往"之爻辞。再如，大过卦的卦名最大可能是来源于"过涉灭顶"之爻辞。对于此类卦卦名含义的阐释，不宜直接从卦名的字面上去解读，而应主要依据该卦卦辞和爻辞来阐释。

基于上述认识，可以得出：《易经》六十四卦的卦名，本身未必有特定的含义。各卦论述的核心内容，与卦名的本字，没有直接关联。所以，在释译《易经》各卦的含义时，不应事先根据卦名确定该卦的基本内容，而后在这一固化认识下去阐释卦辞及爻辞的含义，而只能根据卦辞及爻辞来归纳该卦的内容及其含义。也就是说，在释译《易经》各卦卦辞和爻辞时，不宜从解析卦名的含义着手，更不能把卦名本字的含义当作该卦阐述的核心内涵。应秉持这样的认知：部分卦的核心内涵，可能与卦名本字建立语言文字上的某种联系；而部分卦的核心内涵，则与卦名本字未必有语言文字上的必然联系。

---

① 这就如同《论语》的分篇，不过是后人取该段落的首两字而作为篇名。如《学而篇》的名称，源于该篇首句"学而时习之"。

② 《中孚》的卦名或源自其卦象的象形。

值得一提的是，为数不少的汉语字词释义，由于《易经》的广泛传播使用，使得其释义有所增益。最典型的是"乾""坤"等汉字，"乾""坤"本身的文字释义，并没有指称天地、阳阴、男女等释义，但其成为卦名之后，而使得其文字释义增加了新内容。鉴于这一文字现象，在释译《易经》的过程中，须谨防《易经》用字用词释义上的循环论证。即，某字某词语的含义原本就源自《易经》，现在又反过来用其释义去解释卦辞和爻辞，必然引致一种循环论证。例如，"鼎"字有"鼎革"之义，实际上源自《鼎卦》，因此，不能反过来用"鼎革"去论证《鼎卦》的含义。再如，"九五之尊"，原本是来自《乾卦》的九五爻辞，由"飞龙在天"爻辞而引申出"至尊"地位的含义，如果又反过来用"君主""至尊"等来阐释各卦之中的九五爻辞的话，也必然形成循环论证。所以，在释译《易经》过程中，对于源自《易经》的汉语字、词的释义或引申义，要特别谨慎使用，这些字词的释义不能反过来用作阐释《易经》相关卦辞和爻辞的依据。

（四）关于各卦卦辞和爻辞的论述主题及其一致性

本书作者认为，《易经》的每一卦，其所论述的内容必须是关于同一问题的，这应当是认定《易经》是否具有逻辑性、是否具有哲学价值的必要条件。如果，《易经》同一卦中的卦辞和爻辞，随意地论述互不关联的多个问题，那么，《易经》也就不足以被看作一部有哲学价值的经典。因此，同一卦，其卦辞和爻辞都应当是针对同一问题展开的讨论。卦辞是对该问题的综述性论述，各爻辞之间有一定关联性（针对同一问题展开，或为并列关系，或为递进关系，或为包含关系），相互之间的论述有一定的衔接性、论述内容不跳跃，相互之间的论述不存在相互矛盾的内容。

要读懂和理解《易经》各卦的含义，首先就要明确各卦集中讨论的是什么问题。如何去判定这一问题呢？只能通过卦辞和爻辞的逻辑联系去归纳总结。本书作者总结得出：《易经》各卦卦辞、爻辞，多为"三段论述"方式，即，一是讨论某一事物或某一事物的典型事例，二是日常社会生活中可与之比拟的某一事物，三是该类事物在不同情形下的发展态势。最具典型性的是《渐卦》的卦辞、爻辞，各为三句话，分别为关于"鸿渐"的、关于夫妇的、关于吉凶的论述，个别爻辞省略了其中某一项或两项，但不难理解各爻辞均为"三段论述"的意涵。观察分析各卦卦辞和爻辞，可以合理推论，多数卦的卦辞和爻辞，都是类似的"三段论述"方式，只不过有些卦的卦辞和爻辞省略过多，但依然能够看出其"三段论述"的迹象。由此，我们在理解各卦卦辞和爻辞的过程中，适当地"添补上"其省略部分，就能够更好地理解其前后文的关联性，也就能更好地理解其所要表达的意涵。特别是对于一些语言文字上有些突兀的爻辞，适当地还原其"三段论述"，就能够很好地理解其文字所表达的意涵。

　　本书作者认为，要读懂《易经》，要重视阐释过程中的逻辑真实，而不要过度强调其"历史真实"。由于古代文字记述极其简略（"省字简写"等），省略了许多重要词语（这些词语或许对于时人来说，是很容易意会的共同认知）。现今，要去恢复这些省略语词，几乎没有可能性。因此，只能以"逻辑真实"去替代"历史真实"。例如，《蛊卦》主要论述的是"父之蛊"相关问题，但是"父之蛊"在当时所指哪一类事物，已经无从考证，但以"父辈日渐衰微的家业"一语作为代入语，从全卦爻辞的叙述逻辑来看，逻辑是通顺的，因此可认为将"父之蛊"阐释为"父辈日渐衰微的家业"是逻辑真实，但无法认定其为历史真实。

　　（五）关于对《易经》占断语词的认识

　　《易经》各卦卦辞和爻辞中，有大量的占断语词，如，"吉""凶""吝""无咎""有悔""悔亡"等。本书作者认为，《易经》的"占断"，并不是针对某一事物的主观评断，也不是外在的评断。《易经》有关"占断"，一般的论述方式是：面对某一类问题时，如果采取某种应对方式，将会引致什么样的结果。例如，《无妄卦》之中的"不耕获，不菑畬，则利用攸往"，其含义是：面对意外利益，既不追求短期收获，也不追求超前利益，遵循这些原则就有利于事物发展顺利。如同不耕种应当休耕的田地，不耕种刚刚开垦尚未成熟的田地。

　　另一方面，各卦卦辞和爻辞中"断语"，无论是"正面的"或"负面的"，并不直接指向该卦该爻的吉凶，而只是《易经》作者阐述方式的选择，即，选择从正面展开论述，还是从反面展开论述。例如，《涣卦》卦辞及每一爻爻辞的占断用语，都是正面的。包括："亨""利贞""悔亡""无悔""吉""元吉""无咎"等，并不意味着《涣卦》各爻的情形都是吉祥的，而只是《易经》作者对于《涣卦》各爻都选择了从正面展开论述。同理，《谦卦》的卦辞和爻辞也多为正面断语，历代众多易学家就以此为理据认为《谦卦》各爻的吉祥，其实这是误读。实质上，只不过是《易经》作者对于《谦卦》各爻选择正面阐述方式，而没有选择从负面展开的阐述方式。

　　再一方面，《易经》论述中使用的词语，多数为中性词，不包含价值判断。

例如，《易经》中"君子""小人""中孚""谦谦君子"等词语，应当是不包含价值评判的中性词语，所以，要读懂和理解《易经》的哲理思想，就必须把这些千百年来已被贴上"价值"标签的词语，回归它原本的中性语义。

再一方面，多个断语同时出现时，以现代学术思想来认识，或可区分为：短期静态、发展动态、远期目标预期；或可区分为：当下运行状态、长期发展进程；或可区分为：常规路径、建议采用的手段、反向行为的警示；或可区分为：主观上的担忧、客观风险、条件风险；或可区分为：一般条件、必要条件、充要条件。

（六）关于读懂《易经》的几个语文逻辑问题

其一，从《易经》整篇来看，整体上应保持其一致性。即，所使用的同一概念，其内涵前后文应当保持一致；表达方式，前后文应保持一致；相关联的概念、表述，不存在相互矛盾。特别是，各卦都使用的"占断用语"，其含义在各卦之中应大致相同，不能出现较大的反差。如，"无咎"这一用语，在各卦中的含义大体上都应当理解为"某一行为不会带来与本义相悖、适得其反的影响或后果"，可因应各卦讨论问题的不同情境略做变化。另外，对于不同卦所使用的同一语句，应做出大体能够融通的理解。如，《坤卦·六三》有"或从王事，无成"之语句，《讼卦·六三》亦有"或从王事，无成"之语句，那么，对于这两个不同卦中的爻辞，就应当综合起来理解，以得出一个能够"通用"的阐释；再如，《同人·九五》有"同人先号啕而后笑"，而《旅卦·上九》则有"旅人先笑后号啕"，也应当综合起来理解，以得出一个能够"通用"的阐释。

其二，卦辞、爻辞的字词，要尽可能使用《说文解字》等文字学经典文献的释义。因为，《说文解字》等文献的作者，考察的是汉字的发展历史过程、汉字的类别结构、字与字之间的含义差别，其所做出的释义，客观性较强。多数情况下，更能够反映《易经》用字的本义。与之相对，两千多年来，众多《易经》释译者，对其用字的释义往往是选其所需，主观性较强，而失之于客观性。

许多字词，有多重含义，有其字的本义，也有其引申义，也有其作为"通用字"的含义。如，"命"，既可以释为"命运"，也可以释为"制令、号令"。在《易经》的阐释过程中，最终选定哪一含义作为某一卦辞和爻辞的释义，只能通过上下文的逻辑关系来确定。如果，选定一个字词的某一含义，使得该爻辞语义与上下文逻辑关系顺畅、语义清晰，那么，该释义的选择就有其逻辑合理性；反之，如果，选定某一含义，该爻辞语义与上下文毫无关联，则意味着该字词所选释义是不恰当的，缺乏其逻辑合理性。

其三，对于卦辞、爻辞的简省内容，应合理"补上"以利于理解。如，每一卦，共有1条卦辞和6条爻辞。如果其中4~5条卦辞、爻辞所论述内容较为明确且一致的话，那么，就可以合理去推测其他2~3条过度简略卦辞、爻辞的含义指向；又如，如果其中4~5条卦辞、爻辞的表述句式较为一致的话，那么，就可按照同一句式去合理推测其他2~3条过度简略卦辞、爻辞所省略的内容；再者，如果全文所使用的相同词语，对其内涵做出基本一致的阐释，那么，对于那些难以理解的卦辞、爻辞，就可通过已经明确其内涵的若干词语，倒推出其意涵指向。也可以推测出，其卦辞、爻辞中省略的关键性转折词语。例如，不少难以理解的卦辞、爻辞，如果合理地补上"否则""以避免"等转折性词语后，其论述逻辑就变得清晰，其论述语句也变得通顺。

其四，对于一些实词的理解，宜采用其喻义，而不必过于拘泥于词语字面含义。如，《噬嗑卦》中的"灭趾""灭鼻""灭耳"，应理解为其引申的喻义"使之戒惧难行""使之祖德受损（辱及先人）而戒惧""使之后人受其影响而戒惧"，这样才能更确切地理解其所表达的哲理、思想。再如，《睽卦》之中"见舆曳其牛，掣其人天且劓"，该句可理解为"遭遇到所乘车拉车的牛被障碍物被牵绊住，无法行走，驱车的人也因此摔伤"，而不宜理解为"驱车人是一个受过劓刑刑罚的犯人"。《易经》全文中有诸多这样的例子，应当引起释读者的注意。

二、本书对《易经》新认识的若干例举

本书基于上述有关《易经》的基本认知准则，力图得出若干"《易经》新识"。本书相较于诸多注家，有哪些新认识？兹将本书的若干新识列举如下。需要说明的是，从某种意义上来说，本书所做的是"意译"，而非"直译"。

1. "飞龙在天，利见大人"的含义是：事物发展到自由自在的态势，即意味着事物进入完全成熟的发展形态。犹如，飞龙在天空自在遨游的状态。

2. "群龙无首"的含义是：事物发展的各个进程，所呈现的各种发展状态，是同等地位的，任何一个发展进程都不比其他进程更为重要。

3. "君子几不如舍"的含义是：从整体利益和长远利益来考虑的话，与其执着于某一方式勉强追求，还不如顺其自然地放弃。

4. "利涉大川"的含义是：某一行为有利于克服较大的困难，过渡到一个更高的发展阶段。

5. "小畜"的含义是：事物发展进程中，风险未明时，宜稍待变化，以做出合理应对行为。

6. "否"的含义是：事物发展过程中，应认真对待与期望目标事物相随相伴的对立事物。

7. "小人吉，大人否"的含义是：从短期来看解决了表面问题，而从长期来看则没有解决根本问题。

8. "谦谦君子，用涉大川"，合理断句应为"谦谦，君子用涉大川"，含义是：事物发展过程中，相关行为者为了公共利益，应各自约束自身行为，这样才有利于实施公共大事。

9. "蛊"的含义是：事物发展到一定阶段，易呈现中衰状态，须由接任者担当起振兴之责。

10. "何校，灭耳，凶"的含义是：对于某些严重罪行的惩戒，使之带上颈枷而流放远方，必将对其家族后代产生长远影响。这种惩戒方式，对于社会有较大负面影响，应限于适用较重的罪行。

11. "中行独复"的含义是：原本从众而行，对照内心本真目标，独自醒悟而返归，即使他众依然固往。

12. "无妄"的含义是：追求一定目标时，不可怀有获得预期以外利益的企图，亦即，不怀获得意外利益之"妄念"。

13. "大畜"的含义是：事物发展到较大规模时，既要充分发挥大规模的功效，又要防范大规模可能带来的大风险。

14. "大过"的含义是：事物发展过程中，应认识到潜在的重大风险，以便及时有效地应对之。

15. "坎有险，求小得"的含义是：如果陷入坎中有坎的多重困境，不要指望一步脱险，而应谋求渐进脱险。

16. "憧憧往来，朋从尔思"的含义是：做出统一决策之前，各部门倾向不定；统一决策之后，各部门则一致同心。

17. "恒"的含义是：为稳定趋向达成某一目标，应形成并遵循其内在的路径，而不人为地施加影响。

18. "大壮"的含义是：应构建对意外风险可起有效阻挡作用的设施或机制。

19. "初登于天，后入于地"的含义是：不合理地认识和应对"隐患"的话，将遭遇迅即转安为危的险境。犹如"日落"之景象，太阳刚刚还在天空之上，不知不觉就隐落没于地下。

20. "富家，大吉"的含义是：内部各个方面，如果能够完备，就能够应对各种意外，而不会发生大的困难。

21. "睽"的含义是：事物发展过程中，对于追求目标，既要有准确可识的目标，又要不断调整方向，以使手段与达成目标相一致。

22. "井"的含义是：事物发展过程中，应当善用那些历久弥新、与自然几乎融为一体的设施和制度。如同水井之类的设施，由于较好地顺应了自然条件和自然规律，具有长期的功效作用，经过千百年，已经成为自然系统的一部分。

23. "君子豹变，小人革面"的含义是：涉及顶层结构的全面性变革，涉及个体习性的变革，其变革成效，具有更大的不确定性风险。所以，要进行这些方面的变革，则需要更为稳妥可预期的举措和步骤。

24. "巽"的含义是：事物发展过程中，应及时听取多方面的建议主张、权衡利弊得失，以决断进一步的发展之路。

25. "中孚，豚鱼"的含义是：在与之交往的群体中获得信用，其根本是自身内心真诚，而不是一次性的利益输送。如同豚、鱼等祭祀物，虽然简单，只要内心真诚，仍然会被神灵接纳而赐福。

26. "小过"的含义是：寻求退而求其次的解决路径，是事物发展过程中正常作为，尽管不是最好的解决路径，同样有利于事物顺利发展。

27. "既济"的含义是：事物发展即将达成目标之时，应适当调整节奏，以使目标恰到好处地达成。

28. "未济"的含义是：事物将要发展到最终阶段，需要通过制动方式使发展速度减缓下来。制动不得当的话，将导致难以准确达成目标，或是未及，或是过当。

三、关于《易经》哲理的认识与运用问题

（一）如何将《易经》哲理借鉴用于认识现实问题

《易经》作为哲学著作的阐述方式是，以具体的某一事物及其过程、关系，来表征有着类似机理的各类事物及其过程、关系。所以，在阐释《易经》的过程中，需要一个从具体到抽象的逻辑思维。六爻所反映的是不同发展阶段的特

征，作为归纳的对象，有其特殊性（某种意义上，有点类似于：现代学术中，以处于不同发展水平的截面数据，来寻求某一事物的时间性发展规律。逻辑上，肯定是不完备，但也不失为一种方法）。

这一思维过程，不可避免地会加入阐释者根据自身的理解而增益的内容。这一"增益"，一方面是必不可少的，另一方面又必须有度地把握，其间的外延扩展必须是合情合理的，而不能出现逻辑上的跳跃。

《易经》的卦辞、爻辞，都是以某一具体事例，来类比阐释某一类事理。原作者所想表达的"事理"，很多情形下，都是"只可意会不可言传"。所以，如何合理地采用其"哲理"，在于采用者对于可类比事物之间关联性的深切感悟。

（二）如何从《易经》得到生态文明启示

《易经》如何用于阐释生态文明以及生态文明建设问题？本书作者并不认为，流传近3000年的《易经》就已经关注到了生态环境问题。笔者的思路是：《易经》是一部有现实价值的哲学著作，其深邃的哲理思想和思维方法，可以用于讨论现代科学意义上的诸多问题，生态文明建设是其中之一。从《易经》所讨论的64个问题的角度去思考生态文明建设问题，可以带来诸多全新视角的启示。本书各章之"生态文明启示"，是作者采用《易经》的哲理思想对生态文明建设相关问题的引申思考。这些思考的结论有其现实参考价值。兹将若干认识列举如下。

1. "乘马班如"的生态文明启示是：生态文明建设的推进过程中，不能依靠强制实施的方式，而应使经济社会各主体自行适应、逐步调整其经济—生态关系，生态文明理念有机地融入其中，以达成合理的发展节奏和发展秩序。

2. "既雨既处，尚德载妇，贞厉"的生态文明启示是：当经济高速发展导致严重的环境污染、生态破坏现象时，即使对于未来可能导致的生态风险有多大并不了解，也应及时放缓经济增长速度，以使环境污染、生态破坏有所缓解。在这一"止行"过程中，可以通过更深刻的认识和探索以谋求更为合理的发展路径。

3. "翩翩，不富以其邻，不戒以孚"的生态文明启示是：人类成员所追求的目标无外乎"幸福"。而要达成这一目标，最有效的方式是尽可能减轻各种不必要的负累，尽可能减少人与人之间因戒防而增加的防备成本。因此，人们只要去追求自己最本真的内在需求，而不是与他人相比较去追求大量物质财富的占有；人们还要尽可能地与他人建立起互信关系而减少许多不必要的戒防需求。

由此,人们既得到了安宁和幸福,也大大减少了许多无谓的资源消耗和生态环境损耗。

4. "包承,小人吉,大人否"的生态文明启示是:经济活动中环境污染如何治理?一种方式是末端治理,一种方式是源头治理。如果采用末端治理方式,那么,其短期内的污染问题可能解决了,但长期的污染问题依然会持续产生。所以,要减少经济活动中的污染排放,最根本的手段是进行源头治理,从源头上去减少污染物的产生。

5. "自天祐之,吉,无不利"的生态文明启示是:人类经济活动,可以扩张到多大规模、扩展到什么样的程度?最根本的是要遵循大自然的规律,那就是,经济活动对生态环境产生的影响是自然生态系统所能够承载的,其污染和废弃物是自然生态系统能够通过自净化能力吸纳的。对大自然而言,只要是在生态承载力范围内,任何形式的经济活动都是合理的。

6. "临"的生态文明启示是:经济活动,应引导、督促民众遵从节令及时耕种以期收获。同样的道理,对于生态系统的维护,也需要引导、督促民众遵从自然规律。无论是采取以感召力引导的方式、以德威并举的方式、以利益诱导的方式、以细致敦促的方式、以知识教导的方式,还是以训导敦促的方式,都有助于促进生态维护目标的实现。

7. "剥,不利有攸往"的生态文明启示是:产业经济活动,其对生态环境的影响,在初期阶段并不明显,而是渐次显现、逐渐强化的,如果任其发展下去,其生态环境影响必然会强化到很严重的地步。这种发展模式显然是不可持续的,而应当在生态环境影响尚未显现、初步显现的阶段,就采取有效的措施遏止其生态环境影响进一步强化。

8. "复"的生态文明启示是:每个行为主体形成生态文明行为理念,最根本的是,要对照本心目标自我反省,如果偏离合乎自然的方向应当歧途知返。无论是歧途未远而自觉回归,还是对于过度物质利益有所警觉的回归,还是物质追求、生态追求之间反反复复抉择后的回归,还是从众后独自醒悟后的回归,还是在他人劝导下的回归,都有助于其生态文明行为理念的真正形成。

9. "无妄"的生态文明启示是:追求一定发展目标的过程中,不可怀有通过损耗生态环境的方式去获得意外利益之念。

10. "童牛之牿,元吉"的生态文明启示是:任何经济活动,随着其规模的不断扩大,其对生态环境的影响也随之不断增大,其规模扩张到一定程度之后,可能对生态系统及其生态功能造成极为严重的损害。对于这一发展倾向，在初始阶段，就应当意识到并有切实的制度措施以防范这一问题。

11. "振恒，凶"的生态文明启示是：对于生态系统与经济系统合理关系的维护，遵循自然法则规定的节奏即可。不可人为地改变其节奏关系，否则，将带来巨大的不确定性风险。

12. "明夷，利艰贞"的生态文明启示是：在具体的生态环境损害事件发生之时，如果能够清醒地认识其关联性的生态环境破坏的重大隐患，采取积极措施予以防范，虽然这一生态环境维护过程极为艰难，但生态系统及其生态功能还是有望得到完好维护。

13. "得臣无家"的生态文明启示是：生态文明建设，是一项涉及一个区域甚至涉及全球的公益。因此，制订生态文明建设规划的人，就不能过多考虑与自身有关区域及群体的利益，而应真正站在公益层级上去做出最有效的规划。

14. "中行告公，从，利用为依迁国"的生态文明启示是：生态环境保护，是一个公共利益行为，需要相关群体共同努力。在这一过程中，不可采取"搭便车"的行为。只有这样，才能在自身遭遇重大生态危机事件时，得到相关群体的协力解决。

15. "臀困于株木，入于幽谷，三岁不觌"的生态文明启示是：人类经济活动过程，往往可能由于一个不经意的经济行为，导致需要花费许多精力和时间才能摆脱的生态环境困境。例如，一条河流周边的生产活动，一个湖泊周边的生产活动，其导致的环境污染后果，极有可能导致需要巨大投资、长达数十年上百年的治理。

16. "未济"的生态文明启示是：工业文明向生态文明的转型过程中，转型发展到一定阶段，需要通过有效方式使经济发展速度减缓下来，使之达成经济发展质量与生态环境相协调的目标。为了合理地减缓经济增长速度，就应根据具体情况选择最为得当的制动方式，减速过程中应兼顾相关群体的利益，以使各利益群体能够形成生态—经济相协调的社会共识和社会共同行动。

四、本书的体例

本书依据《易经》原文六十四卦共安排六十四章，每一章由以下几部分构成：

其一，【原文】。列出《易经》原文的卦名、卦辞、爻辞。

其二,【新认识与新释译】。从文字本义、语文逻辑、论述逻辑等角度,对本章各句卦辞、爻辞做出"新释译"。对用字的释义,一般以脚注方式注明《说文解字》等经典文献的释义。

其三,【哲理意涵】。根据新认识和新释译,对该卦卦辞、爻辞进行归纳总结,以期得出可借鉴运用于一般事物认识的哲理思想。

其四,【生态文明启示】。借鉴该卦总体的哲理思想或其中某一句卦辞、爻辞的哲理思想,用于阐释现实中的生态文明建设相关问题。

第一章　乾

【原文】

乾卦

乾下乾上①

乾，元亨，利贞。

初九②，潜龙，勿用。

九二，见龙在田，利见大人。

九三，君子终日乾乾，夕惕若厉，无咎。

九四，或跃在渊，无咎。

九五，飞龙在天，利见大人。

上九，亢龙，有悔。

用九，见群龙无首，吉。

【新认识与新释译】

"乾"的含义是③：事物发展过程中，在不同的阶段呈现不同的存在状态，其可发挥的功用也不同。

---

① 一个六爻卦，是由两个八卦叠加得到。"~下~上"，是指组成该卦的下卦和上卦名称。

② 每一卦由六个爻组成，自下而上，依次称为：初爻、二爻、三爻、四爻、五爻、上爻。各爻分别为阳爻（一）时，依次称为：初九、九二、九三、九四、九五、上九；各爻分别为阴爻（--）时，依次称为：初六、六二、六三、六四、六五、上六。

③ "乾"，《说文解字》释为"乾，上出也。从乙。乙，物之达也"，即"草木出土"之义。本书作者认为，汉字"乾"本身并无表示"天"的含义，将"乾"释为"天"，是由《易经》的释义而来，不应再反过来作为阐释《乾卦》卦名及其卦辞和爻辞含义的依凭。"乾"，帛书本作"键"。"键"，《说文解字》释为"键，铉也"，《说文解字注》释为"铉也，谓鼎扃也。以木横关鼎耳而举之。非是，则既炊之鼎不可举也。故谓之关键"。

"乾，元亨，利贞"的含义是①：事物发展呈现不同状态的进程，表明事物内在机制正常运行，也表明事物发展进程顺畅。

"元亨"②，可理解为"所讨论的事物，其初始条件，适于其内在机制的正常运行"之义；"利贞"③，可理解为"所讨论的事物，有利于其如预期般顺利发展而达成目标"之义。

"潜龙，勿用"的含义是：事物发展初期，犹如龙尚处于隐伏状态，不可提前发挥其功用。

"潜龙"④，可理解为"龙尚处于隐伏状态"之义；"勿用"，可理解为"现有条件不宜于进行某事，或尚不具备条件进行某事项或使用某方法某路径"。

"见龙在田，利见大人"的含义是：事物发展进程中，态势良好，有利于朝着成熟阶段发展。犹如龙出现在田野，呈即将飞跃而起之态⑤。

"见龙在田"⑥，可理解为"龙从隐伏状态转而出现在田野，呈即将飞跃而

---

① 关于"元""亨""利""贞"的意涵，综合起来对比，本书作者认为："元"着眼于"事物之初始条件"；"贞"着眼于"事物发展的预期结果"；"亨"着眼于"事物内在机制运行的顺畅"；"利"着眼于"事物发展进程的平稳"。

② "元"，《说文解字》释为"元，始也"；"亨"，为"享"的本字，为"进献"之义，后引申为"通达"之义。"元亨"，可理解为"该卦所讨论的主题，对于事物内在机制的正常运行而言，都是必要的过程或必要的条件"。"元亨"，一般只出现在卦辞中，较少出现在爻辞中。

③ "利"，《说文解字》释为"利，铦也。从刀。和然后利"，即本义为"锋利"，后引申为"使顺利、使有利"之义；"贞"，《说文解字》释为"贞，卜问也"，即"卜问神灵"之义。本书作者认为，"贞"得出的结果，并非完全是对未知事物的占卜，而是来自时人根据其知识体系而得出的预测推论。"贞"，可理解为"以相关现象和征兆为基础对其发展结果做出预期"。"利贞"，可理解为"有利于其如预期般顺利发展而达成目标"之义。"利贞"，一般只出现在卦辞中，较少出现在爻辞中。

④ "潜"，《说文解字》释为"潜，涉水也，一曰藏也"，此处为后者含义，即"藏身水底"之义；"龙"，《说文解字》释为"龙，鳞虫之长。能幽，能明，能细，能巨，能短，能长。春分而登天，秋分而潜渊"。《易经》各卦辞、爻辞中的"龙"，多数情况下可理解为"四季天候变化之态"。

⑤ 《文言传》有"见龙在田，天下文明"之语，大致可以理解为"事物呈现成熟发展态势，意味着天下的发展格局得以明了显现"之义。

⑥ "见龙在田""飞龙在天""亢龙有悔"等语所描述的事物发展进程，亦可从四季变化的角度来理解。古时天象家为便于观测，将主要星座分为28星宿，其中又以7个1组分为东西南北四象，分别称为青龙（东）、白虎（西）、玄武（北）、朱雀（南）。青龙七星又称为龙星。每年春季，龙星从田间地平线升起，此称之为"见龙在田"，夏季运行至中天，称之为"飞龙在天"，秋季下坠，称之为"亢龙有悔"。"见"，《说文解字》释为"见，视也"，此处引申为"被见到、出现"之义；"田"，《说文解字》释为"田，陈也，树谷曰田。象四口。十，阡陌之制也"，即"纵横摆列，种谷子的地方称为'田'。象四个口。字形中央的'十'，表现的是阡陌纵横的格式"。

起之态"之义；"利见大人"①，可理解为"事物发展趋势，有利于其朝着成熟阶段发展"之义②。

"君子终日乾乾，夕惕若厉，无咎"的含义是：为整体的长远发展着想，为在合适时机"飞跃"而应做好各方面的准备，等待"飞跃"时机的到来并有效地把握之。

"君子"③，在《易经》中的含义，以现代学术思想来认识的话，可合理理解为"考虑社会层面利益或整体利益的代表性人物"之义；"乾乾"④，即"努力上进，勤谨不息"之义；"夕惕若厉"⑤，可理解为"时刻戒惧预备"之义；"无咎"⑥，可理解为"这一行为不会带来与本义相悖、适得其反的影响或后果"。

"或跃在渊，无咎"的含义是⑦：事物发展进程中，犹如，龙有时跃于深潭，或养精蓄锐，或暂时退让，或等待时机，都是有利于达成目标的合理过程。

"飞龙在天，利见大人"的含义是⑧：事物发展到全盛阶段，犹如，龙飞在天空，遨游自在，这是事物完全成熟的发展形态。

"亢龙，有悔"的含义是：事物发展已过全盛阶段，或者已经超越了其固有的发展能力，犹如，龙飞得过高，物极必反，应当有所戒防。

---

① 《讼卦》《蹇卦》《萃卦》《升卦》《巽卦》，均有"利见大人"或"用见大人"之语，且均出现在卦辞中。

② "大人"，字面含义就是"成年人"，其引申义可理解为"事物全面地、成熟地发展，如同青少年向成人阶段的发展，即，不仅是身体的发育，而且包括身心的全面发展"。

③ "君子"，广见于先秦典籍，字面含义应指"君王之子"，后泛化为对贵族的通称。"君子"，不仅强调贵族者的地位崇高而理应道德高尚，而且还意味着他们必须担负起维护族群利益的责任，而不是维护个人利益。因此，"君子"常与"小人"或"野人"对应。

④ "乾"，本义为"草木之芽上出"之义。"乾乾"，作为叠字构成的词语，通常前一个字为动词，后一个字为名词，此处可理解"努力完成所承担的使命"之义。

⑤ "惕"，《说文解字》释为"惕，敬也"，而对"敬"则释为"敬，肃也"，即"谨敬"之义，《易经》各卦辞和爻辞中的"惕"，可理解为"戒惧"之义，如同《黄帝内经·灵枢》"怵惕思虑者则伤神"之语；"厉"，《说文解字》释为"厉，旱石也"，即"磨刀石"，此处可理解为"准备"之义。

⑥ "咎"，《汉字源流字典》释为"甲骨文从人、从各（抵触不顺），会人行动有阻、动辄有灾之意"。"无咎"，即"行动无碍"之义。

⑦ "跃"，《说文解字》释为"跃，迅也"，即"迅速跳起"之义；"渊"，《说文解字》释为"渊，回水也。从水，象形。左右，岸也。中象水貌"，即"水潭"之义。

⑧ "飞"，《说文解字》释为"飞，鸟翥也"，即"鸟振翅而翔"；"天"，《说文解字》释为"天，颠也。至高无上"。

"亢龙"①，可理解为"事物发展过度"之义；"有悔"②，以现代学术语言来认识，可理解为"与预期正常状态相比，将会产生不确定性风险或机会损失"。

"用九，见群龙无首，吉"的含义是：上述六个爻所呈现的六种发展状态，是同等地位的状态，任何一个发展进程都不比其他进程重要。

"用九"是针对全部为阳爻构成的乾卦，在各爻爻辞之后额外附着的一句卦辞。以现代语言可理解为"附加说明"之义；"见"，此处为"呈现……状态"之义；"群龙无首"③，可理解为"事物发展的各个进程，无主次轻重的差别"之义，不能理解为"众人聚在一起无首领，无从统一行动"④ 的含义；"吉"⑤，《易经》中做占断用语时，以现代学术思想来认识，可理解为"发展进程中遭遇意外的风险较小"之义。

【哲理意涵】

本章的哲理意涵：事物发展进程中，不同阶段呈现不同的状态，是事物内在机制运行正常、发展进程顺畅的表征。不同状态下，其可发挥的功用也不同。其一，事物发展初期，呈现隐伏状态，不可提前发挥其功用；其二，事物发展到一定程度，呈现将要"跃起"的良好态势，有利于朝着成熟阶段发展；其三，事物发展进程中，呈现这样的状态：为在合适时机"飞跃"发展而应做好各方面的准备，等待"飞跃"时机的到来；其四，事物发展进程中，呈现不同状态：或养精蓄锐，或暂时退让，或等待时机，都是有利于达成目标的合理过程；其五，事物发展到全盛阶段，呈现自在而无所拘束的状态，这是事物完全成熟的发展形态；其六，事物发展已过全盛阶段，或者已经超越了其固有的发展能力，将呈现物极必反的状态。上述六种发展状态，对于事物发展而言都是必要的进程，任何一个发展进程都不比其他进程更为重要。

【生态文明启示】

"乾"的生态文明启示是：生态文明建设的推进过程中，不同阶段呈现不同

---

① "亢"，《说文解字》释为"亢，人颈也"，本义为"颈部"，引申为"极度、过甚"之义。

② "有"，《说文解字》释为"不宜有也"，即"不当有而有"之义；"悔"，《说文解字》释为"悔，悔恨也"，即"自恨"之义。

③ "群龙"，即代表上述六爻所描述的"龙"所代表的事物状态。

④ "群龙无首"的这一含义是后世的转义，不能作为理解《易经》的依据。

⑤ "吉"，《说文解字》释为"吉，善也"。可引申理解为"完美""顺应"之义。

的状态。其一，初期，生态文明建设只能以认知生态环境问题、培育生态友好型理念作为一般方式，尚不具备影响经济社会发展态势的实际功用；其二，发展到一定程度，生态文明理念逐步成为社会主流理念之一，有望在相关领域适当推行生态文明举措；其三，随着进一步的推进，整体的经济社会发展中将形成完备的生态文明制度，各行为主体和全体社会成员为之而努力；其四，生态文明建设的进程中，并非按部就班地逐步推进，而在不同的现实情势下，或快速强力推进，或缓慢稳妥推进，其目的都在于促进生态文明建设与经济社会发展的和谐契合；其五，推进到全盛阶段，生态文明理念将成为经济社会发展中的有机组成部分，将成为全体社会成员自觉的行为准则；其六，生态文明建设的根本目的，就是维护自然生态系统的可持续性，也就是经济发展以生态可持续性不被损害作为其基本约束。除此之外，不应无谓地增加生态环境规制的各种手段的强度和力度，否则将呈现物极必反的状态。

第二章　坤

【原文】

坤卦

坤下坤上

坤，元亨。利牝马之贞。君子有攸往，先迷，后得主，利西南得朋、东北丧朋，安，贞吉。

初六，履霜，坚冰至。

六二，直、方、大，不习，无不利。

六三，含章可贞，或从王事，无成，有终。

六四，括囊，无咎无誉。

六五，黄裳，元吉。

上六，龙战于野，其血玄黄。

用六，利永贞。

【新认识与新释译】

"坤"的含义是①：任何事物的生长发展，都必须有其承载基础。犹如，万物的生成发展，都有承载其成长的大地。

"坤，元亨，利牝马之贞"的含义是：在承载条件完备的情形下，事物发展进程，是有序可期的。犹如，大地承载万物永续传承，必然可以预期。

"元亨"，此处可以理解为"坤卦所讨论的承载条件，对于任何事物而言，都是必不可少的条件"；"利牝马之贞"，可理解为"有利于万物传承这一自

---

① "坤"，《汉字源流字典》释为"篆文从土，从申（闪电），推其意盖为雷电下击伸地为坤"。"坤"，帛书本作"川"。"川"，《释名》释为"穿也，穿地而流也"。

然目标"①。

"君子有攸往，先迷，后得主"的含义是：大地对于万物的承载，具有这样的特性：万物在谋求自然物种的生存传承过程中，必能顺其自然地发展。虽然初始没有明确的指引方向，但通过一定的探索，其后就会发现明确的指引。

"君子"②，可合理理解为"考虑整体利益者"；"有攸往"③，可理解为"顺其自然地发展"或"凝聚有利于其顺其自然发展的因素"之义；"先迷，后得主"④，可理解为"前期失去方向而困惑，其后发现了正确方向"之义。

"利西南得朋、东北丧朋，安，贞吉"的含义是：大地，是有方位的。只有朝着正确的方向行进才是有利的，与之相反的方向则必然是不利的。只要听之自然，就不会面临大的风险。

"利西南得朋、东北丧朋"⑤，可理解为"在正确的方向上可以获得利益，在不正确的方向上则会损失利益"；"安"⑥，可理解为"坦然接受一时性的损益状况，不予计较"之义；"贞吉"，可理解为"预期风险较小"之义。

"履霜，坚冰至"的含义是⑦：大地，是有时序的，承载着天候对万物的作用。因此，大地，既有承载万物生长的时期，也有因冰霜到万物生长迟缓的时期。

---

① "牝"，《说文解字》释为"牝，畜母也"。《道德经》第六章"谷神不死，是谓玄牝。玄牝之门，是谓天地根。绵绵若存，用之不勤"，其哲理意涵是：只要万物具有绵延不绝的传承要素——谷（代际繁衍的适宜环境）、神（代际传承的种子）、不死（代际延续的遗传性），那么，大地就能够承载万物永续传承。比照此语，可以更深刻地理解"利牝马之贞"的意涵。

② 参见《乾卦·九三》对"君子"之释义。

③ "攸"，《说文解字》释为"攸，行水也"，《说文解字注》释为"行水。唐本作水行攸攸也。行水顺其性则安流攸攸而入于海"。本书作者认为，"～有攸往"，其词语结构与"责有攸归""罪有攸归""天命攸归"等的结构相近，因此，"～有攸往"，可理解为"顺其自然地发展"或"凝聚有利于其顺其自然发展的因素"之义。

④ "迷"，《说文解字》释为"迷，或（惑）也"，即"因失去方向而困惑"之义。

⑤ "西南"，合理推测为古代礼敬的方位，如"奥祚"，室之西南隅，为尊者之位。引申为"正确的方向"之义。"朋"，古代货币单位，此处代指财产等利益。《蹇卦》《解卦》均有"利西南"之语。

⑥ "安"，《说文解字》释为"安，静也"，即"清静、娴静"。

⑦ "履霜，坚冰至"，本书作者认为，可合理理解为"冬至节气"，意味着：大地首先承载天候的作用，天候作用于万物，是通过作用于大地而实现的，并非直接作用于万物。"冬至"，可认为是大地承载天候作用的一个周期伊始。

"履霜"①，可理解为"感受到霜这一使万物丧失生机之气候"之义；"坚冰至"②，可理解为"进一步感受到比霜更为摧失万物生机的气候"之义。

"直、方、大，不习，无不利"的含义是③：大地，有其能够指令万物的固有特性，却不会强令万物习从。

"含章可贞，或从王事，无成，有终"的含义是④：大地，有其内在的规则和秩序。不是主动地去担负起重大责任，而是遵从自然规则地承载。

"含章可贞"⑤，可理解为"（大地）内在的规则和秩序，是稳定可预期的"之义；"或从王事"，可理解为"大事、主要责任"之义；"无成"⑥，可理解为"不主动去作用于承载物"之义；"有终"⑦，可理解为"虽然非其主体责任，但承载并使之目标完成"之义。

"括囊，无咎无誉"的含义是：大地，承载万物，无优劣善恶之分。

"括囊"，犹如"囊括"，即包罗万象之义；"无咎"，此处可理解为"不会施加有偏向的影响"；"无誉"⑧，可理解为"无优劣善恶区分"之义。

"黄裳，元吉"的含义是：天—地—人作为一个整体来看，大地，就犹如穿着黄色衣裳的下半身。也就是说，大地的承载是事物发展进程顺利的必要条件。事物顺利发展还需要考虑背景条件、自身因素与承载条件的耦合。

---

① "履"，《说文解字》释为"履，足所依也"；"霜"，《说文解字》释为"霜，丧也。成物者"，即"霜，是使万物丧失生机的东西，也是促进部分作物成熟的东西"之义。

② "坚"，《说文解字》释为"坚，刚也"，即"土块坚硬"；"冰"，《说文解字》释为"冰，水坚也"；"至"，《说文解字》释为"至，鸟飞从高下至地也"，即"鸟从高处飞落到地面"，引申为"到达、极致"之义。

③ "直"，《说文解字》释为"直，正见也"，即，目光正对标杆以测端正；"方"，表"地之方"，与"天之圆"相对，《淮南子·本经训》有"戴圆履方，抱表怀绳"之语；"大"，表"地大"，与"天大""人大"相对，《道德经》第二十五章有"故道大，天大，地大，人亦大"之语；"不习"，表"不强令万物习从"之义；"无不利"，多个卦的爻辞有此占断用语，综合来看，可理解为"不可当作不利于发展的因素"之义。

④ 《讼卦·六三》亦有"或从王事，无成"之语。

⑤ "含"，《说文解字》释为"含，嗛也"，即，东西放在口里不咽不吐的状态；"章"，此处指规制，《尚书·皋陶谟》有"天命有德，五服五章哉"之语。

⑥ "成"，《说文解字》释为"成，就也"，即"去实现、去完成"之义。

⑦ "有"，《说文解字》释为"不宜有也"，即"不当有而有"之义；"终"，《广雅》释为"终，极也；终，穷也"。

⑧ "誉"，《说文解字》释为"誉，偁也"，即"受到称赞"，此处可理解为"好的、善的"之义；《大过卦·九五》亦有"无咎无誉"之断语。

"黄裳"①，可理解为"大地承载，在整个事物发展过程中的重要性"之义；"元吉"②，可理解为"大地承载，为事物初始发展提供良好条件"之义。

"龙战于野，其血玄黄"的含义是：天候与大地相互作用，才能达成承载万物生长传承的功能。

"龙战于野"③，可理解为天候与大地的交互影响；"其血玄黄"④，可理解为"天候与大地交互作用而产生成效"之义。

"用六，利永贞"的含义是：以上所述坤卦六爻关于大地的特性，是恒久不变的规律。

"用六"，是全部为阴爻构成的坤卦爻辞之后额外附着的一句卦辞。以现代语言可以理解为"附加说明"；"永贞"⑤，为"任何时候都可预期的结果"之义。

【哲理意涵】

本章的哲理意涵：任何事物的生长发展，都必须有其承载基础。犹如，万物的生成发展，必须有承载其成长的大地。因此，事物发展过程中，要借鉴大地承载万物的规律，去认知其承载基础的特性和作用。大地对于万物的承载，具有这样一些特性：其一，大地承载着天候对万物的作用，表现出时序性。因此，大地，既有承载万物快速生长的时期，也有因冰霜肃杀而万物生长迟缓的时期；其二，大地有其能够指令万物的固有特性，却不会强令万物习从；其三，大地有其内在的规则和秩序。不是主动作为，而是遵从自然规则地被动承载；其四，大地无差别地承载万物，无优劣善恶之分；其五，天—地—人作为一个整体来看，大地的承载，是事物发展进程顺利的必要条件。事物顺利发展，需要考虑背景条件、自身因素与承载条件的契合；其六，天候与大地相互作用，才能达成承载万物生长传承的功能。以上所述关于大地的特性，是永远可以借鉴的承载规律。

---

① "黄"，《说文解字》释为"黄，地之色也"；"裳"，《说文解字》释为"常，下裙也。裳，常或从衣"。

② "元吉"与"元亨"，有着显著的差别意涵。"元吉"，可以理解为"其初始条件，于事物发展进程而言，风险较小"；"元亨"，一般只出现在卦辞中，可以理解为"该卦所讨论的主题，对于事物内在机制的正常运行而言，是必要的过程或必要的条件"。

③ "龙"，此处代指"不断变化的天候"，参见《乾卦》对"龙"的释义。

④ "玄黄"，《文言》释为"夫玄黄者，天地之杂也，天玄而地黄"。

⑤ "永"，《说文解字》释为"永，长也。象水巠理之长"，本义是"河水长流"，引申为"恒久"之义。

【生态文明启示】

"坤"的生态文明启示是：生态文明建设，就是要认识到：人类群体生存传承，需要适合地球生态系统的承载这一根本性的基础。人类活动及其行为，必须顺应地球生态系统的运行规律和秩序，必须维护地球生态系统的稳定性和可持续性，必须与地球生态系统下的其他各种物种平等而和谐地共存（维护生态系统的生物多样性）。

"龙战于野，其血玄黄"的生态文明启示是：天候与大地相互作用，才能达成承载万物生长传承的功能。因此，生态环境维护，既要关注大气臭氧层不被破坏、空气质量不受过度污染气体排放而降低等天候方面的问题，也要关注土壤污染、水污染、森林及湿地被破坏、自然灾害加剧加频等大地方面的问题。只有"天""地"共同构成的生态系统及其生态功能的完好，才能够为人类提供一个可持续生存发展传承的生态系统。

第三章　屯

【原文】

屯卦

震下坎上

屯，元亨，利贞，勿用，有攸往，利建侯。

初九，磐桓，利居贞。利建侯。

六二，屯如邅如，乘马班如。匪寇，婚媾。女子贞不字，十年乃字。

六三，即鹿无虞，惟入于林中，君子几不如舍，往吝。

六四，乘马班如，求婚媾。往吉，无不利。

九五，屯其膏，小，贞吉；大，贞凶。

上六，乘马班如，泣血涟如。

【新认识与新释译】

"屯"的含义是①：事物初生发育，须经历艰难过程，但这一过程是自然的发展进程，也是事物长远发展的必经过程。

"屯，元亨，利贞，勿用，有攸往，利建侯"的含义是：事物在初生发育阶段，不可能发挥什么作用。但要护育其顺其自然成长，着眼其长远发展。

"屯，元亨，利贞，勿用"②，可理解为"事物的初生，尽管内生机制正常，预期发展态势良好，但尚不能发挥其功能"之义；"有攸往"③，可理解为"顺其自然地发展"之义；"利建侯"④，可理解为"某一行为，是未来独立发展的

---

① "屯"，《说文解字》释为"屯，难也。象屮木之初生。屯然而难"，即"草木初生，生长艰难"之义。

② 参见《乾卦》对"元亨""利贞"的阐释。

③ 参见《坤卦》对"有攸往"的阐释。

④ "建侯"，即指享有独立封地的分支发展。引申为"事物独立发展壮大"之义。

27

必经进程"。

"磐桓，利居贞，利建侯"的含义是①：事物初生，须经历初生发育的艰难过程，才能走向长远的发展。这一艰难过程，如同草木种子发芽破壳而出之艰难，就犹如磐石压于树苗之上，使之难以向上生出的状态。

"磐桓"②，可理解为"如同磐石压于其上般的艰难过程"；"利居贞"③，可理解为"经历这一艰难，是一种合乎预期的正常过程"；"利建侯"，可理解为"有利于长远发展的过程"。

"屯如邅如，乘马班如"的含义是：事物初生发育的艰难过程，必须符合自然进程，非外力可助。这一过程，如同草木发芽破壳，并非外力可为，唯有期待自然发育；又如同要使拉车的马匹行进顺畅，不是简单地驱赶牵引就可达到，而要使马匹自行调整其步伐节奏。

"屯如邅如"④，可理解为"草木种子发芽破壳的艰难，并非外力可为，而有待自然发育"之义；"乘马班如"⑤，可理解为"拉车的马匹行进不顺畅，并非驱赶牵引就可推进，而有待于自然有序"之义。

"匪寇，婚媾，女子贞不字，十年乃字"的含义是⑥：事物初生发育，须有各种条件，如果条件不具备或错过，那就唯有待机，即等待下一次条件适宜的时机。如同一个女子，曾被抢婚，虽然未被抢走，却导致短时期内难以婚嫁，也许要等到许多年之后。

"即鹿无虞，惟入于林中，君子几不如舍，往吝"的含义是：事物初生发

---

① 从该卦各爻的爻辞来看，用于比拟的事物有三个，一是"屯"，即，草木种子发芽破壳而出的情形；二是"乘马班如"，即，拉车的马匹，尚未调整好其步伐节奏的情形；三是"婚媾"，即，婚媾过程中的问题情形。各爻，以两个比拟例子进行阐释，所举例子之间是并列关系，如"乘马班如"与"匪寇，婚媾"，"乘马班如"与"求婚媾"，"乘马班如"与"泣血涟如"。

② "磐"，《广韵》释为"磐，大石"；"桓"，《文言》释为"槐树"。

③ "居"，《说文解字》释为"居，蹲也"，即"蹲踞"之义，此处可理解为"稳定的、可预期的"。

④ "邅"，《集韵》释为"迍邅，难行不进貌"；"如"是助词，相当于"然"。"~如"，是《易经》中常见的句式。"屯如邅如"，可理解为"如同草木种子破壳而出般的艰难"。

⑤ "班如"，一般释为"相牵不进貌"。

⑥ "匪"，《说文解字》释为"匪如篋。一曰非也"；"寇"，《说文解字》释为"寇，暴也"；"匪寇，婚媾"的本义，古代氏族社会禁止族内通婚，与外族通婚，保留原始部落"抢婚"仪式。为避免误会，一路呼喊"匪寇，婚媾"，即"不是强盗，而是迎亲"之义；"贞不字"，为"预期终身不嫁"之义；"字"，为"婚聘"之义。《仪礼·士冠礼》有"女子许嫁笄而字"之释。

育，不必拘泥于一般情形。犹如草木果实，也许会被动物吞食，其作为种子而被带到很远的密林之中，也许能够为发芽生长带来更好的机会和条件。从整体利益和长远利益来考虑的话，与其执着于某一方式还不如放弃，或许有更好的结果。

"即鹿无虞，惟入于林中"①，可理解为"草木果实，若被动物吞食，无须担心，纵使被带入深山之中，种子依然会发挥种子的作用"；"君子几不如舍"②，可理解为"从总体角度来看待问题的话，与其勉强去追求，还不如顺其自然地放弃"；"往吝"③，可理解为"否则的话，未必能达成预期效果"。

"乘马班如，求婚媾，往吉，无不利"的含义是：如何渡过事物初生发育的艰难，并非强行努力就可完成，而应自然而然地完成。犹如要使拉车的马匹行进顺畅，就要让马匹自行调整步伐节奏；又如男女的求偶，到了一定年龄都是自然而然的过程。只要听之自然时机，事物就会正常生长发育。

"求婚媾"，可理解为"男女求偶的天性"之义；"往吉，无不利"④，可理解为"其后一切将归于正常"之义。

"屯其膏，小，贞吉；大，贞凶"的含义是：事物初生发育需要恰到好处的有利条件。犹如草木种子发芽之后，需要肥美湿润的土地，才能生长出土。但如过于肥美湿润也不利于生长出土。

"屯其膏，小，贞吉"⑤，可理解为"种子正常发芽，需要适度肥美的土地"之义；"大，贞凶"⑥，可理解为"土地过度肥美，则不利于种子发芽。预期风险大"之义。

---

① "即"，《说文解字》释为"即，食也"。"即鹿"，为"果实被鹿或其他动物所食"之义；"无虞"，为"事态正常，无须忧虑"之义；"惟"，《说文解字》释为"惟，凡思也"，即"思考的总称"，此处可释译为"总之"。

② "君子"，可理解为"从总体角度来认识问题"；"几"，《说文解字》释为"几（幾），微也，殆也"，即"将要达成"之义，此处可理解为"勉强去追求，达成不达成尚未可知的状态"之义。

③ "吝"，《说文解字》释为"吝，恨惜也"。在《易经》各卦辞和爻辞中的含义，可合理理解为"与原本可达到的最好结果相比，实际效果有所不足"，亦即"因贪惜成本而投入有所不足导致未能最适当地达成目标，或因贪图收益而过度追求导致未能最适当地达成目标"之义。参见《坤卦·六二》对于此语的释义。

④ "无不利"，可理解为"不是不利于发展的因素"之义。参见《坤卦·六二》对此语的释义。

⑤ "膏"，《说文解字》释为"膏，肥也"，即指"油脂"，此处可理解为"肥沃的土地"；"小"，此处可理解为"适度"之义；"贞吉"，可理解为"预期风险较小"之义。

⑥ "大"，此处可理解为"过当"之义。

"乘马班如，泣血涟如"的含义是①：事物初生发育，虽然艰难，但都是自然而然的过程，这个艰难过程是不得不经历的。犹如拉车的马匹，从不愿前行，到自行调整步伐节奏的过程；又如同女子出嫁时对母家恋恋不舍的过程。

【哲理意涵】

本章的哲理意涵：事物初生发育，须经历艰难过程，但这一过程是自然的发展进程，也是事物长远发展的必经过程。对此，应有正确的认知。其一，要认识到，事物必经初生发育的艰难过程；其二，要认识到，事物初生发育的艰难过程，必须符合自然进程；其三，要认识到，事物初生发育，不必拘泥于一般路径，或许有更有利的路径；其四，要认识到，事物初生发育的艰难，不可强行完成，而应等待自然时机；其五，要认识到，事物初生发育，需要适当的有利条件；其六，要认识到，事物初生发育的艰难过程，都是自然而然的过程，也是事物发展不得不经历的过程。

【生态文明启示】

"乘马班如"的生态文明启示是：生态文明建设的推进过程中，不能依靠强制实施的方式，而应使经济社会各主体自行适应、逐步调整其经济—生态关系，生态文明理念有机地融入其中，以达成合理的发展节奏和发展秩序。

"即鹿无虞，惟入于林中，君子几不如舍，往吝"的生态文明启示是：在生态文明建设过程中，对于"碳减排""污染物减排"等目标任务，不宜过于强调各区域必须完成自身的减排任务，而可采取更加灵活的实现方式。如那些减排技术先进的地区，可以通过帮助其他地区减排，来抵扣自身的减排任务。这一方式既可达成总体目标，又更具效率。

---

① "泣"，《说文解字》释为"无声出涕曰泣"，"泣血"形容哭泣的程度；"涟"，为垂涕貌，《诗经·卫风》有"泣涕涟涟"之句。"泣血涟如"，字面含义是"异常悲戚，眼睛哭出了血"，此处代指"迎亲过程中的哭婚，表示对母家的恋恋不舍"之义。

第四章　蒙

【原文】

蒙卦

坎下艮上

蒙，亨。匪我求童蒙，童蒙求我。初筮告，再三渎，渎则不告。利贞。

初六，发蒙，利用刑人，用说桎梏，以往吝。

九二，包蒙，吉。纳妇，吉。子克家。

六三，勿用，取女，见金夫，不有躬。无攸利。

六四，困蒙，吝。

六五，童蒙，吉。

上九，击蒙，不利为寇，利御寇。

【新认识与新释译】

"蒙"的含义是①：对于事物发展进程，从认知到践行，要有其符合自然的认知方式和践行方式。如同对于生育繁殖这一自然传承问题的认知，是从蒙昧无知逐步到明了事理的认知过程。要从生育繁殖问题的认知和践行之中，认识得到一般事物传承发展之理。

"匪我求童蒙，童蒙求我。初筮告，再三渎，渎则不告。利贞"的含义是：随着儿童长成，逐步就会有其了解生育繁衍道理的欲望，初始欲望，是一种正当的自然的意愿，如果过度沉迷于此，就成了不正当、反自然的行为。

---

① "蒙"，《说文解字》释为"蒙，王女也"，即"女萝"，亦即"菟丝草"。引申为"尚未长大到明了事理的状态"之义。

"匪我求童蒙，童蒙求我"①，可理解为"不是人为教导的道理，而是自然而然的道理"之义；"初筮告，再三渎，渎则不告"②，可理解为"初始是一种自然的求知欲，应予启发；一而再则是一种痴迷，则不予再启发"之义；"利贞"，可理解为"这样一来，有利于其正常发展"之义。

"发蒙，利用刑人，用说桎梏，以往吝"的含义是：刚刚开始启动生殖繁衍机能之时，可有必要的示范。如以模型人体，使之解除未成年人阶段形成的各种约束。

"发蒙，利用刑人"③，可理解为"以模型人体来教导生殖繁育知识"；"用说桎梏，以往吝"④，可理解为"解除各种约束，以避免不能达成预期目标的情形"之义。"往吝"，可理解为"否则的话，未必能达成预期效果"。

"包蒙，吉。纳妇，吉。子克家"的含义是⑤：生殖繁衍机能正常，如同含苞待放。正常情形下，可娶妻，生子承家也指日可待。

"勿用，取女，见金夫，不有躬。无攸利"的含义是：纳妇，不该当作普通的家庭成员来对待，而是要使之尽快起到繁衍后代的作用。不能虽有其形式，却未有达成其目的之行为，应预防这一可能情形的出现。如同一个新妇，而其夫没有躬行其事。

"勿用，取女"⑥，可理解为"娶妇，不该当作普通的家庭成员对待"之义；

---

① "我"，指代"自然之理"，如同《道德经》之中，"我"指称"道"；"求"，为"觅也，乞也"之义；"童"，《说文解字》释为"童，男有辠曰奴，奴曰童，女曰妾"，即本义为"有罪的男性奴仆"。此处代指"初长成的儿童"。

② "筮"，《说文解字》释为"筮，易卦用蓍也"，此处可理解为"求知"；"告"，《说文解字》释为"告，牛触人，角箸横木，所以告人也"，即"牛用角撞人，古人在牛角上系横木，用它来告发罪人"之义，此处可理解为"启发之"之义；"渎"，通"嬻"，即"亵渎、轻慢"之义。

③ "发"，《说文解字》释为"发（發），射发也"，此处为"初发"之义；"刑"，通"形"，为"型"的本字，即"铸造器物用的模子"；此处的"刑人"，即为"模型人体"。

④ "说"，通"脱"；"桎梏"，本指刑具。《周礼·大司寇》有"在手曰梏，在足曰桎"之说，此处代指"各种约束"。

⑤ "包"，《说文解字》释为"包，象人裹妊，巳在中，象子未成形也"，此处可理解为"含苞待放"之义；"克"，《说文解字》释为"克，肩也"，即"担负"之义，此处代指"传承其家"；"吉"，此处可理解为"事物发展进程中，风险较小"之义。

⑥ "取"，《说文解字注》释为"娶，取妇也。取彼之女为我之妇。经典多假'取'为'娶'"。此处是"选取繁衍后代角色作用"之义；"女"，此处为"所纳之妇"之义。《姤卦》亦有"勿用，取女"之语。

"见金夫，不有躬"①，可理解为"未能完成夫妇之事"之义；"无攸利"②，可理解为"难以实现本可顺其自然而实现的结果"。

"困蒙，吝"的含义是③：生殖繁衍机能，虽然是自然而然形成的，但也可能出现某些方面存在困顿的情形。

"童蒙，吉"的含义是④：生殖繁衍的第一次交合，合乎自然而具有正当性。

"击蒙，不利为寇，利御寇"的含义是⑤：生殖繁衍机能的护卫，不适合主动攻击外在影响力量，而适合于有效防护自身。

【哲理意涵】

本章的哲理意涵：对于事物发展进程，从认知到践行，要有其符合自然的认知和践行方式。如同对于生育繁殖这一自然传承问题，是从蒙昧无知逐步到明了事理的认知和践行过程。要从生育繁殖问题的认知和践行之中，认知得到一般事物传承发展之理。要认识到，初始的认知欲望，是正当的自然意愿，而过度的欲望，则会异化为不正当、反自然的行为。其一，初始认知，可有必要的形象示范；其二，只要机能正常，那么，从认知到践行，都将顺理成章地实现；其三，认知之后，则要有践行行为；其四，从认知到践行，虽然是自然而然的过程，但也可能出现某些困顿情形；其五，从认知到初始践行，具有合乎自然的正当性，因此可坚定信心；其六，事物机理，虽然源于自然，但其机能也需要有效护卫，而不可主动出击。

【生态文明启示】

"蒙"的生态文明启示是：对于生态文明建设，从认知到践行，要有其合理

---

① "金夫"，郑玄释为"刚夫"，即"刚强的男性"之义；"躬"，即"身体"，此处为"躬行其事"之义。

② "攸"，《说文解字》释为"攸，行水也"，《说文解字注》释为"行水也。唐本作水行攸攸也。行水顺其性则安流攸攸而入于海"。因此，"无攸利"，可理解为"难以实现本可顺其自然而带来的利益"之义。

③ "困"，《说文解字》释为"困，故庐也，从木，在口中"，即"旧所居庐，其木久而敝坏"之义；"吝"，可理解为"与原本可达到的最好结果相比，实际效果有所不足"之义。

④ "童"，《集韵》释为"独也，言童子未有室家者也"，此处可理解为"男性初长成后第一次性行为"；"吉"，此处可理解为"合乎自然而具有正当性，风险较小"之义。

⑤ "击"，即"攻击"之义，此处可理解为"其功能受到攻击"之义；"寇"，《说文解字》释为"寇，暴也"，此处可理解为"主动攻击"之义；"御寇"，即"防御外在攻击"之义。

的推进方式。其一，初始阶段，可通过典型的案例，来阐释生态文明建设的必要性，以此启发人们发自内心地形成可持续发展理念；其二，只要社会成员普遍秉持人类永续传承这一意愿，那么，人们对于生态文明的认知和践行都将顺理成章地实现；其三，生态文明理念，认知之后，需要全体社会成员的共同践行；其四，生态文明建设虽然符合人类永续传承的普遍意愿，但由于短期经济利益的追求，必然引致生态文明建设的推进困难；其五，生态文明建设符合人类群体的根本利益，因此具有其正当性，而可坚定推进的信心；其六，生态文明建设，其根本就是维护生态系统的可持续性，而不是要基于人类的价值判断去达成其他什么目的。

"匪我求童蒙，童蒙求我。初筮告，再三渎，渎则不告"的生态文明启示是：人类成员生存发展的基本需求，应符合自然。自然系统和自然规律决定的科学技术可为满足人类基本需求而服务。因此，人类经济活动应是基本需求促进相应的技术发展和产业活动，而不应当是产业技术超前发展去激发人类非必要的需求。人类对于物质需求的过度追求，自然系统和科学技术不应无条件地满足甚至还应当有其制约机制。

第五章　需

【原文】

需卦

乾下坎上

需，有孚，光亨。贞吉，利涉大川。

初九，需于郊，利用恒，无咎。

九二，需于沙，小有言，终吉。

九三，需于泥，致寇至。

六四，需于血，出自穴。

九五，需于酒食，贞吉。

上六，入于穴，有不速之客三人来，敬之，终吉。

【新认识与新释译】

"需"的含义是①：事物发展过程中，遭遇某些意外情形，应适时停顿以待重新出发时机。如同遇雨不再前行而等待的情形。

"需，有孚，光亨。贞吉，利涉大川"的含义是：对于事物发展，只要有坚定之信心，遇雨等待之类的困难都只是暂时的。

"有孚"②，可理解为"对于……坚定其信念"之义；"光亨"③，可理解为

---

① "需"，《说文解字》释为"遇雨不进"。《需卦》，无论从卦名的本义来看，还是从各卦辞和爻辞的内容来看，都是"遭遇困难之后适当停顿以待"之义，不宜以现代汉语"需求"一词的语义来认识。

② "孚"，《说文解字》释为"孚，卵孚也。一曰信也"，既表示于他人而言的"信用""诚信"，也表示于自身而言的坚定信心。"有孚"，可理解为"对于……坚定其信念"之义。

③ "光"，《说文解字》释为"光，明也。从火在人上，光明意也"，此处可理解为"影响所辐射的范围"之义。

"其影响所及范围内，运行正常"之义；"贞吉"，可理解为"预期风险较小"之义；"利涉大川"①，可理解为"这一行为有利于克服较大的困难，过渡到一个更高的新阶段"之义。

"需于郊，利用恒，无咎"的含义是：事物发展过程中，对于即将到来的可能困难，应以平常方式准备应对。如同雨已降至郊外，虽尚未受雨，宜以平常方式未雨绸缪应对之。

"需于郊，利用恒"②，可理解为"雨已到郊外，应以平常方式应对之"之义；"无咎"，可理解为"某行为不会带来与本义相悖、适得其反的影响或后果"。

"需于沙，小有言，终吉"的含义是：事物发展过程中，对于可能的困难及其影响，可稍微承受，不必完全避免。如同雨已降下，但仅及沙中，很快消退，并无大碍。

"需于沙，小有言"③，可理解为"雨势不大，仅及于沙，稍受其影响"之义；"终吉"④，此处可理解为"此下雨情形，虽然有所影响，但并没有造成重大改变"。

"需于泥，致寇至"的含义是⑤：事物发展过程中，对于可能构成危险的困难及其关联影响，要有足够的预估。如同雨降积于泥中，泥泞难行，在这种情形下要预防可能招致强盗的趁势打劫。

"需于血，出自穴"的含义是⑥：事物发展过程中，对于可能遭遇的重大困难，不宜固守，须应对得当，宜避则避。如同雨势强劲，或致人受害，不宜避雨土室之所，宜自此而出。

"需于酒食，贞吉"的含义是⑦：事物发展过程中，对于一般性的困难，舒

---

① "利涉大川"与"利建侯"，其意涵有一定的差别。"利建侯"的含义是"某一行为利于长远目标的实现，但未必利于短期收益"。

② "恒"，《说文解字》释为"恒，常也"，此处为"平常方式"之义。

③ "言"，《说文解字》释为"直言曰言，论难曰语"，即"责难"之义，"有言"即为"承受责难"之义。此处"小有言"，可理解为"稍受影响"之义。

④ "元吉"与"终吉"，有着显著的差别意涵。"元吉"，可以理解为"某一情形或某一行为，对于初始目标而言，是恰当的行为"；"终吉"，可以理解为"某一情形或某一行为，虽然不是预期的过程，但并没有造成根本性的改变，最终依然可达成目标"。

⑤ "泥"，为"水与土混合之物"之义，《尚书·禹贡》有"厥土惟涂泥，又污也"之语；"至"，《说文解字》释为"至，鸟飞从高下至地也"，即"鸟从高处飞落到地面"，引申为"到达"之义。

⑥ "血"，此处代指"受到伤害之状态"；"穴"，《说文解字》释为"穴，土室也"。

⑦ "贞吉"，可理解为"预期风险较小"之义。

缓心情等待过去即可，不必强为克服。犹如以轻松心态、进饮食等方式以等候雨停天晴。

"入于穴，有不速之客三人来，敬之，终吉"的含义是：事物发展过程中，克服困难之后，不妨稍待情势明朗，不妨在了解他人经验后，再做行动。如同雨势或停而转晴，既然已经入室等待，不妨轻松待客，更待情势明朗而行。

"有不速之客三人来，敬之"①，可理解为"等待情势明朗期间，可帮助刚刚经历困难的人，从中得到经验。如同不速之客进来避雨，说明他们已受雨，可从其了解外在情形"；"终吉"，此处可以理解为"因雨势不明而等待，虽然有所影响，但并不会造成重大影响"之义。

【哲理意涵】

本章的哲理意涵：事物发展过程中，遭遇某些意外情形，应适时停顿以待重新出发时机。困难是暂时的，只要坚定信心，待情势明朗后再继续。其一，对于即将到来的可能困难，应以平常方式准备应对；其二，对于可能的困难及其影响，可有所承受，不必完全规避；其三，对于可能构成危险的困难及影响，要有足够的预估；其四，对于可能遭遇的重大困难，不宜固守，宜避则避；其五，对于一般性困难，等待过去即可，不必强为克服；其六，克服困难之后，不妨在了解他人经验、稍待情势明朗之后再做行为选择。

【生态文明启示】

"需"的生态文明启示是：经济社会发展过程中，如何对待遭遇到的生态环境问题，实质上就是如何推进生态文明建设的问题。其一，对于经济活动可能带来的生态环境问题，应以合理的方式有效应对，不应无视其影响，也不应使这一影响累积放大；其二，对于经济活动可能带来的生态环境问题，应合理应对，不必因此而放弃相应的经济活动；其三，对于经济活动可能带来的生态环境问题及其可能构成风险，要有足够的预估和预防，不可听之任之；其四，对于某些经济项目可能带来的重大生态环境问题，则应考虑放弃相应的经济项目；其五，对于经济活动可能带来的一般性生态环境问题，适当的休养生息即可恢复，不必采取特别举措进行治理；其六，对于经济活动可能带来的生态环境问题，以及如何有效应对，应更多地吸取先行国家和先行群体的经验。

---

① "速"，《汉字源流字典》释为"使快来，招致"之义。此处"不速之客"可理解为"请求进来避雨的路人"。

第六章　讼

讼卦

坎下乾上

讼，有孚，窒惕，中吉，终凶。利见大人，不利涉大川。

初六，不永所事，小有言，终吉。

九二，不克讼，归而逋。其邑人三百户，无眚。

六三，食旧德，贞厉，终吉。或从王事，无成。

九四，不克讼，复既命渝。安贞吉。

九五：讼，元吉。

上九：或锡之鞶带，终朝三褫之。

【新认识与新释译】

"讼"的含义是①：事物发展过程中，与相关主体进行利益竞争是常态性的，但采取讼争方式，要有其正当性、要坦然接受其结果。

"讼，有孚，窒惕，中吉，终凶。利见大人，不利涉大川"的含义是：在竞争过程中，既要有诚信，又不得不戒惧警惕。必要的情形下，采取讼争方式，或可防止出现最坏的后果，但必须接受有所损益的结果。通过讼争达成利益均衡，可促使事物朝着更加全面、完善的方向发展；在这一过程中，完善自身的发展是主要的，而不是急于去突破大的困境以推进大的发展。换言之，在这一

---

① "讼"，《说文解字》释为"讼，争也"。《周礼·地官·大司徒》有"凡万民之不服教而有狱讼者，与有地治者听而断之，其附于刑者归于士"之语，《郑玄注》释为"争罪曰狱，争财曰讼"。以现代认识来看，"噬嗑"之"用狱"，相当于现代司法的"刑事"，"讼"相当于"民事"。

过程中，可止损，可使态势明晰，但难以获得进益。

"有孚"，可理解为"对于……坚定其信念"之义；"窒惕"①，可理解为"极其警觉地保持戒备状态"；"中吉，终凶"②，可理解为"事情的进程正当合理，但事情的结果必有损失"；"利见大人"③，可理解为"事物发展趋势，有利于其朝着成熟阶段发展"之义；"不利涉大川"④，可理解为"不宜急于克服较大的困难，过渡到一个新阶段"之义。

"不永所事，小有言，终吉"的含义是⑤：就事物发展而言，讼争之事不宜持久（宜放下则放下、宜化解则化解），虽然于自身利益不免有所影响，但还是处在合理的、可接受的范围内。

"不永所事"，此处可理解为"中止讼争之事"之义；"小有言"，此处可理解为"利益有所损失，不免遭受非议"之义；"终吉"，此处可理解为"放弃讼争行为，虽然利益有所影响，但结果还是好的"之义。

"不克讼，归而逋。其邑人三百户，无眚"的含义是：讼争的目的是达成一个稳定可预期的结果，而不是无休止地争竞。讼争结果达成之后，对于过去之事不妨放下，以待重新开始。无休止地争竞，不仅于己无益，也会连累其相关众人。如同因某事而付诸诉讼，如果未能取胜，不妨回避到偏僻之所，自己承担后果而不去连累众多的乡人族人。

"不克讼，归而逋"⑥，可理解为"讼争未能取胜，退避而不再缠讼"之义；

---

① "窒"，《说文解字》释为"窒，塞也"，即"堵塞不通"之义；"惕"，即"戒备"之义。"惕"，《说文解字》释为"惕，敬也"，而对"敬"则释为"敬，肃也"，即"谨敬"之义，《易经》各卦辞和爻辞中的"惕"，可理解为"戒惧"之义，如同《黄帝内经·灵枢》"怵惕思虑者则伤神"之语。"有孚，窒惕"，用后世的语言，可通俗理解为"害人之心不可有，防人之心不可无"之义。

② "中"，可理解为"事情的进程"；"终"，可理解为"事情的结果"。

③ 参见《乾卦·九二》对其的释义。

④ "利涉大川"，参见《需卦》对其的阐释。

⑤ "永"，《说文解字》释为"永，长也。象水巠理之长"，本义是"河水长流"，此处可理解为"持续"之义。"不永所事"，可理解为"不过分执着于其事"之义；"小有言"，可理解为"某事有所影响"之义；"终吉"，可理解为"虽然某事有所影响，但不至于造成重大影响"之义。

⑥ "克"，《汉字源流字典》释其本字为"尅"，即"战胜，攻取"之义；"归"，《说文解字》释为"归（歸），女嫁也。从止，从妇省"，即本义是"女子出嫁"，其后凡是返家均借用"女嫁"之义来表述。此处"归"为"退归"之义；"逋"，《说文解字》释为"逋，亡也"，即"逃避"之义。

"其邑人三百户，无眚"①，可理解为"不使利益关联者受到影响。如同不累及乡邑众人"之义。

"食旧德，贞厉，终吉。或从王事，无成"的含义是：讼争结果达成之后，要坦然地接受其结果，也不要急于去挽回利益或名誉方面的损失。如同某一讼争之事完结后，无论胜负，不妨回归祖居旧地，可心安。不宜很快去承担更大责任之职事。

"食旧德"②，可理解为"回归原有的正常生活"之义；"贞厉"③，可理解为"其固执或严厉的行为，将对预期效果产生一定的负面影响"；"终吉"，此处可以理解为"讼争行为，虽然有较大影响，但由于有良好的基础可消弭这一影响"之义；"或从王事，无成"④，可理解为"暂不宜担当负主要责任的大事"之义。

"不克讼，复既命渝。安贞吉"，合理断句为"不克讼，复既命，渝安，贞吉"，该句的含义是：讼争之事，如果未能取胜，不妨听从天命，应改变逞强争胜的初衷。

"不克讼，复既命"，可理解为"如果未能达成讼争的目标，不妨回到已经确定的命运之路"；"渝安"，可理解为"转而清静无为"之义；"贞吉"，可理解为"预期风险较小"之义。

"讼，元吉"的含义是：只有在自己完全拥有正当性的情形下，进行讼争，才是与顺利达成目标相一致的适当行为。

"或锡之鞶带，终朝三褫之"的含义是⑤：讼争，必须有其正当性。否则，即使通过讼争获得不当收益，如果德不配位的话，也难以持久。如同因某一偶

---

① "眚"，《说文解字》释为"眚，目病生翳也"，"无眚"即"无灾祸"之义。

② "食"，即"以某种方式生活"之义；"旧"，为"保留旧有的"之义；"德"，《说文解字》释为"德，升也"，即"境界因善行而升华"之义，此处代指"旧有的居所及其生活方式"。

③ "厉"是古代谥号用字之一，了解其含义有助于理解"厉"在《易经》中的含义。《逸周书·谥法解》释为"杀戮无辜曰厉；愎很遂过曰厉，去谏曰愎，反是曰很；不思忘爱曰厉，忘其爱己者"。"厉"，《易经》中以其为占断用语时，可理解为"不考虑利害得失而一意孤行"或"与必要程度相比而过于严厉的行为"之义。

④ 《坤卦·六三》亦有"或从王事，无成"之语。

⑤ "锡"，通"赐"；"鞶带"，即官服大带；"褫"，《说文解字》释为"褫，夺衣也"，即"强行剥去衣服"之义。"终朝三褫之"，合理推测其含义：按规制褫夺一个人的官位，需经三道程序，"终朝三褫之"即一次朝会就全部完成了这三道程序，喻指被褫夺得迅即、彻底。

然机遇而受赐获得官位，恐怕很快就会出现被褫夺的情形。

【哲理意涵】

本章的哲理意涵：事物发展过程中，采取讼争方式维护自身利益，既要有正当性，也要坦然接受结果。须秉持以下几种认识。其一，讼争之事不宜持久，宜放下则放下，宜化解则化解；其二，讼争，为的是获得一个稳定可预期的结果，不可因此而累及他人；其三，讼争结果达成之后，要坦然接受，不宜急于去挽回损失或证明自身的能为；其四，讼争未胜，不妨认定这是命运确定的新起点、新方向，可因之而有所改变；其五，在具有正当性的情形下，与目标相一致的讼争行为，也不应排斥；其六，讼争，必须有其正当性。否则，即使通过讼争获得不当收益，也难以持久维持。

【生态文明启示】

"讼"的生态文明启示是：生态文明建设推进过程，其实也是相关主体经济利益与生态利益之间的博弈过程。各主体间的博弈，一方面是维护自身利益的正当性，另一方面也是达成一个双方可接受的博弈均衡。其一，博弈过程，应以尽快达成均衡为目标，不应造成两败俱伤的"负和博弈"结果；其二，利益博弈，为的是获得一个稳定可预期的结果，不可因此而造成社会损失，特别是不可造成全球生态利益的损耗；其三，博弈均衡达成后，应遵从均衡结果，而不应急速地强化自身利益；其四，利益博弈达成的结果，即使不利于己方，应将之作为新起点，而谋求新的发展路径；其五，生态利益也好，经济利益也好，在具有正当性的情形下，应据理力争；其六，生态利益也好，经济利益也好，必须有其正当性。否则，即使通过博弈获得不当收益，也难以持久。

第七章　师

【原文】

师卦

坎下坤上

师，贞丈人吉，无咎。

初六，师出以律，否臧凶。

九二，在师，中吉，无咎，王三锡命。

六三，师或舆尸，凶。

六四，师左次，无咎。

六五，田有禽，利执言，无咎。长子帅师，弟子舆尸，贞凶。

上六，大君有命，开国承家，小人勿用。

【新认识与新释译】

"师"的含义是①：事物发展过程中，以强力手段去解决矛盾，而只有在没有其他解决途径的情况下，方可考虑使用这一手段。

"师，贞丈人吉，无咎"的含义是②：以强力手段去解决矛盾，如果目的单纯且行为有序有度，则不会带来严重的负面影响。否则，其影响往往会远超其目的性，超出其预期。如同仅仅是以军队去维护秩序，无疑是正当的。但是，一旦出动军队采取军事行动，往往会在诸多方面产生关联影响。

---

① "师"，《说文解字》释为"师，二千五百人为师"，此处可理解为"军队、战事"之义，引申为"以强力手段解决问题"之义。

② 此句的逻辑语义有所省略。可合理地理解为：出师行为仅为"丈人"目的的话，无咎；反之，则有咎。

　　"贞丈人吉"①，可理解为"从常理来看，以军队去维持秩序，是正当的"之义；"无咎"，可理解为"某行为不会带来与本义相悖、适得其反的影响或后果"。

　　"师出以律，否臧凶"的含义是：事物发展过程中，采用强力手段去解决矛盾，无论结果如何，都必然带来其负面影响。如同出动军队，以达成一个秩序，无论顺利与否，都会导致不幸的结果。

　　"师出以律"②，可理解为"出动军队以达成秩序"之义；"否臧"③，可理解为"成败与否"之义；"凶"④，可理解为"充满不确定性和较大风险"。

　　"在师，中吉，无咎，王三锡命"的含义是：事物发展过程中，为有效解决矛盾，建立强力机制是必要的，其主要作用在于震慑，而不是频繁使用。只应在其他手段不再有效的情形下，才可真正采用强力机制。如同对于国家内部的安定而言，军队是有其存在的意义的，军队的价值主要是它的存在，而不是它的使用。对于国家及君主而言，只有在危急情形下才可以考虑动用军队。

　　"在师，中吉"⑤，可理解为"军队的存在，对国家而言是合理的"之义；"无咎"，可理解为"军队的存在，不会带来与本义相悖的影响或后果"之义；"王三锡命"⑥，可理解为"国家处于危急情形"之义。

---

①　"贞"，可理解为"从常理来判断"之义；"丈"字，《汉字源流字典》释为："仗"的本字，本义为"拿持"。此处"丈人"，可理解为"以拿持武器的军队去治理秩序"之义；"吉"，此处可理解为"具有正当性，风险小"。

②　"出"，《说文解字》释为"出，进也。象艸木益滋，上出达也"，即"像草木渐渐滋生，向上生长出来"，此处为"出动"之义；"律"，《说文解字》释为"律，均布也"，即"均衡广布于万物之中的自然规律"之义，此处可理解为"秩序"。

③　"否"，《说文解字》释为"否，不也"；"臧"，《说文解字》释为"善也"。

④　"凶"，《说文解字》释为"凶，恶也"；《汉字源流字典》释为"本义为凶恶，即表现出来的样子非常可怕"。在《易经》中的含义可理解为：所论情形下，进行某类行为，可能导致严重后果。以现代学术思想来认识，可理解为"未来的状态充满不确定性和较大风险"之义。

⑤　"在"，《说文解字》释为"在，存也"，即"存在"之义，此处不宜理解为"处于某一位置"；"中"，《说文解字》释为"中，内也"，此处可理解为"国家内部"之义。"中吉"，此处可理解为"对国家而言是合理的"。

⑥　"锡"通"赐"；"命"，即"国家重要类别的公文"。《论语》有"为命，裨谌草创之，世叔讨论之，行人子羽修饰之，东里子产润色之"之语，《尚书·文侯之命》有"秦并天下，改命为制"之语。"王三锡命"，字面含义是"君王再三发出命令"。

　　"师或舆尸，凶"的含义是①：事物发展过程中，强力机制的震慑作用，与其实际的惩治作用，应当是相统一的，否则，就会导致机制失效的风险。如同军队，有时用于参与祭祀活动，因两者目标不统一，可能导致严重的风险。

　　"师左次，无咎"的含义是②：事物发展过程中，强力机制，应处于制度安排中的次要地位，事物的正常运行不能主要依靠强力机制。如同军队，在国家系统中处于相对次要的地位，是较为合适的制度安排。

　　"田有禽，利执言，无咎。长子帅师，弟子舆尸，贞凶"的含义是：事物发展过程中，群体之间如有矛盾，并非一定要付诸强力机制，而可以通过其他方式来解决。如果全力以赴地付诸强力手段，则预期风险很大。如同国家之间发生矛盾，两国君主可以通过一起打猎，就可很好地交流而解决矛盾。如果全力付诸战争手段，长子、子弟们都参与其中，则风险较大。

　　"田有禽，利执言"③，可理解为"采用相邀田猎等和缓对立关系的方式，有利于化解纠纷"之义；"无咎"，可理解为"某行为不会带来与本义相悖的影响"之义；"长子帅师，弟子舆尸"④，可理解为"长子、子弟们都参与到战事之中"之义；"贞凶"，可理解为"预期风险极大"之义。

　　"大君有命，开国承家，小人勿用"的含义是：事物发展过程中，以强力手段去解决纠纷、去平定秩序，只能应用于高阶层级，中低阶层级因还有其他解决途径，不宜使用这一方式。如同军队、战事行动，只能由秉承天命的君主用于国家大事方面，而平民和一般家族，是不宜采用的。

　　"大君有命，开国承家"，可理解为"军队只能用于君主层面"之义；"小人勿用"，可理解为"平民阶层不适宜采用"之义。

---

① "尸"，《汉字源流字典》释为"本义为替代死者接受祭祀的人"。"师或舆尸"，可理解为"某种动用军队的祭祀活动"之义；"凶"，可理解为"充满不确定性和较大风险"之义。

② "左"，《说文解字》释为"左，手相左助也"，即"佐助"之义。"师左次"，可理解为"军队处于辅助性的次要地位"之义；"无咎"，可理解为"某行为不会带来与本义相悖的影响或后果"。

③ "田"，即"田猎"；"执"，《说文解字》释为"执，捕罪人也"，"言"为"责难"，此处"执言"可理解为"化解纠纷"之义。

④ 本书作者认为，"长子帅师，弟子舆尸"，与《道德经》第三十一章"吉事尚左，凶事尚右。偏将军居左，上将军居右"的含义，可相互参照。由于，"左"有"佐助强化"之义，"右"则有"求神祇保佑"之义。所以，"吉事尚左，凶事尚右。偏将军居左，上将军居右"的含义是：吉事可积极有为，不吉之事应听之神祇、不可强为。基于此，军队副职，可选择积极有为者担任，而正职将领，则要选择不强为者担任。

【哲理意涵】

本章的哲理意涵：事物发展过程中，有必要建立强力机制。但是，以强力手段的使用，应慎之又慎，只有在其他途径难以解决的情形下，才最后考虑使用。其一，要认识到，采用强力手段，无论结果如何，都必然带来负面影响；其二，强力机制是必要的，但其主要作用在于震慑，而不是频繁使用；其三，强力机制的震慑作用，与其惩治作用，应当相统一；其四，强力机制，应处于总体制度安排中的次要地位；其五，全力以赴地付诸强力手段，风险极大，应尽可能地谋求其他解决矛盾路径；其六，以强力手段去解决问题，只适用于高阶层级问题，中低阶层级问题不宜使用。

【生态文明启示】

"师"的生态文明启示是：生态文明建设过程中，有必要建立相应的强力机制。但是，以强力机制及手段，只可在其他途径难以解决问题的情形下使用。其一，要认识到，采用强力手段来推进生态环境保护，无论结果如何，都必然带来巨大的实施成本，实质上也是生态环境的损耗；其二，生态环境保护的强力机制是必要的，但其主要作用在于震慑，而不是频繁使用；其三，生态环境保护强力机制的震慑作用，与其惩治作用，应当相统一，不能相互矛盾；其四，生态环境保护强力机制，应处于生态文明建设总体制度中的次要地位；其五，应尽可能地谋求其他解决生态环境问题的有效路径，主要依靠强力机制的话，将给社会带来风险乃至危机；其六，以强力手段去解决生态环境问题，只适用于国家层面的法律制度和机构，而不宜在各层级均设立相应的制度和机构，低层级上的生态环境问题应通过其他途径方式去寻求解决。

第八章　比

【原文】

比卦

坤下坎上

比，吉。原筮，元永贞，无咎。不宁方来，后夫凶。

初六，有孚比之，无咎。有孚盈缶，终来有它，吉。

六二，比之自内，贞吉。

六三，比之匪人。

六四，外比之，贞吉。

九五，显比，王用三驱，失前禽，邑人不诫，吉。

上六，比之无首，凶。

【新认识与新释译】

"比"的含义是①：事物发展过程中，要考虑并处理好：在利益竞争格局下，群体间相互依存、比附的问题。

"比，吉。原筮，元永贞，无咎。不宁方来，后夫凶"的含义是：相互依存、比附，原本大家都是预期有益的，但逐渐会感受到某种不安，这种不安因素的累积，之后就转化为一种越来越大的风险。

"比，吉"，此处可理解为"发展进程中，相互依存的行为，带来意外风险较小"之义；"原筮，元永贞"②，可理解为"从初始情形来判断的话，总是有

---

① "比"，《说文解字》释为"比，密也。二人为从，反从为比"，即"相从密切"之义。"比"是古代谥号用字之一，了解其含义有助于理解其在《易经》中的含义。《逸周书·谥法解》释为"择善而从曰比；君臣有党曰比"。

② "原"，《说文解字》释为"原（厵），水泉本也"，即"水流源头"之义；"筮"，《说文解字》释为"筮，易卦用蓍也"。

利于按预期方向发展"之义;"无咎",可理解为"不会带来与本义相悖、适得其反的影响或后果"之义;"不宁方来,后夫凶"①,可理解为"不安宁的因素是逐渐累积起来的,最终导致大的风险"之义。

"有孚比之,无咎。有孚盈缶,终来有它,吉"的含义是:为了各自利益,有条件相互信任的情形下,形成合作。有了共同利益基础,就能够合作协同而获得盈满的利益,但终究还是会因相互间不完全信任而出现芥蒂,但总体上来说不会出现大的风险。

"有孚比之"②,可理解为"以诚信待人的理念去寻求合作"之义;"无咎",可理解为"不会带来与本义相悖、适得其反的影响或后果"之义;"有孚盈缶"③,可理解为"如果得到他人诚信以待的话,将收获满满"之义;"终来有它"④,此处可理解为"最终可能相互有所猜疑、不完全信任"之义;"吉",此处可理解为"发展进程中,相互合作的行为,尽管难免有所猜疑,但带来意外风险不大"之义。

"比之自内,贞吉"的含义是⑤:以自我的标准而让他人进入自己主导的合作之中,因自身能够掌控,其预期风险较小。

"比之匪人"的含义是⑥:因利益而合作,没有考虑到"道同道不同"的条件,这样的合作关系会因"道不同"而很快分手。

"外比之,贞吉"的含义是⑦:参与到他人主导的合作之中,只要遵从他人约定的准则而形成合作的话,预期风险也不大。

"显比,王用三驱,失前禽,邑人不诫,吉"的含义是:如果要形成大规模的合作格局,领导者必须以众人认可的特质去吸引众多的相从者。如同以"网开一面,来者不拒,去者不追"的思路。

---

① "宁",《说文解字》释为"宁(窒),安也";"夫",为语气助词,无义;"凶",可理解为"充满不确定性和较大风险,不完全取决于自身行为,还取决于外在因素"之义。

② "有孚",此处可理解为"诚信待人"之义。

③ "盈",《说文解字》释为"盈,满器也";"缶",《说文解字》释为"缶,瓦器。所以盛酒浆。秦人鼓之以节歌",此处"盈缶"表"收获满满"。

④ "它",《说文解字》释为"它,虫也。从虫而长,象冤曲垂尾形。上古艸居患它,故相问无它乎",即"蛇"。此处"有它",可理解为"产生疑虑"之义。

⑤ "内",《说文解字》释为"内,入也",即"从外面进入里面"之义。此处"自内",此处可理解"他人自外而入内"之义;"贞吉",可理解为"预期风险较小"之义。

⑥ "匪人",此处可理解为"非志同道合之人,所交非人"之义。

⑦ "外比之",与"比之自内"相对,可理解为"参与到他人主导的合作之中"之义;"贞吉",可理解为"预期风险较小"之义。

"显比"①，可理解为"以自身突出的特质来吸引从众"之义；"王用三驱，失前禽，邑人不诫"②，可理解为"以只有一面留网的方式去吸引自愿的相从者，绝不强迫。对于暂时未相从者，并不特意去训导，而等待他们自己去认识和选择"之义。

"比之无首，凶"的含义是③：为了各自利益，而形成的合作关系，但由于一直没有建立起某方主导之局并以其追求作为共同目标的话，这样的合作有风险且难以持久。

【哲理意涵】

本章的哲理意涵：事物发展过程中，在利益竞争格局下，群体间相互依存、比附是必然的。针对不同的情形，应采取不同的策略。其一，要认识到，为了各自利益，有条件互信情形下，可形成合作之局。相互间有所戒备，也在情理之中；其二，让他人进入自己主导的合作之局，就应以自我准则要求之，有利于掌控风险；其三，即使因利益而合作，也应以"道相同"为基本条件，"道不同"必然导致合作破裂；其四，参与到他人主导的合作之局，就要遵从他人约定的准则；其五，形成大规模的合作之局，就必须有显著特质吸引众多相从者，而非胁迫参与；其六，为了各自利益而形成的合作关系，如果没有形成某方主导之局并以其追求作为共同目标的话，将导致大的风险。

【生态文明启示】

"显比，王用三驱，失前禽，邑人不诫，吉"的生态文明启示是：要在全社会建立起生态文明行为秩序，最根本的是要形成维护生态系统及生态功能的理念。而形成理念，不能依赖强制性，而要靠强势群体的示范性作用，并通过人们从示范性行为中认识到其价值所在，而逐步有成员跟随参与其中。秉持这一理念的人群逐步增多，生态文明行为的益处也就逐步显现，进而就能够吸引更多的人摒弃以往的行为理念，转而自觉地加入生态友好型行为群体之中，生态文明行为秩序才能够顺利地形成。

---

① "显"字，《汉字源流字典》释为"本义为光明，即在日光下清晰露出来容易看见"，此处可理解为"突出的特质"。

② "王用三驱"，即"把捕禽网撤去三面，只留一面"。《史记·殷本纪》有"汤出，见野张网四面，祝曰：'自天下四方，皆入吾网。'汤曰：'嘻，尽之矣！'乃去其三面。祝曰：'欲左，左；欲右，右。不用命，乃入吾网'"之记述；"失前禽"，即指"王用三驱"过程中的未入网者；"诫"，《说文解字》释为"诫，敕也"，即"告诫"之义。"邑人不诫"，可理解为"对于先前的未入网者，不予训诫"。

③ "无首"，即"群龙无首"之义；"凶"，可理解为"充满不确定性和较大风险"。

第九章 小畜

【原文】

小畜卦

乾下巽上

小畜，亨。密云不雨，自我西郊。

初九，复自道，何其咎？吉。

九二，牵复，吉。

九三，舆说辐，夫妻反目。

六四，有孚，血去，惕出，无咎。

九五，有孚，挛如，富以其邻。

上九，既雨既处，尚德载妇，贞厉。月几望，君子征凶。

【新认识与新释译】

"小畜"的含义是①：事物发展进程中，风险未明时，宜稍待变化，以做出合理应对行为。

"小畜，亨。密云不雨，自我西郊"的含义是②：事物发展进程中，事态未明时，稍待变化以应对，有利于事物正常运行。如同乌云密布，大雨尚在郊外，大雨是否真正到来，还有待观察其发展变化。

---

① 《小畜卦》，从卦辞、爻辞来看，其讨论的问题，与"畜"字的含义无直接关联。所以，对于该卦及其卦辞、爻辞的阐释，不必与其卦名相联系。"小畜"，帛书本作"少蒶"，"蒶"的含义是"种植"。"畜"，《汉字源流字典》释为"甲骨文从田从糸，表示田里蓄有粮食、家里存有丝织。本义为'家中存有衣食'"。

② "亨"，可理解为"虽然有其他方面的一些征兆，但一切都正常运行着"之义；"密云不雨，自我西郊"，可理解为"乌云密布，大雨尚在郊外，大雨是否真正到来，还有待观察变化"之义。《小过卦·六五》亦有此语。

"复自道,何其咎,吉"的含义是①:稍待事物变化态势明朗,回归到既定路径,则不会遭遇不确定的风险。如同雨过天晴之后再继续前行。

"牵复,吉"的含义是②:自身难以判断事物变化态势以决定是否继续前行时,稍后出发,以参照先行者的经验,也有利于降低风险。

"舆说辐,夫妻反目"的含义是③:如果不能稍待事物变化态势明朗,再决定是否继续前行的话,那么就会出现各种困境。如,马车之车辐脱落;又如,协作者之间出现各种不和谐。

"有孚,血去,惕出,无咎"的含义是:如果稍待事物变化态势明朗,再决定是否继续前行的话,那么前行就更有把握,就可以减少进程中可能出现的祸事,减轻自身戒惧风险的心理压力。

"有孚",此处可理解为"更有把握"之义;"血去,惕出"④,可理解为"减少各种争斗,去除各种戒惧之心"之义;"无咎",可理解为"该行为不会带来与本义相悖的后果"。

"有孚,挛如,富以其邻"的含义是:如果稍待事物变化态势明朗,再决定是否继续前行的话,那么前行就更有把握,预期结果更为牢靠,比同行他人更为稳妥。

"有孚,挛如"⑤,此处可理解为"把握更大"之义;"富以其邻"⑥,可理解为"比他人更为稳妥"之义。

"既雨既处,尚德载妇,贞厉。月几望,君子征凶"的含义是:事物发展进程中,风险未明时,出现止行征兆时就应当及时止行。如同下雨了就应当及时停下来避雨,而不应为了更多所得而载着家人强行雨中前行;又如同即使有战争的正当性,也不适合在望月之夜去偷袭征讨敌军。

---

① "复",《说文解字》释为"复,往来也",即"去往而复来"之义;"何其咎",可理解为"不当的风险自何而来?"之义;"吉",此处可理解为"尽管有所反复,但对于发展进程而言,风险小"之义。

② "牵",《说文解字》释为"牵,引前也",即"被引导而前行"之义。"牵复",可理解为"参照先行者经验而回复到既定路径"之义。

③ "说",通"脱";"夫妻反目",此处可理解为"协同者之间出现不和"之喻义。

④ "血",此处可理解为"各种争斗祸事"之义;"惕",可理解为"戒惧"。

⑤ "有孚",此处可理解为"对……充满信心"之义;"挛"字的本义,《说文解字》释为"挛,系也",即"拘系"之义。"挛如",可理解为"更加求其稳妥"之义;

⑥ "富",《说文解字》释为"富,备也",即"所需皆备"之义。"富以其邻",可理解为"比同类行为者更为稳妥"之义。

"既雨既处"①，可理解为"下雨了，也就当停止前行"之义；"尚德载妇"②，可理解为"为了利益，依然载着家人前行"；"贞厉"，可理解为"一意孤行的话，将对预期效果产生不利影响"；"君子征凶"③，可理解为"即使有正当性，月夜偷袭行为也有较大风险"。

【哲理意涵】

本章的哲理意涵：事物发展进程中，事态未明时，稍待变化以做出合理应对，有利于事物正常发展。可从几方面来考虑。其一，稍待事物变化态势明朗后，再回归到既定路径，可降低前行风险；其二，难以判断事态是否适合前行时，稍后行动，可参照先行者经验，也有利于降低风险；其三，如果不待事态明朗而盲目前行，则会遭遇意外困境；其四，稍待事物变化态势明朗后再决定前行，则可减少进程中的风险，也可减轻内心的戒惧；其五，稍待事物变化态势明朗后再决定前行，则预期目标更有把握，也比他人更为稳妥；其六，事物发展进程中，风险未明时，出现止行征兆时应及时止行，否则将导致较大的风险。

【生态文明启示】

"有孚，血去，惕出，无咎"的生态文明启示是：当某一经济活动导致严重的环境污染时，对于环境将进一步恶化到何种程度，相关群体必定心存恐惧。此时，如果能够适当减轻经济活动及其环境影响，稍待事物变化态势明朗再决定其发展方向的话，那么，对于未来的发展前景则更有把握，可以降低其未来风险，也可减轻戒惧风险的心理压力。

"既雨既处，尚德载妇，贞厉"的生态文明启示是：当经济高速发展导致严重的环境污染、生态破坏现象时，即使对于未来可能导致的生态风险有多大并不了解，也应及时放缓经济增长速度，以使环境污染、生态破坏有所缓解。在这一"止行"过程中，可以通过更深刻的认识和探索，以谋求更为合理的发展路径。

---

① "既"，《汉字源流字典》释为：在甲骨文和金文中像一人坐在食器（皀）前扭头的样子，本意为"吃完了"，引申为"已经、完了"之义；"处"，《说文解字》释为"处，止也"。

② "尚"，此处可理解为"求取"之义；"德"，此处通"得"，可理解为"利益"之义。

③ "君子"，可理解为"考虑社会利益的人"，此处可理解为"具有正当性的行为"之义。"征"，《说文解字》释为"正行也"，即"有目标的远行"，此处可理解为"战争、战事"之义；"凶"，可理解为"充满不确定性和较大风险"。"征凶"，此处可理解为"月夜偷袭行为有较大的风险"。

第十章　履

【原文】

履卦

兑下乾上

履虎尾，不咥人，亨。

初九，素履往，无咎。

九二，履道坦坦，幽人贞吉。

六三，眇能视，跛能履，履虎尾，咥人，凶。武人为于大君。

九四，履虎尾，愬愬，终吉。

九五，夬履，贞厉。

上九，视履考祥，其旋，元吉。

【新认识与新释译】

"履"的含义是①：事物发展过程中，向着目标行进的举措和步骤，应与时势和环境情势相适应，时刻保有危机意识。

"履虎尾，不咥人，亨"的含义是：在向着目标行进的过程中，只要不主动给他人带来损害或风险，通常情况下不会受到主动攻击。如同不小心几乎就要触及老虎尾梢，只要没有让老虎感受到被攻击的危害，就不会有受到老虎侵袭之忧。

---

① "履"，《说文解字》释为"履，足所依也"，"履"的引申，多有经历艰险之义，如《诗经·小雅·小旻》"战战兢兢，如临深渊，如履薄冰"，"履险如夷"，"亲履艰难者知下情"等语句。"履"，帛书本作"礼"，"礼"，《说文解字》释为"礼，履也，所以事神致福也"。

"履虎尾，不咥人"①，可理解为"人若不小心到了几乎触及虎尾的险境，只要未让老虎感受到被攻击，老虎就不会无故侵袭人"之义；"亨"，可理解为"一切正常"之义。

"素履往，无咎"的含义是②：抱持初始的信念，向着目标行进，初始既无经验，也无其他牵累，却有行进动力和意愿。如同光着脚而不惧艰难行进的情形。

"履道坦坦，幽人贞吉"的含义是③：向着目标行进，逐步走向正轨坦途，若如幽隐高士般没有额外的欲求，不刻意追求其他目标，则前途可期。

"眇能视，跛能履，履虎尾，咥人，凶。武人为于大君"的含义是④：向着目标行进，目标应当明确，但不可强行推进。如同失一目也可视看，但终究有碍视角；如同失一足亦可行走，但终究有碍步伐；如同将将踩到虎尾尾梢，必然受到极大惊吓；又如同只有武士的勇猛，虽然有所能为，但终究无济于君主大事。

"眇能视，跛能履"，可理解为"失一目勉强可视看，终究有碍视角；失一足勉强可行走，终究有碍步伐"之义；"履虎尾，咥人"，可理解为"不小心将将触及老虎尾巴，虽然未必受到老虎侵袭，但还是可能遭受极大的惊吓"；"凶"，可理解为"充满不确定性和较大风险"之义；"武人为于大君"，可理解为"武士虽然勇猛，但对于君主大事的作用有限"之义。

"履虎尾，愬愬，终吉"的含义是⑤：向着目标行进，遇到不可避免的障碍

---

① "咥"，《说文解字》释为"咥，大笑也"，此处可理解为"受到老虎来袭的惊吓而叫喊"之义。《道德经》第五十三章"盖闻善摄生者，陆行不遇兕虎，入军不被甲兵；兕无所投其角，虎无所用其爪，兵无所容其刃。夫何故？以其无死地"。该句的意涵是：自然界中，无论多么凶猛的动物，通常情况下，只要人们不先行给它们带来伤害的风险，它们是不会主动伤害人的。也就是说，只要你不轻易进入可能损害他人利益的领域，不要主动去损害他人的基本利益，通常是不会受到危害的。反之，你如果总是给他人带来风险甚至主动地区损害他人，那么，也就意味着进入"死地"。参照上述认识，可以更好地理解"履虎尾，不咥人"的意涵。

② "素"，为"光脚"之义，亦有保持本真的意涵。《道德经》第十九章有"见素抱朴"之句，其含义是：无论内心和外在都只保留最本真的东西。"素履往"，可理解为"以初始本真信念去追求一定的目标"之义；"无咎"，可理解为"其行为不会带来与本义相悖的影响或后果"。

③ "坦"，《说文解字》释为"坦，安也"；"幽人"，本义为"隐居的高士"，此处可理解为"如隐士般没有额外欲求"；"贞吉"，可理解为"预期发展进程顺利"。"幽人贞吉"，可理解为"只要内心平静自然，信念坚定，其预期发展进程必定顺利"之义。

④ 《归妹卦·九二》和《归妹卦·初九》亦有"眇能视""跛能履"之语。

⑤ "愬愬"，表"恐惧之貌"，《公羊传·宣公六年》有"愬而再拜"之语；"终吉"，此处可以理解为"'履虎尾'这一过程，虽然很惊险，但由于谨慎应对不会造成危险后果"。

之时，如同将将要踩到虎尾尾梢时，只要心怀戒惧而小心应对，就不会被老虎发现而受其伤害。

"夬履，贞厉"的含义是①：向着目标行进过程中，分散力量前行，对预期目标将带来较大风险。

"视履考祥，其旋，元吉"的含义是②：行进到某一阶段，当对照目标，检视自己行径，并对前途可能出现的问题做出评估，如果合乎既定目标，则可成为一个新的起点。

【哲理意涵】

本章的哲理意涵：事物发展过程中，向着目标行进，应结合时势和情势采取适当的举措。其一，初始应抱持信念，向着目标坚定地行进，就不会因没有经验而有碍前行；其二，向着目标行进，逐步走向正轨坦途，不可追求其他欲望；其三，目标应明确，却不可强行推进，对于自身条件和遭遇环境应有谨慎而为；其四，遇到不可避免的障碍之时，应心怀戒惧而小心应对；其五，应集中力量去达成目标，而不可分散精力；其六，行进到一定阶段，应对照目标，检视成效并决定新的行程。

【生态文明启示】

"眇能视，跛能履，履虎尾，咥人，凶。武人为于大君"的生态文明启示是：随着人类经济活动的扩张，对生态环境的影响加大、加深、加剧。资源消耗导致资源危机的现象时有显现，污染排放过度导致空气质量、水资源质量、土壤质量下降，因生态破坏而导致自然灾害加剧加频，等等，尽管人们的生产、生活还可以维持下去，但生存环境越来越劣化。对此态势不可勉强维持下去。也就是说，单纯地依靠经济活动的大规模发展，并不能给人类带来更加幸福的生活、更加稳定宜居的生存环境，也不能带来可持续的发展远景。

---

① 《汉字源流字典》之阐释，"决""抉""决""快"等字皆由"夬"分化而来。因此，"夬"有"分决"之义，亦有决断之义。"夬履"，可理解为"分散力量前行"之义；"贞厉"，可理解为"其分决行为，可能对预期产生较大风险"之义。

② "祥"，由本义"福"引申为"神所示的征兆（包括吉兆、凶兆）"之义，《左传·僖公十六年》有"是何祥也，吉凶安在"之语；"旋"，《说文解字》释为"旋，周旋，旌旗之指麾也"，即"将帅挥转旌旗，发出指挥信号"之义，此处可理解为"新目标的指引"之义。"视履考祥，其旋"，可理解为"对既往行为做出评估，对未来目标做出规划"之义；"元吉"，可理解为"与初始目标相符，进展顺利"之义。

第十一章　泰

【原文】

泰卦

乾下坤上

泰，小往大来，吉，亨。

初九，拔茅茹以其汇，征吉。

九二，包荒，用冯河，不遐遗。朋亡，得尚于中行。

九三，无平不陂，无往不复，艰贞，无咎。勿恤其孚，于食有福。

六四，翩翩，不富以其邻，不戒以孚。

六五，帝乙归妹，以祉，元吉。

上六，城复于隍，勿用师，自邑告命。贞吝。

【新认识与新释译】

"泰"的含义是①：事物发展过程中，对于各种非期望问题，应及时有效地解决，而不使之壮大到难以解决的地步。

"泰，小往大来，吉，亨"的含义是：针对各种非期望问题，及时有效地付出，事半功倍，能够最终带来所期望的良好结果。

"小往大来"②，可合理理解为"事半功倍"或"投入小收益大"之义。

---

① "泰"，《说文解字》释为"泰，滑也，又大也"。《泰卦》，从卦辞、爻辞来看，其讨论的问题，与"泰"字的含义无直接关联。所以，对于该卦及其卦辞、爻辞的阐释，不必与其卦名相联系。与《否卦》结合起来看，《否卦》主要讨论的是"非期望产出"问题，与之相对，《泰卦》则主要讨论"非期望产出"的有效处置问题。

② "往"，《说文解字》释为"往，之也"，即"到……去"之义。此处可理解为"有目的性地投入"；"来"，《广韵》释为"至也，还也，及也"，此处可理解为"获得回报收益"之义。

"吉，亨"①，可理解为"事物内在机制运行顺畅，事物发展态势良好"之义。

"拔茅茹以其汇，征吉"的含义是：事物发展过程中，针对各种非期望问题，应及早合理而有效地处置。如同杂草之于庄稼，若能在杂草滋生之初，拔除杂草之根以喂牲畜，还有希望使庄稼成长起来。

"拔茅茹以其汇"②，可理解为"将杂草拔除聚合起来喂马"之义；"征吉"，可理解为"这一做法，对其长远目标有所助益"。

"包荒，用冯河，不遐遗。朋亡，得尚于中行"，合理断句应为"包荒，用冯河不遐，遗朋亡得，尚于中行"，其含义是：事物发展过程中，不仅要有效处置自身的非期望问题，也要帮助处置周邻的非期望问题。如同自己田地中的杂草拔除了，周边却被邻人杂草丛生的田地而围绕，此时应当跨界帮助邻人拔除杂草，虽然没有直接收益，甚至还有利益损失，却可赢得众人的认同和倡行。

"包荒，用冯河不遐"③，可理解为"邻人田地杂草丛生时，应跨界帮助邻人拔除"之义；"遗朋亡得，尚于中行"④，可理解为"直接利益有所损失，但可以得到认同和倡行"之义。

"无平不陂，无往不复，艰贞，无咎。勿恤其孚，于食有福"的含义是：事物发展过程中，有效解决非期望问题，就是曲折前行的正常进程。如同任何平坦之地都有起伏山丘，任何前进的道路都会有迂回路径。只要不改其坚决之心，则大成可期。

"无平不陂，无往不复"，可理解为"任何道路都有起伏、都有迂回"之义；"艰贞"⑤，可理解为"虽然要经历艰难，但预期发展进程顺利"之义；"无

---

① 这一卦辞中同时出现"吉"与"亨"的占卜断语，表明："吉"与"亨"有着显著的差异，并非相近的含义。本书作者认为，"吉"，可以理解为"某一情形或某一行为，对于目标而言，不会增加风险"；"亨"，可理解为"某一情形或某一行为，对于目标而言，不会形成障碍"之义。

② "茹"，《玉篇》释为"茹，饭牛也"，即喂牛马；"汇"，表聚合之义。"拔茅茹以其汇"，帛书本作"发茅茹以其胃"，更易理解"茹"之义。

③ "包"，《说文解字》释为"象子未成形也"，此处代指植物发芽；"荒"，即"荒芜、杂草丛生"之义；"冯河"，为"涉水过河"之义，《诗经·小雅·小旻》"不敢暴虎，不敢冯河，人知其一，莫知其它"之语。此处可理解为"跨界"之义；"不遐"，表"自应当"之义。先秦《下武》有"於万斯年，不遐有佐"之语。"包荒"，帛书本作"枹妄"，亦有"杂草丛生"之义。"枹"，《尔雅·释草》释为"杨，枹蓟"。

④ "朋"，货币单位，此处代指财物；"得"，指收益；"中行"，表"行走在众人行列"之状态，此处可理解为"其行为在众人之中得以倡导"之义。

⑤ "艰"，《说文解字》释为"艰，土难治也"，即"土地坚硬，难于耕作"之义。

谷",可理解为"有所曲折的路径,不会带来与本义相悖、适得其反的影响或后果"之义;"勿恤"①,可理解为"不必担心而援手,其自然发展态势可期";"其孚于食有福"②,可理解为"只要坚定信心,长期必有大的收获"之义。

"翩翩,不富以其邻,不戒以孚"的含义是:事物发展进程中,应尽可能减轻不必要的负累,就像鸟类那样轻盈地飞翔,它们能够飞翔就在于没有像他类那样有过重的负累。还要尽可能减少不必要的戒防,减少戒防就在于自身有自信、对他人有信任。

"翩翩"③,可理解为"像鸟类那样轻装前行"之义;"不富以其邻"④,可理解为"比他人更少地……"之义;"不戒以孚"⑤,可理解为"通过增强诚信,以减少不必要的戒防"之义。

"帝乙归妹,以祉,元吉"的含义是:事物发展进程中,并非只获取而不付出,并非只进击而不退让,合理的付出及退让,不可当作是非期望问题。如同接受"帝乙归妹"的和亲,虽然有所退让,却是有助于长远利益。

"帝乙归妹,以祉"⑥,可理解为"以退让换取长远利益"之义;"元吉",可理解为"这一行为选择,于事物发展进程而言,风险较小"。

"城复于隍,勿用师,自邑告命。贞吝"的含义是:事物发展进程中,对于关键性设施或机制,平时应及时维护,否则,将因疲弊而导致大的风险。维护设施及机制,也不应当作是非期望问题。如同城墙这样坚固的设施,不是一劳永逸的,也应及时维护。否则,就将难以起到重要的防护作用,也就必将出现重大危急情形。

"城复于隍"⑦,可理解为"城墙本来就是挖掘城沟中的泥土累积而成的,因缺乏平时的及时维护,现在城墙倒了,墙土又填塞在原来取土的城沟里"之

---

① "恤",《说文解字》释为"恤,忧也,收也",即"同情忧虑,体恤收容救济"之义。
② "孚",通常表示于他人而言的"信用""诚信",此处表示于自身而言的坚定信心。"食",此处为"食禄"之义,指长期的收获。
③ "翩",《说文解字》释为"翩,疾飞也"。
④ 参见《小畜·九五》对"富以其邻"的阐释。
⑤ "戒",《说文解字》释为"戒,警也",即"戒防"之义。
⑥ "帝乙归妹"讲述的是:商王文丁杀了周族首领季历以后,商周关系恶化。季历之子姬昌继位后,积极蓄聚兵力,准备为父报仇。继位的商王帝乙为修好商周关系,以其妹与周族和亲来缓和矛盾。此时周族姬昌审时度势,认为灭商时机还未成熟,同意与商联姻。此事史称"帝乙归妹",商周暂时重归于好;"祉",《说文解字》释为"祉,福也",即"神灵福佑"之义,此处可理解为"因止战而获取长远利益"之义。
⑦ "隍",《说文解字》释为"城池也。有水曰池,无水曰隍"。

义；"勿用师，自邑告命"①，可理解为"城墙倒了，无法担当防御功能，而不得不向天子告急"之义；"贞吝"②，可理解为"按此情势，预期将难以达成防御目标，势必出现危急情形"。

【哲理意涵】

本章的哲理意涵：事物发展过程中，对于各种非期望问题，应及时有效应对和解决。其一，对于发现的非期望问题，应及早合理而有效地处置；其二，不仅要有效处置自身的非期望问题，也要合理处置周邻的非期望影响；其三，有效解决非期望问题，就是曲折前行的正常进程；其四，进程中，应尽可能减轻各种不必要的负累；其五，进程中，必要的付出及退让，不可当作非期望问题；其六，进程中，对于关键性设施或机制的用心维护，不可当作非期望问题。

【生态文明启示】

"泰，小往大来，吉，亨"的生态文明启示是：经济活动，就是要尽可能减少成本，而增加收益。尤其是要尽可能降低自然资源消耗和生态环境损耗，来获取更大的经济收益。如果以大投入、大消耗来获取利益，那么，这样的经济活动，既缺乏效率合理性，也缺乏生态环境保护方面的合理性。

"拔茅茹以其汇，征吉"的生态文明启示是：经济活动中，应尽可能将伴生的非期望产出去除，以为正常生产带来良好的条件，同时最好能够将非期望的产出转化为正常生产活动可用之物。生产活动中废弃物排放就是这样的非期望产出，尽可能去除或减少废弃物，生产活动就能够更有效率地发展，同时某些废弃物是可转化为可利用的资源而有助于生产活动。如循环经济就是这样的行为。

"包荒，用冯河，不遐遗。朋亡，得尚于中行"的生态文明启示是：自身经济活动中的生态环境影响，应当尽可能地消减。与之相关联者的生态环境影响，也应当协助其消减，因为这些影响也会对自身产生关联影响。协助相关者消减生态环境影响，无法带来直接的经济利益甚至还必须为此付出一定的投入，但是，这种行为既有利于自身利益，也有利于共同利益。这就是生态环境领域的

---

① "师"，本义指军队、战事，此处指防御工事；"告命"，指向天子告急的文书，《左传》有"宋不告命，故不书"之语。

② "吝"，《说文解字》释为"吝，恨惜也"。在《易经》各卦辞、爻辞中的含义，可合理理解为"与原本可达到的最好结果相比，实际效果有所不足"，亦即"因贪惜成本而投入有所不足导致未能最适当地达成目标，或因贪图收益而过度追求导致未能最适当地达成目标"之义。"贞吝"，可理解为"按此情势，预期将出现效果有所不足的结果"。

区域协同问题。

"翩翩，不富以其邻，不戒以孚"的生态文明启示是：人类成员所追求的目标无外乎"幸福"。而要达成这一目标，最有效的方式是尽可能减轻各种不必要的负累，尽可能减少人与人之间因戒防而增加的防备成本。因此，人们只要去追求自己最本真的内在需求，而不是与他人相比较去追求大量物质财富的占有；人们还要尽可能地与他人建立起互信关系而减少许多不必要的戒防需求。由此，人们既得到了安宁和幸福，也大大减少了许多无谓的资源消耗和生态环境损耗。

第十二章　否

【原文】

否卦

坤下乾上

否之匪人，不利君子贞，大往小来。

初六，拔茅茹以其汇，贞吉，亨。

六二，包承，小人吉，大人否，亨。

六三，包羞。

九四，有命，无咎，畴离祉。

九五，休否，大人吉。其亡其亡，系于苞桑。

上九，倾否，先否后喜。

【新认识与新释译】

"否"的含义是①：事物发展过程中，应认真对待与期望目标事物相随相伴的对立事物。

"否之匪人，不利君子贞，大往小来"的含义是：事物发展过程中，之所以出现不利于预期目标的问题，重要原因在于相伴相生事物的对立，如不及时而有效地处置，最终付出的代价将大于所得的收益。

"否之匪人"②，可理解为"之所以出现不利于预期目标的问题，其原因在

---

① "否"，《说文解字》释为"否，不也"。《否卦》讨论的要点，以现代学术语言来理解，就是"非期望产出"相关问题。"否"，帛书本作"妇"。《荀子·乐论篇》有"其容妇，又物类之阴者亦曰妇"之语。

② "匪人"，可理解为"非志同道合之人，所交非人"之义，与《比卦·六三》"比之匪人"有相近的含义。

于相伴相生事物的目标对立"之义;"不利君子贞"①,可理解为"从社会利益角度来看,其预期结果是不好的";"大往小来"②,可理解为"针对各个层面上的非期望问题,如果不能及时有效应对,等到问题壮大到一定程度再试图去解决的话,就要付出更大的代价,期望结果也会因此而受到较大的损失"之义。

"拔茅茹以其汇,贞吉,亨"的含义是③:事物发展过程中,要及早有效处置与之相伴而生的对立事物。如同杂草之于庄稼,如果能够在杂草滋生之初,拔除杂草之根以喂牲畜,则有希望使庄稼成长起来。

"包承,小人吉,大人否,亨"的含义是④:事物发展过程中,要从长远角度持续处置与之相伴而生的对立事物。如同杂草之于庄稼,杂草虽然被拔,但杂草又长成新芽以承续,从短期看解决了表面问题,而从长期看则没有解决根本问题。

"包羞"的含义是⑤:事物发展过程中,要防范与之相伴而生的对立事物反客为主的情形。如同杂草反而比庄稼更为茁壮。

"有命,无咎,畴离祉"的含义是:事物发展过程中,对待与之相伴而生的对立事物,也要遵从自然规律。如上天护佑庄稼,此时之杂草,在与庄稼的竞长过程中,就会远弱于庄稼,庄稼正常收成在望。

"有命"⑥,可理解为"庄稼得到上天护佑的话"之义;"无咎",可理解为"不会出现与本义相悖的影响或后果";"畴离祉"⑦,可理解为"耕作收获在望"之义。

---

① "君子",可合理理解为"考虑社会利益的人物",此处代指"从社会利益角度来看"。以现代学术思想来认识的话,"囚徒困境博弈",就是理解"不利君子贞"意涵的一个合理的例子。在这一博弈情境中,相关各方都以个人理性为原则,而无法实现"集体理性",结果导致了一个对各方而言、对整体而言都是利益相对较小的均衡结果。其根本原因就在于相关各方的非合作博弈。

② 参见《泰卦》卦辞关于"小往大来"的释义。"大往小来",可合理理解为"事倍功半"或"投入大收益小"之义。

③ "拔茅茹以其汇",参见《泰卦·初九》的释义,爻辞相同;"贞吉",可理解为"预期风险较小"之义。

④ "包",《说文解字》释为"象子未成形也",此处代指植物发芽;"承",《说文解字》释为"承,奉也,受也",此处为"承续"之义;"小人""大人",此处可理解为"从短期和局部视角来看""从长期和全局视角来看"之义。

⑤ "羞",《说文解字》释为"羞,进献也",此处可理解为"杂草反而呈现出反客为主(被误作为可进献之作物)的态势"。

⑥ "命",《说文解字》释为"命,使也",即"君王的重要号令",此处可理解为"上天的号令"之义。

⑦ "畴",《说文解字》释为"畴,耕治之田也",此处或为动词"耕治"之义;"离",为上年落地稻谷,下一年自生,《淮南子·泰族训》"离先稻熟,而农夫耨之,不以小利伤大获也"之释;"祉",此处可理解为"畴离"之收获。

"休否,大人吉。其亡其亡,系于苞桑"的含义是:事物发展过程中,要有效地对待与之相伴而生的对立事物,直至对立事物的消退。如同杂草在竞长中失利,则不再壮大。对于庄稼的正常生长而言,终于根除了隐患。日益枯萎的杂草正好用于系捆桑树。

"休否,大人吉"①,可理解为"杂草终于停止了竞长,有利于庄稼的正常生长"之义;"其亡其亡,系于苞桑"②,可理解为"拔除而亡的杂草,还可以有所利用"之义。

"倾否,先否后喜"的含义是③:事物发展过程中,要自始至终认真对待与之相伴而生的对立事物,才能得到好的结果。如同杂草倒伏,对庄稼而言方可转忧为喜。

【哲理意涵】

本章的哲理意涵:事物发展过程中,应认真对待与目标事物相随相伴的对立事物。其一,要及早有效处置与之相伴而生的对立事物;其二,要从长远角度来持续处置与之相伴而生的对立事物;其三,要防范与之相伴而生的对立事物反客为主情形的出现;其四,对待与之相伴而生的对立事物,要遵从自然规律;其五,要有效对待与之相伴而生的对立事物,直至对立事物彻底消退;其六,要善始善终地认真对待与之相伴而生的对立事物。

【生态文明启示】

"否之匪人,不利君子贞,大往小来"的生态文明启示是:经济活动发展过程中,始终有生态环境影响问题与之相伴相生,如不及时而有效地处置经济活动带来的生态环境影响,最终因生态环境影响付出的代价将大于经济活动带来的所得收益。

"包承,小人吉,大人否"的生态文明启示是:经济活动中环境污染如何治理?一种方式是末端治理,一种方式是源头治理。如果采用末端治理方式,那么,其短期内的污染问题可能解决了,但长期的污染问题依然会持续产生。所以,要减少经济活动中的污染排放,最根本的手段是进行源头治理,从源头上去减少污染物的产生。

---

① "休",《说文解字》释为"休,息止也",即"歇息、停止"之义;"大人",此处可理解为"从庄稼生长的全局角度来看"之义。

② "苞",《说文解字》释为"苞,草也",即"草木之花托下的叶子",此处可理解为"捆草以护托桑树枝"之义;"桑",《说文解字》释为"桑,蚕所食叶木"。

③ "倾",《说文解字》释为"倾,仄也",此处可理解为"杂草倒伏"之义;"喜",《说文解字》释为"喜,乐也"。

第十三章　同人

【原文】

同人卦

离下乾上

同人于野，亨。利涉大川，利君子贞。

初九，同人于门，无咎。

六二，同人于宗，吝。

九三，伏戎于莽，升其高陵，三岁不兴。

九四，乘其墉，弗克攻，吉。

九五，同人先号啕而后笑，大师克，相遇。

上九，同人于郊，无悔。

【新认识与新释译】

"同人"的含义是①：事物发展过程中，一些社会成员基于某一共同点及其共同利益而凝聚并形成互信合作关系，是合理的群体组织。两个互不信任甚至是相互对立的群体组织，逐渐消除对立而形成互信合作关系，则是合理的群体关系。

"同人于野，亨。利涉大川，利君子贞"的含义是：事物发展过程中，谋求力量凝聚并形成互信合作关系，人们从无信任关系发展成为有信任关系，是普遍而合理的方式。采用这一方式，有利于克服大的困难，有利于共同利益的扩大。

---

① "同"，《说文解字》释为"同，合会也"。《比卦》与《同人卦》，均有"某些社会成员相从在一起"的含义，两相对比，《比卦》所讨论的是"基于自身利益考虑的相从"，而《同人卦》所讨论的是"基于相互间的某一共同点而形成一定互信基础的相从"。

"同人于野"①，可理解为"从不熟悉、不信任到逐步成为有一定共同点作为信任基础的同行者、合作者"之义；"亨"，可理解为"就事物的发展状态而言，合理、正常"；"利涉大川"②，可理解为"这一行为有利于克服较大的困难，过渡到一个更高的新阶段"之义；"利君子贞"③，可理解为"从社会利益角度来看，其预期结果是良好"。

"同人于门，无咎"的含义是：谋求力量凝聚并形成互信合作关系，有共同的利益基础，又有共同的管理体系的群体，是较为合理有效的凝聚群体。如同同门户、同门派之人，可为共同合作者，因有相互关联，且目标相类，因而有利于预期目标的达成。

"同人于门"④，可理解为"同门户、同门派之人，成为共同合作者"；"无咎"，可理解为"不会带来与本义相悖、适得其反的影响或后果"。

"同人于宗，吝"的含义是：有群体性的共同利益基础，不是形成共同合作关系的充分条件。如同同宗族之人，虽然有共同基础，共同的管理体系逐渐疏散而缺乏强制力，如果成为合作者，可能会产生多种利益的纠葛而带来相应的损益。

"同人于宗"⑤，可理解为"有一定共同基础的人凝聚在一起，但利益目标未必一致"之义；"吝"，可理解为"与预期达到的最好结果相比，实际效果有所不足"之义。

"伏戎于莽，升其高陵，三岁不兴"的含义是⑥：谋求群体的凝聚，是一个

---

① "野"，《说文解字》释为"野，郊外也"。
② 参见《需卦》对"利涉大川"的释义。
③ "君子"，可合理理解为"考虑社会利益的人物"，此处代指"从社会利益角度来看"。参见《否卦》对"不利君子贞"的释义。以现代学术思想来认识的话，在一定条件下互信而合作以化解"囚徒困境博弈"，就是理解"利君子贞"意涵的一个合理例子。在这一博弈情境中，相关各方在一定条件下取得互信，进行合作行动而实现"集体理性"，结果导致了一个对各方而言、对整体而言都是利益相对较优的均衡结果。其根本原因就在于相关各方基于某一互信基础的长期合作。
④ "门"，《说文解字》释为"门，闻也。从二户"，《说文解字注》，释为"闻者，谓外可闻于内。内可闻于外也"。
⑤ "宗"，《说文解字》释为"宗，尊祖庙也"。"同宗"，字面含义是"一群人聚集在宗庙里"，既指大家因同一宗族而聚集在同一宗庙之中；也指因为大家聚集在同一宗庙之中，而认同大家是同一宗族之人。
⑥ "戎"，本义为"兵器"，此处代指"队伍"；"莽"，本义为"犬逐于旷野丛草中"，引申指"丛密的草丛"；"兴"，《说文解字》释为"兴，起也"，此处即"发生战事"之义。

方面。群体之间谋求合作，则是另一个重要方面。合作关系并不仅仅限于关系密切群体之间，原先的对立群体在一定条件下也可经过较长时间逐步取得互信，而转化为合作群体。如同两方以敌对关系对峙多年，先前各自高度戒备，双方把军队埋伏于城外密草丛中，登上高地监视敌情，但是多年未发生战事。

"乘其墉，弗克攻，吉"的含义是①：群体间谋求互信，即使原先是你死我活的敌对关系，也可能逐步取得信任，而形成合作关系。如同敌对双方，一方兵临城下，原本要攻城为战，但双方一直处于攻守僵持而未成战。这种对峙，只要双方理性认识，就可基于平衡状态而形成互信。

"同人先号咷而后笑，大师克，相遇"的含义是②：群体间谋求互信，应基于各自形成的势力范围而逐步消除敌意。如同从不同方向会合的两支队伍，先对峙，而后逐渐放下敌意，大军虽处于一触即战的状态，但终究没有成战。

"同人于郊，无悔"的含义是：群体间谋求互信，应当各自尊重对方边界。如同一方人员只在远离他人国都的地方活动，而不对对方国都形成威胁。

"同人于郊"③，可理解为"一方人员只在远离另一方边界的地方接触"之义；"无悔"④，可理解为"这一态势，不会导致双方互相戒备、互不信任的损益"。

【哲理意涵】

本章的哲理意涵：事物发展过程中，要形成合理的群体组织，群体组织之间应形成合理的群体关系。群体组织和群体关系得当，则有利于克服大的困难，获取大的利益。其一，有共同的利益基础，又有共同的管理体系，是较为合理有效的群体组织；其二，有共同利益基础，但共同的管理体系疏散而缺乏强制力，则未必是合理有效的群体组织；其三，群体之间应谋求形成合作关系，并

---

① "乘"，《汉字源流字典》释为"乘。甲骨文从人、从木，会人两脚登在树上"，即"登上"之义；"墉"，《说文解字》释为"墉，城垣也"；"弗克攻"，可理解为"没有取得攻城胜利"；"吉"，此处可理解为"事态发展平稳无变，风险小"之义。

② "号咷"，即"哭喊"，此处可理解为"对峙的叫喊声"之义；"笑"，此处可理解为"双方放下对峙状态的情形"之义。《旅卦·上九》有"先笑而后号咷"之语，其义与此句相对；"师"，《说文解字》释为"师，二千五百人为师"；"克"，此处可理解为"因克制而没有导致冲突"之义。《扬子·法言》有"胜己之私谓之克"之语；"相"，《说文解字》释为"相，省视也"，即"察看"之义。"相遇"，可理解为"与其他队伍不期而遇，审慎察看对方举动，而不是直接付诸对抗"之义。

③ "郊"，《说文解字》释为"郊，距国百里为郊"。

④ "无悔"和"悔亡"异同："无悔"是一开始就消除了可能导致"悔"的因素；"悔亡"则是"悔"的因素从有到逐步消解。

不仅仅限于关系密切群体之间，对立群体在一定条件下也可逐步取得互信而转化为合作群体；其四，即使原先是你死我活的敌对关系，也可能逐步取得信任而形成合作关系；其五，群体间谋求互信，应基于各自形成的势力范围而逐步消除敌意；其六，群体间谋求互信，应当各自尊重对方边界，尊重各自的核心利益。

【生态文明启示】

"同人"的生态文明启示是：生态文明建设的推进过程中，一方面要形成生态友好型组织，另一方面生态友好型组织应与追求经济利益群体之间形成和谐关系。其一，生态友好型群体组织，要以生态环境保护作为共同的利益基础，同时也应形成适当的管理体系，才能在生态文明建设中发挥有效作用；其二，生态友好型组织成员之间一般具有共同利益基础，但往往缺乏有效的管理体系，其在生态文明建设中所起作用就有限；其三，生态友好型组织与经济利益群体之间应谋求形成合作关系，尽管它们在利益追求方面存在对立，但在一定条件下也可逐步取得互信而转化为合作群体；其四，特定的生态友好型组织与经济利益群体之间利益严重对立，也可能逐步取得信任而形成合作关系。例如，某些生态功能区的保护组织，与主张经济开发的群体之间，双方利益严重冲突，只要通过互信的协商，即可达成双方利益的均衡目标；其五，生态友好型组织与经济利益群体之间谋求互信，应基于各自形成的势力范围而逐步消除敌意。如对于某一生态功能区，双方经过协商，形成生态保护的"禁止开发区域""限制开发区域""优先开发区域"，双方共同遵守；其六，生态友好型组织与经济利益群体之间双方互信，不仅应共同遵守"禁止开发区域""限制开发区域""优先开发区域"等地理边界，还应当各自尊重对方的行为原则。

第十四章 大有

【原文】

大有卦

乾下离上

大有，元亨。

初九，无交害，匪咎，艰则，无咎。

九二，大车以载，有攸往，无咎。

九三，公用亨于天子，小人弗克。

九四，匪其彭，无咎。

六五，厥孚，交如，威如，吉。

上九，自天祐之，吉，无不利。

【新认识与新释译】

"大有"的含义是①：事物发展到一定阶段，各种发展因素大量集聚形成大规模的发展，只要顺其自然地有序发展，就不会因为规模大而风险增大。

"大有，元亨"的含义是：各种要素得以大量集聚的规模发展，是事物运行顺利的表征。

"无交害，匪咎，艰则，无咎"的含义是：发展因素之间，只要不形成恶性循环，就不是增大风险的成因。只要维持合理规则，就不会带来额外风险。

---

① "大有"的卦名，可合理理解为来自"大车以载，有攸往"之句，所以，该句的含义就是该卦卦名的主要意涵。对于该卦及其卦辞、爻辞的阐释，不必与其卦名的字面含义相联系。"有攸往"，参见《坤卦》对其的阐释。

"无交害，匪咎"①，可理解为"即使发展因素之间有所约束，但只要相互间不是恶性循环关系，就不是什么风险因素"之义；"艰则，无咎"②，可理解为"严格地维持合理规则的话，就不会带来额外的风险"之义。

"大车以载，有攸往，无咎"的含义是：各种要素集聚形成大规模发展态势，只要符合规律有序发展，就不会带来大的风险。如同大车装载较多的货物，只要行进得当，并不比装载货物较少的小车有更大的风险。

"大车以载"③，可理解为"各种收益不断聚集形成大的收获"之义；"有攸往"，可理解为"顺其自然地发展"或"凝聚有利于其顺其自然发展的因素"之义；"无咎"，此处可理解为"不会有更大的风险"之义。

"公用亨于天子，小人弗克"的含义是④：要素集聚形成大规模态势并有序发展，应认识到公共部门的重要性，各局部也应为公共部门做出贡献。如同诸侯进献，以使天子进行祭祀，是为公共部门利益，不是某个局部自身可担当完成的。

"匪其彭，无咎"的含义是⑤：要素集聚形成大规模态势，是遵循规律而有序发展的结果，并不是人为地集聚要素、人为地做大规模。只要不是有意而为，就不会带来风险。

"厥孚，交如，威如，吉"的含义是⑥：要素集聚形成大规模态势并有序发展，各局部之间要形成和谐稳定的关系，或基于持久形成的关联关系，或基于

---

① "交"，《说文解字注》释为"交胫也。交胫谓之交，引申之为凡交之称"；"害"，《说文解字》释为"害，伤也"。"交害"，此处可理解为"两个或多个因素之间的恶性循环"之义。《论衡·物势篇》有"龙虎交不相贼，鸟龟会不相害"之语；"匪咎"，可理解为"不是导致风险的因素"之义。

② "艰"字，《说文解字》释为"艰，土难治也"，即"土坚实而难以整治"之义，此处可理解为"坚定地……"之义；"则"字，《说文解字》释为"则，等画物也"，即"规范地分割"，此处可理解为"遵循准则"之义。

③ "载"，《说文解字注》释为"乗也。乗者，覆也。上覆之则下载之，故其义相成"，此处可理解为"集聚得到一大车的收获"之义。

④ "公"，此处代指各诸侯国；"亨"，为"享"的本字，为"进献"之义。"亨于天子"，可理解为"各诸侯向天子进献祭祀物，是分担并共享公益的表征"；"小人"，此处可理解为"某诸侯个体"之义；"克"，《说文解字》释为"克，肩也"，即"担当"之义。

⑤ "彭"，《说文解字》释为"彭，鼓声也"，为人员盛多的样子，《诗经·齐风·载驱》有"汶水汤汤，行人彭彭"之语。此处可理解为"盛大的收益"之义；"无咎"，可理解为"该行为不会带来风险"。

⑥ "厥"，《说文解字》释为"厥，发石也"，即"发射石块"，此处为代词，相当于"其"；"交"，此处为"交互"之义；"威"，《说文解字》释为"威，姑也"，即"丈夫的母亲"，引申为"威严、可畏"之义；"吉"，此处可理解为"事物发展进程中，风险较小"之义。

主导部门的严格规定，这样才能使大规模事物得以顺利运行。

"自天祐之，吉，无不利"的含义是①：要素集聚形成大规模态势，各方面都要符合自然规律并顺其自然地发展，那么，各种不利因素都能够得以抑制而无法形成影响。

【哲理意涵】

本章的哲理意涵：事物发展到一定阶段，各种要素大量集聚形成大规模发展态势，只要是符合规律的有序发展，就不会导致规模大而风险大的结果。对于大规模发展问题，应从几个方面加以考虑。其一，发展要素之间，只要不形成恶性循环，就不会增大风险。只要维持合理规则，就不会带来额外风险；其二，只要符合规律有序发展，就不会比小规模有更大的风险；其三，大规模发展，应认识到公共部门的重要性，各局部应为公共部门做出贡献；其四，大规模发展，应是遵循规律而有序发展的结果，而不应人为地集聚要素、人为地做大规模；其五，大规模发展，各局部之间要形成和谐稳定的关系，或基于关联关系，或遵从于主导部门的规定；其六，大规模发展，只要符合规律有序发展，各种不利因素都将得以抑制。

【生态文明启示】

"公用亨于天子，小人弗克"的生态文明启示是：人类经济活动中，各经济主体在追求大发展的目标时，一定要认识到维护人类共同利益的重要性。就人类整体而言，维护人类赖以生存的地球生态系统，就是维护人类的共同利益；就各区域而言，维护对该区域内重要的生态系统及其功能（大气、森林、湿地、地下水资源、海洋等），就是该区域各主体的共同利益。维护这些共同利益，各个主体都应当承担共同的责任，只有相关主体协同努力才能达成目标，单纯依靠自身的努力是无法实现的。

"自天祐之，吉，无不利"的生态文明启示是：人类经济活动，可以扩张到多大规模、扩展到什么样的程度？最根本的是要遵循大自然的规律，那就是，经济活动对生态环境产生的影响是自然生态系统所能够承载的，其污染和废弃物是自然生态系统能够通过自净化能力吸纳的。对大自然而言，只要是在生态承载力范围内，任何形式的经济活动都是合理的。

---

① "祐"，《说文解字》释为"祐，助也"，即"上天祐助"之义；"吉"，此处可理解为"事物发展进程中，风险小"之义；"无不利"，可理解为"不是不利于发展的因素。或为有利因素，或为中性因素"之义。参见《坤卦·六二》对此语的释义。此处可理解为"一切不利的因素完全出尽"之义。

第十五章　谦

【原文】

谦卦

艮下坤上

谦，亨，君子有终。

初六，谦谦君子，用涉大川，吉。

六二，鸣谦，贞吉。

九三，劳谦，君子有终，吉。

六四，无不利，撝谦。

六五，不富以其邻，利用侵伐，无不利。

上六，鸣谦，利用行师征邑国。

【新认识与新释译】

"谦"的含义是①：事物发展过程中，行为者应基于公共利益和协同利益做出自我约束行为。

"谦，亨，君子有终"的含义是②：相关行为者进行自我约束，是事物运行

---

① "谦"，《说文解字》释为"谦，敬也"。本书作者认为，根据卦辞及各爻辞，《易经》中的"谦"，以现代学术语言来认识，可合理理解为"基于公共利益的自我约束、利他行为"之义。"谦"，主要含义不是指"谦虚"，而是指"不过分追求自身利益的增长而影响他人、群体的利益"。"谦谦"，前一个"谦"是动词，后一个"谦"是名词。"谦"，《帛书本》作"嗛"，有"不足"之义。《穀梁传·襄二十四年》有"一谷不升谓之嗛"之语。

② "谦，亨"，可理解为"自我约束是事物正常运行的一般机制"。以现代学术思想来认识，可理解为"负反馈是事物趋向稳定的基本机制"；"君子"，可合理理解为"考虑整体利益者"之义，此处可理解为"公共利益"；"终"，《说文解字》释为"终，絿丝也"，即"纺线结束后将线头打结"，引申为"结束"之义，此处可理解为"得以完成、得以成就"之义。

正常的一般机制，由此，公共利益最终得以达成。

"谦谦君子，用涉大川，吉"，合理断句应为"谦谦，君子用涉大川，吉"，该句的含义是：事物发展过程中，相关行为者为了公共利益，各自约束自身行为，这样才有利于实施公共大事。

"谦谦"①，可理解为"谦其所当谦。亦即，为了公共利益各自应当约束自身行为"之义；"君子"，此处可理解为"从社会共同利益来考虑"之义。"君子用涉大川，吉"的含义是②：上下同心地约束自身行为，公共利益就可达成。

"鸣谦，贞吉"的含义是③：号召所有相关行为者"自我约束"，以实现公共利益，有利于整体及自身顺利发展。

"劳谦，君子有终"的含义是④：各相关行为者基于公共利益而做出自我约束或利他行为，得到公众的认同，由此，公共利益最终能够达成。

"无不利，撝谦"的含义是：各相关行为者无不认识到"自我约束"的合理性、正当性，普遍践行以实现公共利益为考量的自我约束准则。

"无不利"⑤，可理解为"无不认识到这一行为的合理性"；"撝谦"⑥，可理解为"自我约束成为普遍的行为"之义。

"不富以其邻，利用侵伐，无不利"的含义是：在"自我约束"成为普遍理念的社会氛围下，如果不像众人那样为公共利益"自我约束"的话，将要受到处罚，这对于维护公共利益是必要的、正当的。

"不富以其邻"⑦，可理解为"比他人更为……"之义；"利用侵伐，无不

---

① 不可用后世所使用的成语"谦谦君子"来理解该句的意涵。
② "用"，《说文解字》释为"用，可施行也"；"涉大川"，为"克服大的困难"之义。"用涉大川"，以现代学术语言来理解，即为，只有众人都不存"公有地悲剧""搭便车"的意愿和行为，公共品就可实现有效供给；"吉"，可理解为"事物发展顺利"之义。
③ "鸣"即"鸡鸣"，代指"鸡鸣"之声达到所及范围；"贞吉"，可理解为"预期风险较小"之义。
④ "劳"，《广韵》释为"劳，慰也"，《韵会》释为"劳者，叙其勤以答也"，《汉字源流字典》释为"本义当为用语言或实物慰问"，此处可理解为"其行为得以认同"之义。
⑤ "无不利"，可理解为"不是不利于发展的因素。或为有利因素，或为中性因素"之义。参见《坤卦·六二》对此语的释义。
⑥ "撝"，《说文解字注》释为"按撝谦者，溥散其谦。无所往而不用谦"。《公羊传·宣公十二年》有"庄王亲自手旌，左右撝军，退舍七里"之语。
⑦ 参见《小畜卦·九五》对"富以其邻"的阐释。

利"①，以现代学术语言来认识，可理解为：公共品有效供给机制中，应包含相应的惩罚机制，使意图采取"公有地悲剧""搭便车"行为者无利可图。

"鸣谦，利用行师征邑国"的含义是②："自我约束"不仅应成为行为者个体的普遍理念，也应号召各行为群体使之成为普遍理念。如同要号召各诸侯国践行"自我约束"，以使周边形成和谐关系，而对于不能"自我约束"之国，则可对其征讨。

【哲理意涵】

本章的哲理意涵：事物发展过程中，行为者及行为群体，应基于公共利益和协同利益做出自我约束行为。这样既有利于自身事物顺利发展，也有利于整体事物顺利发展。"自我约束"以不同的形式体现。其一，考虑公共利益者、整体发展利益者，自我约束其行为；其二，号召所有相关行为者普遍推行"自我约束"；其三，"自我约束"行为得到普遍认同；其四，"自我约束"成为普遍行为准则；其五，对违背"自我约束"准则者实施惩罚；其六，号召所有群体"自我约束"，对违背"自我约束"准则的群体实施必要的惩罚。

【生态文明启示】

"谦"的生态文明启示是：在人类经济社会发展过程中，经济社会活动的行为者及行为群体，应基于公共利益和协同利益、以生态友好型理念为准则对自身行为做出自我约束。首先，考虑生态系统可持续的公共利益者、整体发展利益者，应先行自我约束其行为；其次，应号召所有相关行为者普遍以生态友好型理念为原则实现"自我约束"；其后，以生态友好型理念为原则的"自我约束"，要在所有人类成员中得到普遍认同；进而使得以生态友好型理念为原则的"自我约束"成为普遍行为准则；同时对违背"自我约束"准则者实施惩罚；最终，号召所有群体实施以生态友好型理念为原则的"自我约束"，对违背"自我约束"准则的群体实施相应的惩罚。

---

① "侵"，《说文解字》释为"侵，渐进也"；"伐"，《说文解字》释为"伐，击也"。"利用侵伐"，可理解为"依次处罚"之义。

② "鸣谦"，可理解为"号召相关者自我约束，以实现公共利益"之义；"行师"，即"出动军队"之义。"利用行师征邑国"，可理解为"宜采用出动军队征讨相关诸侯国之类的方式"之义。

第十六章　豫

【原文】

豫卦

坤下震上

豫，利建侯行师。

初六，鸣豫，凶。

六二，介于石，不终日，贞吉。

六三，盱豫，悔迟。有悔。

九四，由豫，大有得，勿疑，朋盍簪。

六五，贞疾，恒不死。

上六，冥豫，成有渝。无咎。

【新认识与新释译】

"豫"的含义是①：事物发展过程中，不宜耽于安享而惰于作为。对此应有危机意识。

"豫，利建侯行师"的含义是②：不耽于安享，就应有所作为。如，不是依靠祖辈基业，而是独立发展。

"鸣豫，凶"的含义是③：众人无不耽于安享而成为一种社会风气的话，其

---

① "豫"，《说文解字》释为"豫，象之大者"，即，由大象之态引申为"行动迟疑"之义。"豫"，《尔雅》释为"豫，乐也"。此处可理解为"耽于安享而惰于作为"之义。《豫卦》讨论的要点，并不在于"豫"字的本义，而在于"不宜耽于安享，而应居安思危"相关问题。"豫"，帛书本作"餘"。"餘"，《说文解字》释为"餘，饶也"。

② "利建侯"，此处可理解为"以谋求独立发展来规避耽于安享的惰性"之义；"行师"，此处可理解为"以大的举动来规避耽于安享的惰性"。

③ "鸣"即"鸡鸣"，代指"鸡鸣"之声达到所及范围；"凶"，可理解为"势必导致较大风险的后果"之义。

预期后果严重，必然导致危机。

"介于石，不终日，贞吉"的含义是：耽于安享，就是陷入了一种特殊的艰难困境，如果能意识到这一点，并尽快摆脱这一状况，必将有利于其后的发展。

"介于石，不终日"①，可理解为"耽于安享，就犹如陷入难以摆脱的艰难困境，应当尽早意识到并尽快脱离这一困境"之义；"贞吉"，可理解为"预期其发展进程顺利"之义。

"盱豫，悔迟。有悔"的含义：长久耽于安享，疏于正事，则极有可能引发不满势力的崛起，如果到了这种地步，将悔之晚矣。必将对未来发展带来较大风险。

"盱豫，悔迟"②，可理解为"耽于安享，会引发'武王一怒'情形的发生，若如此，悔之晚矣"之义；"有悔"，可理解为"与预期正常状态相比，将会产生不确定性风险或机会损失"之义。

"由豫，大有得，勿疑，朋盍簪"的含义是：繁盛之时，即使耽于安享，无所作为而听任发展，也能够大有收获。但是，不可认为是耽于安享的结果，更不可因此错认成因而不知所从。

"由豫，大有得"③，可理解为"某些时期，即使耽于安享，也能够大有所得"之义；"勿疑"④，可理解为"不可做出错误的判断而不知所从"之义；"朋盍簪"⑤，可理解为"不能把两种外形上有些相似的物品混淆了。如同不要把'朋'与'簪'错混了"之义。

"贞疾，恒不死"的含义是⑥：耽于安享，是一种不正常的病态，但也不是那种会导致紧急危机甚至导致彻底崩溃的病症，而是一种持久积累矛盾而导致积重难返结果的病症。

---

① "介于石"类似于《困卦·九三》之爻辞"困于石，据于蒺藜"之义，指处境困难，消息闭塞；"不终日"，可理解为"尽快地脱离困境"之义。

② "盱"，《说文解字》释为"盱，张目也"。《白虎通·考黜》有"武王望羊，是谓摄扬，盱目陈兵，天下富昌"之语，义若《孟子》"武王一怒而安天下之民也"。

③ "由"，为"遵从"之义，《诗经·大雅》有"不愆不忘，率由旧章"之语。

④ "疑"，《说文解字》释为"疑，惑也"，即"迷惑而不知所从"之义。

⑤ "朋"，《汉字源流字典》释为"甲骨文象两串细贝连在一起之形"；"盍"，通"合"；"簪"，《释名》释为"簪，兂也，连冠于发也"。

⑥ "疾"，《说文解字》释为"疾，病也"，即"轻病"之义。"贞疾"，可理解为"能够预期到存在的问题，但不是那种即刻导致危急的问题"之义；"不死"，可理解为"不会导致彻底崩溃的结果"之义。

"冥豫，成有渝。无咎"的含义是：耽于安享，必然导致远景不明。只要改变长久形成耽于安享的惰性风气，那么，所累积的风险问题也将得以改变。

"冥豫"①，可理解为"耽于安享，必然导致一种远景不明的状态"之义；"成有渝"②，可理解为"对耽于安享这种既成习惯有所改变"之义；"无咎"，可理解为"改变耽于安享的行为，不会带来与本义相悖的影响或后果"。

【哲理意涵】

本章的哲理意涵：事物发展过程中，不宜耽于守成而惰于作为。对此，应有若干方面的危机意识。其一，应认识到，耽于守成而成为普遍风气，势必累积矛盾而引发危机；其二，应感知到耽于守成的发展困境，并尽快摆脱这一状况；其三，应认识到，长久耽于守成，疏于改进，将引发不满势力的崛起；其四，延续前期的惯性发展成果，不能当作当下耽于守成、不思进取的成果；其五，要认识到，病态下的持续生存，必将导致积重难返的后果；其六，要认识到，耽于守成必然导致远景不明，须下定决心改变既成状态。

【生态文明启示】

"鸣豫，凶"的生态文明启示是：经济活动运行和经济增长，必然会形成某种"增长范式"，人们普遍采用这一"范式"而取得了经济的大繁荣大发展成就，长此以往，各经济主体会普遍依赖这一"范式"而形成增长路径依赖。如，各国工业化过程中，会普遍采取增加投资、扩大生产、促进消费的粗放型增长模式，其带来的经济增长成效是极为显著的，但同时带来的生态环境影响也是极为严重的。如果各经济主体长期不改变这一增长模式，那么，随着自然资源的大量耗竭、污染物的大量排放、生态环境的严重破坏，人类的经济活动及其增长并不可能长期持续下去。所以，当发现某一增长形式成为普遍范式之后，就应当意识到其可能导致的问题和后果，而应当努力去探索新的增长方式。

"由豫，大有得，勿疑，朋盍簪"的生态文明启示是：采用增加投资、扩大生产的方式，也能够带来经济增长和人们需求的满足。但是，人们不应因此而做出错误判断，认为这种增长方式是取得经济成就的根源，而没有认识到自然资源的大量消耗、生态系统对于大量污染排放的承载，对该经济成就的取得所起到的基础性作用。人们应当认识到，这一增长方式如此继续下去，一旦突破了生态系统的承载能力，那么，随着生态系统及其生态功能的不断劣化，经济

---

① "冥"，《说文解字》释为"冥，幽也"，即"幽暗不明"之义。
② "成"，可理解为"既成的习惯"之义；"渝"，为"改变"之义。

增长也就不可能持续。

"冥豫，成有渝。无咎"的生态文明启示是：如果长期依赖那种粗放型增长方式，必然导致经济不可持续，那么，未来的发展方向何在？因此，必须改变那种依靠增加投入的增长方式，才能够保证经济的持续发展和人类需求的持续满足。

第十七章　随

【原文】

随卦

震下兑上

随，元亨，利贞，无咎。

初九，官有渝，贞吉，出门交有功。

六二，系小子，失丈夫。

六三，系丈夫，失小子，随有求得，利居贞。

九四，随有获，贞凶? 有孚，在道以明，何咎?!

九五，孚于嘉，吉。

上六，拘系之，乃从维之，王用亨于西山。

【新认识与新释译】

"随"的含义是①：事物发展过程中，为使事物得以持续发展，有赖于追随者的不断加入而规模扩张。

"随，元亨，利贞，无咎"的含义是：不断有追随者加入，对于事物持续发展而言，其发展态势是顺畅的，预期结果是良好的，风险是可控的。

"随，元亨，利贞"②，可理解为"追随者加入，其发展态势顺畅，预期结果良好"之义；"无咎"，可理解为"追随者不断加入，不会带来与本义相悖的影响或后果"。

---

① 《系辞传》："服牛乘马，引重致远，以利天下，盖取诸随。"可以这样来理解：事物有可信的发展潜力和预期利益，就会吸收众多追随者参与其中。如同一个团队有牛马等载物工具，表明这个团队有可信的"引重致远"能力，也就能够吸引更多的人追随之。

② 参见《乾卦》对"元亨""利贞"的阐释。

"官有渝，贞吉，出门交有功"的含义是：为使事业发展向好、追随者积极加入，对事物之既有主旨可有所变通，积极扩大参与者范围，以利于事业扩张发展。

"官有渝，贞吉"①，可理解为"对事物主旨因时因势有所变通，有利于事业发展顺利"；"出门交有功"②，可理解为"主动接洽潜在追随者，有利于事业发展壮大"之义。

"系小子，失丈夫"的含义是③：事物发展过程中，需要多方面的力量追随参与其中，但要平衡好对于骨干力量（成熟力量）与一般力量（初进力量）的重视程度，过于重视一般力量（初进力量）就会损伤骨干力量（成熟力量）的积极性。

"系丈夫，失小子，随有求得，利居贞"的含义是：事物发展过程中，需要多方面的力量追随参与其中，过于重视骨干力量（成熟力量）就会损伤一般力量（初进力量）的积极性。追随者能够及时得到他们所预期的利益，则有利于众人的预期，而有利于事物扩张发展。

"系丈夫，失小子"④，可理解为"过于重视骨干力量（成熟力量）则会损伤一般力量（初进力量）的积极性"之义；"随有求得，利居贞"⑤，可理解为"追随者得到他们所追求的预期利益，则有利于稳定潜在参与者的预期"之义。

"随有获，贞凶？有孚，在道以明，何咎！"的含义是：众多的追随参与者都会获取其利益，是否会损害到整体事业的利益呢？只要以取信于人的方式去坚定众人对于这一道路的信念，就不会出现所担心的问题。

"随有获，贞凶"⑥，可理解为"追随者总能够获得其预期收益，这样的话，

---

① "官"，《说文解字》释为"官，吏事君也"，此处可理解为"事物的主旨"；"渝"，即"改变"之义；"贞吉"，可理解为"预期发展顺利"之义。

② "出门交"，可理解为"主动接洽潜在追随者，而不是等待追随者上门"之义；"功"，《说文解字》释为"功，以劳定国也"，即"费心力，使国家安宁"之义。

③ "丈夫"，指成年男子，《穀梁传·文公十二年》有"男子二十而冠，冠而列丈夫"之语，与之对应，"小子"即指未成年男子，与后世所称的"小人"无关。此处，"丈夫""小子"可理解为"骨干力量或成熟力量"和"一般力量或初进力量"之义。

④ 参见《随卦·六二》对"系小子，失丈夫"的释义。

⑤ "居"，《说文解字》释为"居，蹲也"，即"蹲踞"之义，此处可理解为"稳定的"之义。"利居贞"，可理解为"有利于稳定、可预期"之义。

⑥ "随有获"，可理解为"追随者总能够获得其预期收益"之义；"贞凶"，可理解为"预期风险极大"之义。

大量的支出，不会带来很大的风险吗?"之义;"有孚，在道以明，何咎"①，可理解为"以'随有获'的方式去取信于人，去坚定众人对于这一道路的信念，则不会带来大的风险"之义。

"孚于嘉，吉"的含义是②:大众对于发展前景无条件信任的情形下，是追随者源源不断加入的高峰期，表明当前阶段处于昌盛发展状态，但应警觉其暗藏之危机。

"拘系之，乃从维之，王用亨于西山"的含义是:或被某些强制性规定所拘束，或被预期利益尚未兑付所拘束，追随者不得不勉强维系大局的话，那么，事业的发展也就进入了危机时期。领导者也只有小心翼翼地应对，以求长期累积风险不被引发。

"拘系之，乃从维之"③，可理解为"被预期收益所拘束，勉强维系大局"之义;"王用亨于西山"④，此处可理解为"领导者努力应对，能否达成应对目标，只能听之天命"之义。

【哲理意涵】

本章的哲理意涵:事物发展过程中，为使事物得以持续发展，有赖于追随者源源不断加入。对此，应考虑几方面的问题。其一，为使追随者积极加入，对事物主旨可有所变通，以扩大参与者范围;其二，追随者不断加入过程中，应平衡好对于骨干力量与初进力量的重视程度，不可偏废以损伤某一方面的积极性;其三，要使追随者能够及时得到其预期收益，这是扩张发展的基础;其四，追随者及时得到其预期收益，可坚定众人的信念，并不会因此而损害整体的发展利益;其五，众人对于发展前景无条件信任情形下，进入追随者源源不断加入的高峰期，但应警觉其暗藏危机;其六，当追随者不是出于信念，而是出于利益约束维系大局时，只能尽量延缓累积风险不被引发。

---

① "有孚，在道以明"，可理解为"取信于人，以坚定众人对于这一道路的信念"之义。

② "嘉"，《说文解字》释为"嘉，美也，从壴"，即"击鼓奏乐以赞美"之义，《汉字源流字典》释为"甲骨文本义为尽情娱乐"。"孚于嘉"，可理解为"众人乐此不疲地信任之，亦即，深信不疑"之义;"吉"，此处可理解为"表面上没有风险，但是应引起警觉"之义。

③ "拘"，《说文解字》释为"拘，止也"，即"阻止"之义;"维"，《说文解字》释为"维，车盖维也"，可理解为"维系"之义。

④ "王用亨于西山"，与《升卦·六四》"王用亨于岐山"所述相同，即指周王到岐山献祭。岐山是古公亶父开创周族繁盛时期的所在地，所以，周王要到西山献祭。因岐山在周国都的西边，故称之为西山。此处可通俗理解为后世所说"尽人事以听天命"之义。

【生态文明启示】

"随"的生态文明启示是：为使生态文明建设得以持续，有赖于持有生态文明理念者源源不断地加入。其一，为使生态文明理念者队伍不断扩大，对"生态文明理念"可适当放宽，以扩大其适用范围。如对于一些对生态环境影响较小或不断降低生态环境影响的行为，也认定其为生态友好型行为；其二，在生态文明理念人群不断扩大过程中，应平衡好对于骨干力量与一般力量的重视程度，不可偏废以损伤某一方面的积极性。如某些环保主义者的极端诉求，往往会损害一般环保理念者的利益；其三，在推进生态文明建设过程中，要通过污染治理、生态修复等活动，使得人居生态环境质量得以改善，才能使生态友好型理念者能够达成其预期目标，这是生态文明理念深入人心、不断扩张发展的基础；其四，随着某些生态文明理念成为人们普遍行为准则之后，生态环境质量未必能够持续改善，此时应使生态文明建设朝着什么样的方向发展？应有预先的准则和方案。

第十八章　蛊

【原文】

蛊卦

巽下艮上

蛊，元亨。利涉大川，先甲三日，后甲三日。

初六，干父之蛊，有子，考无咎。厉，终吉。

九二，干母之蛊，不可贞。

九三，干父，小有晦，无大咎。

六四，裕父之蛊，往见吝。

六五，干父之蛊，用誉。

上九，不事王侯，高尚其事。

【新认识与新释译】

"蛊"的含义是①：事物发展过程中，经过一段平稳发展，易呈现中衰状态。日渐衰落的事业，须由接任者担当起振兴之责。

"蛊，元亨。利涉大川，先甲三日，后甲三日"的含义是：中兴时期，既要继承上一个时期的优势，以便后续发展，又要总结上一时期的教训，并在后续发展中引以为戒。

"蛊，元亨。利涉大川"②，可理解为"日渐衰落的事业，其运行机制基本

---

① "蛊"，本义为"器物因内部虫害而腐败"。《春秋传》有"皿虫为蛊"之语，杜预注"皿，器也，器受虫害者为蛊"。此处可理解为"日渐衰落的家业"之义。《蛊卦》所讨论的要点不在于"日渐衰落的家业"，而在于"如何担当起振兴之责"相关问题。

② "元亨"，参见《乾卦》对其的阐释；"利涉大川"，参见《需卦》对其的阐释，即"克服较大的困难，过渡到一个新阶段"之义。

是正常的，只是需要接任者克服一些前进中的困难”；“先甲三日，后甲三日”①，可理解为“新时期的'开始'（后甲），与旧时期的'结束'（先甲）有着不可忽视的关系”。

“干父之蛊，有子，考无咎。厉，终吉”的含义是：中兴时期，接任父辈日渐衰落的家业，当有子辈的担当和能力。家业后继有人，就消除了最大的风险。虽然艰难，但事业必定传承发展。

“干父之蛊，有子，考无咎”②，可理解为“接任父辈日渐衰落的家业，当有子辈的担当，就能消除进一步衰败的风险”之义；“厉，终吉”③，可理解为“接任家业，虽然艰难，但事业必定传承发展”。

“干母之蛊，不可贞”的含义是④：中兴时期，从作为过渡期代理人手中接任日益衰落的家业，由于过渡期代理人往往是“不管之管”，所以不宜延续其所为。

“干父，小有晦，无大咎”的含义是⑤：中兴时期，接任父辈日渐衰落的家业，虽然会有一段昏暗不明时期，但具有代际传承的正当性，不会出现大的违碍情形。

“裕父之蛊，往见吝”的含义是⑥：中兴时期，如果过于宽容导致父辈家业日渐衰落因素的话，持续下去会对未来产生不利影响。

---

① 此处以天干“甲”为界，譬喻事物周而复始。

② “干”（幹），表“担任”“担纲”之义；“考”，《说文解字》释为“考，老也”，此处代指父辈；“无咎”，可理解为“某行为不会带来与本义相悖、适得其反的影响或后果”。

③ “厉”，可理解为“超出其能力或超出其预期的大风险”之义；“终吉”，此处可理解为“家业，虽然是日渐衰落的状态，但只要用心地承继，其业必定有所发展”之义。

④ “母之蛊”是指，从过渡期代理人那里接手有所衰败的事业，即，父亡后，继承人尚幼之时，母暂为代理维持，以待继承人长大接任，这一时期家业往往会呈日渐衰败之象；“不可贞”，此处可理解为“如果延续的话，其后果的严重性将难以预料”之义。

⑤ “干父”，即为“干父之蛊”之略；“晦”，《说文解字》释为“晦，月尽也”，即“月形从弦月到朔月”之义；“小有晦”，可理解为“有一段的昏暗不明时期”之义；“无大咎”，可理解为“不会带来不可挽回的影响或后果”。

⑥ “裕”，《说文解字》释为“裕，衣物饶也”，此处为由“富足有余”引申为“宽容、宽待”之义；“往”，《说文解字》释为“往，之也”，此处可理解为“朝着目标前行”之义。“往见吝”，可理解为“这样持续的话，将出现有碍发展的影响”。

"干父之蛊，用誉"的含义是①：中兴时期，接任父辈日渐衰落的家业，要使用有声望但之前并未得以重用的人，即要重用那些既了解问题所在、解决问题的路径所在，又不是既得利益团体中的人才。

"不事王侯，高尚其事"的合理的断句应为"不事，王侯高尚其事"，其含义是②：中兴时期，接任父辈日渐衰落的家业，使之中兴而不再衰败。机制上的彻底改观，就可能得到国家和社会的褒扬并推广借鉴其经验。

【哲理意涵】

本章的哲理意涵：事物发展过程中，经过一段平稳发展，易呈现中衰状态。须由继任者担当起振兴之责。中兴时期，应针对不同情形采取对策。其一，中兴，当有后辈的担当；其二，中兴，不宜延续过渡期代理人的"不管之管"；其三，中兴者，以代际传承的正当性，可顺利渡过一段昏暗不明时期；其四，中兴，不宜过于宽容导致此前日渐衰落的因素；其五，中兴，要重用那些既了解问题所在、解决路径所在，又不是既得利益团体中的人才；其六，中兴的目标就是，曾经呈现的衰落状态得以从机制上彻底改观。

【生态文明启示】

"蛊"的生态文明启示是：生态文明建设，经过一代人的努力，使得生态环境问题得以有效扭转。当传承到下一代人时，生态文明建设能否持续下去呢？极有可能出现新的生态环境问题或固有的生态环境问题复发现象。此时，下一代人须由担当起持续推进生态文明建设之责。

---

① "誉"，《说文解字》释为"誉，偁也"，即"受到称赞"之义，此处代指"德高望重而又不是既得利益者"；"用誉"，可理解为"采用重用德高望重者这一方式去达成目标"之义。

② "不事"，可理解为"之前存在的问题得以解决"之义；"尚"，可以理解为"推崇、彰扬"之义；"其事"，可理解为"接任并振兴家业之事"。

第十九章　临

【原文】

临卦

兑下坤上

临，元亨，利贞。至于八月，有凶。

初九，咸临，贞吉。

九二，咸临，吉，无不利。

六三，甘临，无攸利；既忧之，无咎。

六四，至临，无咎。

六五，知临，大君之宜，吉。

上六，敦临，吉，无咎。

【新认识与新释译】

"临"的含义是①：事物发展过程中，领导者应及时引导、督促相关主体把握时机以期获得正常收益。如同引导、督促民众遵从节令及时耕种以期收获。

"临，元亨，利贞。至于八月，有凶"的含义是：引导民众遵照节令及时耕种，总是合理的，预期效果总是良好的。反之，如果不及时引导、督促，到了收获季节，其后果必定极为严重。

"临，元亨，利贞"②，可理解为"引导民众遵节令，符合自然，内在机制

---

① "临"，《说文解字》释为"临，监临也"，即"俯视察看"之义。"临"，帛书本作"林"。"林"，《说文解字注》释为"平土有丛木曰林。……《释诂》《毛传》皆曰：林，君也。假借之义也"。

② 参见《乾卦》对"元亨""利贞"的阐释。

正常，预期发展态势良好"之义；"至于八月，有凶"①，可理解为"反之，到来一定时点，必然导致风险"之义。

"咸临，贞吉"的含义是②：以感召力来引导民众遵照节令及时耕种，预期效果良好。

"咸临，吉，无不利"的含义是③：以德威并用的方式，来引导、敦促民众遵照节令及时耕种，预期效果良好，不会有不利的影响。

"甘临，无攸利；既忧之，无咎"的含义是：以一定的利益诱导方式，来引导民众遵照节令及时耕种，虽然不是很合乎自然的方式，但对于存在一定隐忧的特殊情形，还是有利于良好结果的正确路径。

"甘临"④，可理解为"以利益诱导方式，诱导民众遵照节令及时耕种"之义；"无攸利"，可理解为"难以实现本可顺其自然而带来的利益"；"既忧之，无咎"⑤，可理解为"只要意识到了可能出现的问题，那么，利益诱导行为就不会带来与本义相悖的后果"。

"至临，无咎"的含义是⑥：以极为细致周到的方式，来引导、敦促民众遵照节令及时耕种，也不会带来不利的影响。

"知临，大君之宜，吉"的含义是：通过教导天候、地力、作物等相关知识，来引导民众遵照节令及时耕种，是最为适宜的方式，其结果也必定是良好的。

---

① "八月"，《诗经·国风·豳风·七月》中有"八月萑苇""八月载绩""八月其获""八月在宇""八月剥枣""八月断壶"等句，多有"收割、收获、备冬"之义；"至"，《说文解字》释为"至，鸟飞从高下至地也"，即"鸟从高处飞落到地面"，引申为"到达、极致"之义；"有凶"，可理解为"可能出现较大风险"之义。

② "咸"，《说文解字》释为"咸，皆也，悉也"，《汉字源流字典》释为"是'喊'的本字，本义当为众人齐声呼喊"，引申为"感知、感化"之义；"贞吉"，可理解为"预期风险较小"之义。

③ "无不利"，可理解为"不是不利于发展的因素。或为有利因素，或为中性因素"之义。参见《坤卦·六二》对此语的释义。

④ "甘"，《说文解字》释为"甘，美也"，即"味美"，此处可理解为"乐意、心甘情愿"之义。

⑤ "既"，本义为"已经"，此处可理解为"只要……，就……"之义；"忧"，《说文解字注》释为"心动也"，此处可理解为"意识到问题所在而有所警觉思考"之义。

⑥ "至"，《说文解字》释为"至，鸟飞从高下至地也"，即"鸟从高处飞落到地面"，引申为"到达、极致"之义；"无咎"，可理解为"细致引导行为不会带来与本义相悖、适得其反的影响或后果"。

"知临"①，可理解为"教之民众遵照节令及时耕种的相关知识"之义；"大君之宜"②，可理解为"各层级直至君主都适宜的方式"之义；"吉"，可理解为"发展顺利，风险较小"之义。

"敦临，吉，无咎"的含义是③：在必要的情形下，以严词训导等方式，来敦促民众遵照节令及时耕种，利于顺利发展，不会带来不利影响。

【哲理意涵】

本章的哲理意涵：事物发展过程中，领导者应及时引导、督促相关主体把握时机以期获得正常收益。否则到了收获季而无收获的，则必然产生严重后果。在不同的情形下，可采用不同的引导、督促方式。其一，以自身的感召力来引导；其二，以德威并用的方式来引导、督促；其三，以利益诱导；其四，以细致周到方式来引导、敦促；其五，以教导相关知识的方式来引导；其六，以严厉训导方式来敦促。

【生态文明启示】

"临"的生态文明启示是：经济活动，应引导、督促民众遵从节令及时耕种以期收获。同样的道理，对于生态系统的维护，也需要引导、督促民众遵从自然规律。无论是采取以感召力引导的方式、以德威并举的方式、以利益诱导的方式、以细致敦促的方式、以知识教导的方式，还是以训导敦促的方式，都有助于促进生态维护目标的实现。

"临，元亨，利贞。至于八月，有凶"的生态文明启示是：经济活动，应引导、督促民众遵从节令及时耕种以期收获。同样的道理，对于生态系统的维育，也需要引导、督促民众遵从自然规律，否则的话，到了生态系统及其功能被严重损耗的状态，则将导致因生态环境问题而引发的社会经济危机。

---

① "知"，《玉篇》释为"识也，觉也"。《说文解字》有"识，常也。一曰知也"之释。

② "宜"，《说文解字》释为"宜，所安也"，即"合理、合适"之义。

③ "敦"，《说文解字》释为"敦，怒也，诋也"，即"恼怒、叱责"，引申为"敦促、训勉"之义；"无咎"，可理解为"敦促、训勉行为不会带来与本义相悖、适得其反的影响或后果"。

第二十章　观

【原文】

观卦

坤下巽上

观，盥而不荐，有孚颙若。

初六，童观，小人无咎，君子吝。

六二，窥观，利女贞。

六三，观我生，进退。

六四，观国之光，利用宾于王。

九五，观我生，君子无咎。

上九，观其生，君子无咎。

【新认识与新释译】

"观"的含义是①：为推进事物顺利发展，应从各个层面深入地观察，以理解事物的真实状态和本质特征。

"观，盥而不荐，有孚颙若"的含义是②：深入观察以推进事物顺利发展的根本目的是使各相关主体切实地认识事物发展的本质路径，进而通过这一深刻认识而影响其行为。如同举行祭祀大典时，将祭祀之始的庄严肃穆保持到献牲完毕，诚敬如一，以使臣民观仪而受感化。这就是"观"之要义。

"童观，小人无咎，君子吝"的含义是：深入观察以推进事物顺利发展，既要从个体利益的视角，也应从整体利益的视角去认识。如同用幼童般浅显的目

---

① "观"，《说文解字》释为"观，谛视也"，即"仔细察看"之义。

② "盥"，主祭者净手；"荐"，献牲贡奉之时，人心或有所浮动；"不荐"，"荐"时不缺减庄严肃穆；"有孚"，可理解为"对于……坚定其信念"之义。

光来观察事物，真实浅显，但未必深刻、全面。

"童观"，可理解为"用幼童般浅显的目光来观察事物，真实浅显，但未必深刻、全面"；"小人无咎，君子吝"①，可理解为"对于普通人来说，真实观察认识事物即可；而站在整体角度来考虑问题的人，如果仅仅着眼于此而不能更加深刻、全面地认识事物的话，那么，就不能很好地为整体利益着想"。

"窥观，利女贞"的含义是：通过侧面观察、暗中了解的方式去认知真实的状态。如同暗中观察一个家庭的状况，如果其内部表里如一地井井有条，那么预期发展良好。

"窥观"②，可理解为"通过暗中观察去认知事物真实的状态"；"利女贞"③，可理解为"如果暗中观察到的内部事物井井有条，那么，其良好发展态势就可预期"。

"观我生，进退"的含义是④：观察事物自然发展的态势，以决定是否干预以促进或抑制之。

"观国之光，利用宾于王"的含义是：通过观察细节的发展变化，以了解整体的发展状况，见微知著。如同要观察一国之整体状态，透过君王对于其顺从者的态度就能够见微知著地感受得到其一般状态。

"观国之光"⑤，可理解为"观察一国之整体状态"之义；"利用宾于王"⑥，可理解为"采取见微知著的方式去认知"之义。

"观我生，君子无咎"的含义是⑦：观察并顺应事物自然发展的态势，必然无害于事物整体发展利益。

---

① "小人"，可理解为"一般人、普通人"之义；"君子"，可合理理解为"考虑社会整体利益的人"之义；"无咎"，可理解为"某行为不会带来与本义相悖、适得其反的影响或后果"，"吝"，可理解为"与最优效果相比有所不足"。

② "窥"，《说文解字》释为"窥，小视也"，即"从小孔、缝隙、隐藏处观察"之义。

③ "女"，《说文解字》释为"女，妇人也"，此处可理解为"妇人所操持的家内事务"，引申指"非为一般所见的事物状态"之义。《家人卦》亦有"利女贞"之卦辞。

④ "我"，可理解为"事物的自然发展状态"，如同《道德经》以"我"代指"道"；"生"，《说文解字》释为"生，进也。象艸木生出土上"；"进"，《说文解字》释为"进，登也"；"退"，《说文解字》释为"退，却也"。

⑤ "光"，《说文解字》释为"光，明也。从火在人上，光明意也"，此处可理解为"影响所辐射的范围"之义。

⑥ "宾"，《说文解字》释为"宾，所敬也"，此处可理解为"顺从"之义。《道德经》有"侯王若能守之，万物将自宾"之句。

⑦ "君子"，可理解为"事物整体发展利益"之义；"无咎"，可理解为"不会带来不利的影响"之义。

"观其生，君子无咎"的含义是①：观察并顺应事物自然发展的态势，同时还能对照于自身的相应行为，必然无害于事物整体发展利益。

【哲理意涵】

本章的哲理意涵：事物发展过程中，为推进事物顺利发展，应从各个层面深入观察，以理解事物的真实状态、本质特征、行为影响。对此，要从不同的视角去深入了解。其一，既要从个体利益视角，也应从整体利益视角去认识；其二，既要观察表面状况，也要设法观察其隐性状况；其三，要通过观察事物发展态势，以决定是否予以促进或抑制干预；其四，要以见微知著的方式通过观察细节，以了解整体的发展状况；其五，要观察事物自然的发展态势；其六，观察事物自然发展态势的同时，还应对照其自身行为。

【生态文明启示】

"观"的生态文明启示是：深入地观察并了解各层面对于生态文明理念的认识状态和行为状态，才能更深入地推动生态文明建设的深化。无论是从个人或群体信仰的角度，还是从个体利益或群体利益的角度，还是从隐性行为特征角度，还是从整个国家民众的一般行为特征角度，还是从社会事物发展进程的角度，还是从事物是否顺应发展或行为者反思顺应与否的角度，进行深入细致的观察，都有助于寻求到更加有效的推进举措，而切实推进生态文明理念的形成和落实。

---

① 此处的"其"，与前文的"我"（指"事物的自然发展状态"）相对，即指"自身的行为"。"无咎"，可理解为"不会带来不利的影响"之义。

第二十一章　噬嗑

【原文】

噬嗑卦

震下离上

噬嗑，亨，利用狱。

初九，屦校，灭趾，无咎。

六二，噬肤，灭鼻，无咎。

六三，噬腊肉，遇毒，小吝，无咎。

九四，噬干胏，得金矢。利艰贞，吉。

六五，噬乾肉，得黄金。贞厉，无咎。

上九，何校，灭耳，凶。

【新认识与新释译】

"噬嗑"的含义是①：为了事物顺利发展，对于不必要的、不正当的言行，应当有适当惩戒机制。

"噬嗑，亨，利用狱"的含义是②：对于不当言行，建立适当惩戒机制，有利于事物顺利发展。要使这一惩戒机制发挥良好作用，最关键的是罪罚确认得当。

---

① "噬"，《说文解字》释为"噬，啗也"，此处可理解为"侵吞"之义；"嗑"，《说文解字》释为"嗑，多言也"。"噬嗑"，可理解为"不必要的、不正当的行为和言论，亦即应当受到处罚的言行"。

② "狱"，《说文解字》释为"狱，确也"，可理解为"对于罪行，应当确证清晰，以便做出适当的处罚"之义。

"屦校，灭趾，无咎"的含义是①：对于较轻罪行的惩戒，应当使之戒惧难行。如同让其带上脚枷。

"噬肤，灭鼻，无咎"的含义是②：对于某些罪行的惩戒，是使之祖德受损（辱及先人），因此使之有所戒惧。

"噬腊肉，遇毒，小吝，无咎"的含义是③：对于罪行稍重的惩戒，或使之知难而退，或使之身受其害。如同偷吃腊肉而意外中毒。

"噬干肺，得金矢。利艰贞，吉"的含义是：对于某些罪行的惩戒，是一种自然的"报应"方式，可能因其行为中隐含的因素而深受其害。如同偷吃干肺，却被藏于肉中的金属箭头所伤，自己就得到应有的处罚。这种惩戒方式，未必能够起到直接惩戒的作用，但有利于长期发展秩序的形成。

"噬干肺，得金矢"④，可理解为"偷吃干肺，却被藏于肉中的金属箭头所伤"之义；"利艰贞"⑤，可理解为"这种惩戒方式，未必能够起到有罪必罚的作用，但长期来看是罪罚得当的"之义；"吉"，可理解为"这种惩戒方式，有利于发展秩序的形成"。

"噬乾肉，得黄金，贞厉，无咎"的含义是：如何惩戒不当行为者，当由铜鼎所铸的法条来规定。这种惩戒方式，虽然过于严苛而对社会和谐有所不利，但由于在明文法条面前人人平等，因此不会对全社会带来不当的后果。

---

① "屦"，《说文解字》释为"屦，履也"；"校"，《说文解字》释为"校，木囚也"，即，套在颈部的刑具；"灭"，《说文解字》释为"灭（滅），尽也"，即"火熄"，此处代指其原有的功能受到制约而无法发挥其作用；"趾"，《尔雅·释言》释为"趾，足也"，即"止步状态的脚"之义；"无咎"，此处可理解为"罪罚相当，不会带来与本义相悖的影响或后果"。

② "肤"，指"食肉或祭祀用肉"，《礼记·内则》有"脯羹，兔醢，麋肤"之语。"噬肤"，可理解为"贪图眼前利益"；"鼻"，可理解为"鼻祖"之义，代指"家族的祖德、家族名誉"；"灭"，此处代指"其原有的祖德受到负面影响"；"无咎"，此处可理解为"只要罪罚相当，就不会带来与本义相悖的影响或后果"。

③ "腊"，《说文解字》释为"腊，冬至后三戌，腊祭百神"，即"冬至后第三个戌日始，晒制肉干，以祭百神"之义；"毒"，《说文解字》释为"毒，厚也。害人之艸，往往而生"，即"味厚涩苦、到处生长的野草"之义；"小吝"，可理解为"这种处罚成效或有所不足"；"无咎"，可理解为"罪罚基本相当，不会带来与本义相悖的影响或后果"。

④ "干肺"，《孔颖达疏》释为"干肺，是胏肉之干者"；"得"，《说文解字》释为"得，行有所得也"，此处可理解为"得到了金矢之害的后果"；"金矢"，即"铜箭头"。

⑤ "艰"，《说文解字》释为"土难治也"，引申为"艰难"。

"噬乾肉，得黄金"①，可理解为"如何惩戒不当行为者，可由铜鼎所铸的法条来规定"之义；"贞厉"，可理解为"这种惩戒方式，将对预期效果有一定负面影响"；"无咎"，可理解为"明文法条处罚方式，不会带来与本义相悖的影响或后果"。

"何校，灭耳，凶"的含义是②：对于某些严重罪行的惩戒，使之带上颈枷而流放远方，必将对其家族后代产生长远影响。这种惩戒方式，对于社会有较大负面影响，应限于适用较重的罪行。

【哲理意涵】

本章的哲理意涵：事物发展过程中，为使事物顺利发展，对于不当行为，应建立必要的惩戒机制。对于不同的行为，应有不同的惩戒方式和惩戒程度。其一，对于行为影响较轻的惩戒，应使之在一定期限内戒惧难行；其二，对于某些行为的惩戒，是使其家族名誉受损，而对潜在行为者起到戒惧作用；其三，对于行为影响稍重的惩戒，或使之知难而退，或使之身受其害；其四，对于某些行为的惩戒，是让其自作自受、得不偿失；其五，惩戒不当行为，合理的方式是依据事前的明确规定；其六，对于行为影响较大的惩戒，则其所受惩戒的影响必须绵延持续乃至后代。

【生态文明启示】

"噬嗑"的生态文明启示是：生态文明建设过程中，对于经济社会活动行为者的不当行为，应建立必要的惩戒机制。对于不同的行为，应有不同的惩戒方式和惩戒程度。其一，对于生态环境影响较轻行为的惩戒，应使之在一定期限内戒惧难行。如，对于生产活动中超标排放的行为，可限制其一定期间的生产权；其二，对于某些经济主体惯性行为的惩戒，可使其名誉受损，而对潜在行为者起到戒惧作用。如，对某些不注重环保的企业，当社会认知到该企业的非环保声誉后，消费者将减少对企业产品的购买，关联企业将减少与该企业的合作关系；其三，对于较重的生态环境影响行为者的惩戒，应使之知难而退。如，明确规定，某企业违法排放污染物，对其的处罚规则是：处罚额度大于违法所

---

① "黄金"，即"铜"，代指"铜鼎所铸的法律条文"。《左传·昭公六年》有"三月，郑人铸刑书"之语；"得"，此处可理解为"得到了鼎铸法条惩罚的后果"。

② "何"，《说文解字》释为"何，儋也"，为"荷"的本字，此处指"戴枷"；"校"，《说文解字》释为"校，木囚也"；"耳"，即"耳孙"，代指其后代；"灭"，此处代指其原应有的世代传承可能受到影响；"凶"，可理解为"这种处罚方式，对社会有较大的影响"。

得/社会平均查获率。也就是，让被查获企业承担所有同类行为对社会造成的损害。这一处罚力度，才是对违法行为者有震慑力的处罚；其四，对于产生较为严重的生态环境影响行为者的惩戒，应使之完全承担其消除生态环境影响的责任，这一责任的成本远远大于其实际收益，一般企业是难以承受的；其五，惩戒行为者不当行为，合理的方式是依据事前的明确规定；其六，对于行为影响较大企业及其责任人的惩戒，使企业长期承担额外的生态环境维护责任，使责任人终身承受相应的惩戒。

第二十二章　贲

贲卦

离下艮上

贲，亨，小利有攸往。

初九，贲其趾，舍车而徒。

六二，贲其须。

九三，贲如，濡如，永贞吉。

六四，贲如皤如，白马翰如。匪寇，婚媾。

六五，贲于丘园，束帛戋戋，吝，终吉。

上九，白贲，无咎。

【新认识与新释译】

"贲"的含义是①：事物发展过程中，修饰性规整性的行为，有其一定的必要性和作用。但要认识到，修饰规整只能对事物成功起到有限的辅助作用，不可能是起决定作用的关键因素。

"贲，亨，小利有攸往"的含义是②：适当的修饰规整，对事物的发展是有

---

① "贲"，《说文解字》释为"贲，饰也"。"贲"，帛书本作"蘩"。"蘩"，《尔雅·释草》释为"蘩，皤蒿"，《左传》有"蘩所以生蚕"，《正字通》对此释为"蚕未出，煮蘩以沃之，则易出"。据此，此处之"蘩"，可理解为"佐助"之义。《象辞传·贲卦》有"刚柔交错，天文也；文明以止，人文也。观乎天文，以察时变；观乎人文，以化成天下"之语，此为"文化"一词的来源，实质上是将《贲卦》的"修饰"意涵提升到"人文制度之规整"的角度。

② "小利~"，多个卦的爻辞有此占断用语，综合来看，可理解为"如果某行为适当的话，有利于~。（否则，将出现不利后果）"之义。不宜理解为"程度较低的有利条件"；"有攸往"，参见《坤卦》对此语的阐释。

益的，无碍于事物顺其自然发展。尽管对事物发展起不到关键性作用。

"贲其趾，舍车而徒"的含义是①：对事物进行一定的修饰规整是必要的。但修饰规整的选择应得当、无碍正常行为。如同身体修饰，如果去修饰脚部的话，对身体整体的美观并没有什么大的影响，若为了让别人感受到脚部的修饰，就不得不舍车马而步行，这样的修饰其实是得不偿失的。

"贲其须"的含义是②：对事物进行修饰规整得当的话，修饰规整就可起到因美化而改进外在观感的作用。如同身体修饰，如果去修饰胡须的话，有助于别人感受到其相貌堂堂。

"贲如，濡如，永贞吉"的含义是③：对事物进行修饰规整，应美化规整到恰到好处的状态。如同修饰胡须，就要修饰到有湿润光泽感的效果。这类有美化效果的修饰，总是有益无害的。

"贲如皤如，白马翰如。匪寇，婚媾"的含义是：对事物进行修饰规整一定要得当，不要导致负面的效果。如同身体修饰，打扮得一身素白，再骑上白马，那样的话，就让人分不清是强盗还是娶亲的，容易导致不必要的负面后果。

"贲如皤如，白马翰如"④，可理解为"修饰得一身素白"之义；"白马翰如"⑤，可理解为"白色战马"之义；"匪寇，婚媾"⑥，可理解为"娶亲，会被错认为强盗行为"之义。

"贲于丘园，束帛戋戋，吝，终吉"的含义是：对事物进行修饰规整，宜简则简。如同身体修饰，修饰头部的话，如果简简单单地用几根丝线，虽然没有美化到最佳状态，但最终呈现的观感还是不错的。

"贲于丘园"⑦，可理解为"头部的修饰"；"束帛戋戋"⑧，可理解为"简单修饰"之义；"吝，终吉"，此处可以理解为"简单的修饰行为，虽然不是最佳

---

① "趾"，《尔雅·释言》释为"趾，足也"，即"止步状态的脚"之义；"徒"，《说文解字》释为"徒，步行也"。
② "须"，《说文解字》释为"须，面毛也"。
③ "濡"，为"沾湿"之义，《诗经·曹风·候人》有"不濡其翼"之句；"永贞吉"，可理解为"预期风险总是很小"之义。
④ "皤"，《说文解字》释为"皤，老人白也"，即"老人之色白与少壮之白皙不同"之义。
⑤ 《礼记·檀弓上》有"殷人尚白，大事敛用日中，戎事乘翰，牲用白"之语。
⑥ 参见《屯卦·六二》对"匪寇，婚媾"的释义。
⑦ "丘园"，本书作者认为，根据前后文合理推理，此处应代指"头部"。
⑧ "戋戋"，为"少量、少数"之义，从"戋"之字，一般均有"少、小"含义。

状态，但基本达到了目的"。

"白贲，无咎"的含义是①：不加修饰规整，以事物本真之态示人，不会对整体效果有大的影响。如同身体不做修饰打扮，或只是朴素无华的修饰，长久而言并不会影响对其的观感。

【哲理意涵】

本章的哲理意涵：事物发展过程中，适当的修饰规整行为，对事物发展还是有所裨益的。其一，修饰规整应得当，不应因修饰规整而影响正常行为；其二，修饰规整，是为了起到美化而改进外在观感的作用；其三，修饰规整，应美化到恰到好处的状态；其四，修饰规整，不要导致适得其反的效果；其五，修饰规整，宜简则简；其六，以事物本真之态示人，也是修饰规整的一种形态。

【生态文明启示】

"贲"的生态文明启示是：生态文明建设的推进过程中，某些行为可能对生态环境的改善不一定产生直接的影响，但这样的行为还是对生态文明建设有益的。例如，在全球范围内普遍推行"碳减排"政策和"碳减排"责任，至少对生态系统没有负面影响；至少能够强化人们对于生态环境危机的认知；至少能够对碳排放关联的污染排放有所遏制。再如，保护野生动植物，对于生态系统功能的完好并不会产生直接的作用。但至少在一定程度上有助于强化人们保护生物多样性、保护生态功能区的意识。

---

① "白"，《说文解字》释为"白，西方色也。阴用事，物色白"，此处可理解为"朴素无华、不加修饰"之义；"无咎"，此处可理解为"不加修饰的行为，不会带来与本义相悖的影响或后果"之义。

第二十三章　剥

【原文】

剥卦

坤下艮上

剥，不利有攸往。

初六，剥床以足，蔑，贞凶。

六二，剥床以辨，蔑，贞凶。

六三，剥之，无咎。

六四，剥床以肤，凶。

六五，贯鱼以宫人宠，无不利。

上九，硕果不食，君子得舆，小人剥庐。

【新认识与新释译】

"剥"的含义是①：事物发展到一定阶段，系统内在的矛盾难以弥补、难以掩饰，将渐次引发，也是事物繁荣之后走向崩溃之前的必然状况。

"剥，不利有攸往"②的含义是：事物发展呈现出衰败的征兆，不利于事物继续顺其自然地发展。

"剥床以足，蔑，贞凶"的含义是③：事物已经显露出某些衰败征兆，虽然

---

① "剥"，《说文解字》释为"剥，裂也"，引申为"剥落"之义，《易经》中的"剥"，可理解为"渐渐显露的事物衰败征兆"之义。

② 参见《坤卦》对"有攸往"的阐释。

③ "床"，《说文解字》释为"床（牀），安身之坐者也"，即为一种供人坐卧的家具。《汉字源流字典》释为"原始的床由两版夹草搭成"。此处，"床以足"可理解为搭成床之底版；"蔑"，《说文解字》释为"劳目无精也。从苜、戍，人劳则蔑然也"，意即"困倦睁不开眼"，引申为"蔑视"，此处可理解为"不以为意"之义；"贞凶"，可理解为"预期风险极大"之义。

不会有近时的影响，但可隐约感受到远期的后果。对于出现的问题征兆，如果不加重视的话，就必然进一步衰败下去。如同床榻的底部已开始朽败。

"剥床以辨，蔑，贞凶"的含义是①：事物显露出更加严重的衰败征兆，虽然不会有即时影响，但可明确感受到不远期的后果。对于出现的问题征兆，如果依然不加重视的话，就必然还会更进一步衰败下去。如同床榻的中间部位已开始朽败。

"剥之，无咎"的含义是②：与其无济于事地弥补，还不如使之各种矛盾彻底呈现，这样并不会导致更坏的后果。

"剥床以肤，凶"的含义是③：事物从表到里、从里到表都呈现出朽败的特征，风险极大。如同床的表面部位也已经开始朽败，很快就会彻底毁坏而无法使用了。如果还继续使用的话，可能遭受很大的危险。

"贯鱼以宫人宠，无不利"的含义是：矛盾的爆发，将一个环节影响到下一个环节而接连性地呈现，直至完全崩溃。

"贯鱼以宫人宠"④，可理解为"像宫女们鱼贯而入地侍奉君主的那种状态"；"无不利"⑤，可理解为"直至一切不利的因素完全到来"，以现代语言来理解就是"不利因素出尽"之义。

"硕果不食，君子得舆，小人剥庐"的含义是：彻底崩溃的灾祸即将到来之时，任何财产都不要去顾及了，着眼于整体利益的人唯一该做的就是让大家迅速撤离，一般人也不要去考虑尚未收割的庄稼，尽快撤离灾祸将至之地。

"硕果不食"，即"即使还有硕果没有来得及食用，也要及时放弃"，可理解为"一切身外之物都不要顾及了"之义；"君子"，可合理理解为"考虑整体

---

① "辨"，《说文解字》释为"辨，判也"。"床以辨"，《孔颖达疏》释为"床足之上，床身之下，分辨处也"，此处可理解为"搭成床之两版之间的草"。

② "无咎"，此处可理解为"主动'剥之'，使衰败特征完全呈现，并不会带来更严重的后果"。

③ "床以肤"，可理解为"搭成床之上版"；"凶"，可理解为"隐藏着有很大的危险性"。

④ "贯鱼以宫人宠"，以现代语言来认识，可理解为"如同多米诺骨牌那样导致一系列骨牌连锁倒下"之义。"贯鱼"，即"像游鱼依序连贯而行之貌"；"宫人宠"，即"妃嫔接受宠幸"之义。

⑤ "无不利"，可理解为"不是不利于发展的因素。或为有利因素，或为中性因素"之义。参见《坤卦·六二》对此语的释义。

利益者"之义；此处"得舆"①，可理解为"让众人乘马车快速撤离"之义；"剥庐"②，此处可理解为"放弃尚未收获的庄稼"。

【哲理意涵】

本章的哲理意涵：事物发展到一定阶段，系统内在的矛盾，将渐次引发，这也是事物发展的必然过程。应清醒认知并有效应对其渐进过程。其一，事物已显露出某些衰败征兆，虽不会有近时影响，但应认识到其未来趋势；其二，事物显露出更加严重的衰败征兆，虽不会有即刻影响，但应意识到不远将来的后果；其三，与其无济于事地弥补，还不如使各种矛盾彻底呈现；其四，从表到里都呈现出朽败的特征，则风险极大；其五，矛盾的爆发，将以"连锁效应"的方式持续呈现，直至全部崩溃；其六，彻底崩溃状态即将到来之时，任何利益都不要考虑了，唯一可做的就是尽快远离。

【生态文明启示】

"剥，不利有攸往"的生态文明启示是：产业经济活动，其对生态环境的影响，在初期阶段并不明显，而是渐次显现、逐渐强化的，如果任其发展下去，其生态环境影响必然会强化到很严重的地步。这种发展模式显然是不可持续的，而应当在生态环境影响尚未显现、初步显现的阶段，就采取有效的措施遏止其生态环境影响进一步强化。

"硕果不食，君子得舆，小人剥庐"的生态文明启示是：如果人类长期过当的经济活动，导致某一区域出现了环境严重污染、生态功能严重劣化的状况，那么，这一区域不再适合人类继续在此生产生活。所以，面对这一生态严重劣化状况，所应当采取的措施是，将这一区域划定为生态恢复区域，停止该区域的一切经济活动、放弃一切经济利益，将该区域内的居民全部迁移出去。一方面使居民从不宜居的区域转移到较为宜居的区域，另一方面也使得该区域得以生态修复。

---

① "舆"，《说文解字》释为"舆，车舆也"，此处可理解为"乘车迅速撤离"之义。
② "庐"，《说文解字》释为"庐，寄也。秋冬去，春夏居"，即"农人安置在田间临时居住的棚舍，秋冬收成后离去，春夏农忙时节居住"。

第二十四章　复

【原文】

复卦

震下坤上

复，亨。出入无疾，朋来无咎。反覆其道，七日来复，利有攸往。

初九，不远复，无祇悔，元吉。

六二，休复，吉。

六三，频复，厉，无咎。

六四，中行独复。

六五，敦复，无悔。

上六，迷复，凶，有灾眚。用行师，终有大败，以其国君凶，至于十年不克征。

【新认识与新释译】

"复"的含义是①：事物发展过程中，应时常对照本真目标，自我纠偏乃至歧途知返。

"复，亨。出入无疾，朋来无咎。反覆其道，七日来复，利有攸往"的含义是：什么样的发展方向，才是合理方向？正常的生活节奏不被打乱，正常的发展方向不被外力改变，可自主选择且可逆的方向，才是顺乎自然的方向。反之即为偏离本真目标的歧途。

"复，亨"，可理解为"时常对照本真目标而自省、自行纠错而回归，是发

---

① "复"，《说文解字》释为"复，往来也"，即"去往而复来"之义。《系辞传》有"复以自知"之语，《孔颖达疏》释为"既能反复求身则自知得失也"。

展顺利的必要条件"之义；"出入无疾，朋来无咎"①，可理解为"正常的生活节奏不被打乱，正常的发展目标不被外力改变"之义；"反覆其道，七日来复，利有攸往"②，可理解为"选择可逆的路径，有利于顺其自然地朝着本真目标发展"。

"不远复，无祇悔，元吉"的含义是③：事物发展初期阶段，对照本真目标，自觉感悟，歧途未远而返，也可以看作正常的始发。

"休复，吉"的含义是④：事物发展过程中，对照本真目标，而对歧途之"益"有所警觉而知返，是发展顺畅的表征。

"频复，厉，无咎"的含义是⑤：事物发展过程中，对照本真目标，对歧途有所警觉而急促返归，过于急促必然造成损失，但对于长远目标而言则不会有较大的偏离。

"中行独复"的含义是⑥：事物发展过程中，原本从众而行，对照本真目标，独自醒悟而自行返回，即使他众依然固往。

"敦复，无悔"的含义是⑦：事物发展过程中，在他人的劝导下，对照本真目标，知歧途而返归，不会带来机会损失。

"迷复，凶，有灾眚。用行师，终有大败，以其国君凶，至于十年不克征"的含义是：事物发展过程中，歧途走向"无路"之时，务必断然返归，否则将

---

① "出入"，即"劳逸、作息"之义，《左传·昭公元年》有"若君身，则亦出入、饮食、哀乐之事也"之语；"朋来"，可理解为"获得意外财物、或外力的意外支持"之义。《汉书·五行志》引作"崩来"；"无咎"，可理解为"某行为不产生根本性影响"之义。

② "覆"，《说文解字注》释为"覆也。反覆者，倒易其上下"；"来"，《广韵》释为"至也，还也，及也"。"反覆其道，七日来复"，以现代学术语言来认识，可理解为"可逆路径"；"有攸往"，参见《坤卦》对其的阐释。

③ "祇"，《说文解字》释为"祇，地祇也"，《尸子》有"天神曰灵，地神曰祇"之语。"无祇悔"，可理解为"由自我悔悟得出的认识，而非神灵指引的认识"。

④ "休"，《说文解字》释为"休，息止也"，即"歇息、停止"，此处可理解为"因警觉而止步"之义。

⑤ "频"，《玉篇》释为"急也"。"频复"，可理解为"急促返归"之义；"厉"，可理解为"与正常情形相比，有较大损益"；"无咎"，可理解为"尽管在时间和精力方面有损失，但对于长远目标并不会造成较大偏离性影响"之义。

⑥ "中行"，可理解为"行走在众人之中"，即"从众"之义。

⑦ "敦"，《说文解字》释为"敦，怒也，诋也"，即"恼怒、叱责"，引申为"劝勉"之义；"悔"，《说文解字》释为"悔，悔恨也"，即"自恨"之义。"无悔"，以现代学术语言可理解为"与预期正常状态相比，不会产生机会损失"。

导致危险。如同在这样的情形下，若是用兵，不仅将有大败，而且可能导致国家久久陷于其中，难以自拔。

"迷复，凶，有灾眚"①，可理解为"迷而不知返的话，充满风险，甚至导致灾祸"之义；"用行师，终有大败"，可理解为"在如此情形下用兵的话，必有大败"之义；"以其国君凶，至于十年不克征"②，可理解为"导致整体上，长久难以达成目标"。

【哲理意涵】

本章的哲理意涵：事物发展过程中，应时常对照本真目标，自我纠偏乃至歧途知返。在若干情形下，应及时返归正途。其一，发展初期阶段，自觉感悟，歧途未远而返；其二，对歧途之"益"有所警觉而知返；其三，对歧途有所警觉，不计暂时的得失而断然返归；其四，对歧途有所警觉，而众人固往情形下，独自醒悟而返归；其五，在他人劝导下，知歧途而返归；其六，歧途走向"无路"之时，断然返归，避免遭受重大风险。

【生态文明启示】

"复"的生态文明启示是：每个行为主体形成生态文明行为理念，最根本的是，要对照本心目标自我反省，如果偏离合乎自然的方向应当歧途知返。无论是歧途未远而自觉回归，还是对于过度物质利益的警觉的回归，还是物质追求、生态追求之间反反复复抉择后的回归，还是从众后独自醒悟后的回归，还是在他人劝导下的回归，都有助于其生态文明行为理念的真正形成。

"复，亨。出入无疾，朋来无咎。反覆其道，七日来复，利有攸往"的生态文明启示是：什么样的生活方式和人生方向，才是符合生态文明理念的方式和方向？合乎自然的、宜居的生活节奏，不被过度追求物质利益、过度追求经济竞争优位的社会氛围所打乱，合乎自然的人生发展目标不被财富、名利等外在追求所改变，所进行的经济活动对生态系统及其生态功能不会造成不可逆影响，才是生态友好型的生活方式和人生方向，反之即为生态不友好型的生活方式和人生方向。

"迷复，凶，有灾眚。用行师，终有大败，以其国君凶，至于十年不克征"

---

① "迷"，《说文解字》释为"迷，或也"，即"因失去方向而困惑"之义；"凶"，可理解为"迷而不知返的话，充满不确定性和较大风险"之义；"灾眚"，为"灾殃，祸患"之义。"眚"，《说文解字》释为"目病生翳也"。

② "以其国君凶"，可理解为"导致整个事业的发展充满不确定性和较大风险"之义；"不克征"，可理解为"无法达成初始目的"之义。

的生态文明启示是：行为主体如果彻底被物质利益追求所迷惑而沉迷不知返，其价值追求已经完全偏离了自然和人类成员的本心，那么，将给其未来的发展带来困境。如果在生态系统及其生态功能严重劣化的状态，依然强烈地追求经济利益的话，不仅不能给国家带来繁荣稳定，甚至可能给国家及其人民带来长久的生态危机和社会危机。

第二十五章 无妄

【原文】

无妄卦

震下乾上

无妄，元亨，利贞。其匪，正有眚，不利有攸往。

初九，无妄往，吉。

六二，不耕获，不菑畬，则利用攸往。

六三，无妄之灾，或系之牛，行人之得，邑人之灾。

九四，可贞。无咎。

九五，无妄之疾，勿药有喜。

上九，无妄行，有眚，无攸利。

【新认识与新释译】

"无妄"的含义是①：事物发展过程中，追求一定发展目标时，不可怀有获得预期以外利益的企图，亦即，不怀获得意外利益之"妄念"。

"无妄，元亨，利贞。其匪，正有眚，不利有攸往"的含义是：不怀获取意外利益之念，则事物运行正常，发展顺畅。否则，将导致风险，影响事物正常发展。

"无妄，元亨，利贞"②，可理解为"不怀获取意外利益之念，则事物运行

---

① "妄"，《说文解字》释为"妄，乱也"，此处可理解为"存获取意外利益之念"之义。"无妄"，帛书本作"无孟"。"孟"，可理解为"孟浪"，即"轻率、大而无当、不着边际"之义。《庄子·齐物论》有"夫子以为孟浪之言"之语。

② 参见《乾卦》对"元亨""利贞"的阐释。

正常，发展顺畅"之义；"其匪，正有眚，不利有攸往"①，可理解为"即使存在预期之外的收益，由于其成因不明，反倒容易导致判断上的失误而导致过失。此时，虽然直观感觉有利，但可能导致无法顺其自然发展的后果"之义。

"无妄往，吉"的含义是②：不怀获取意外利益之念，朝着既定目标前进，则发展顺利。

"不耕获，不菑畲，则利用攸往"的含义是③：不怀获取意外利益之念，既不过分追求短期收获，也不追求超前获取利益。如同不耕种应当休耕的田地，不耕种刚刚开垦尚未成熟的田地。遵循这些原则去行事就有利于事物发展顺利。

"可贞。无咎"的含义是④：不怀获取意外利益之念，其行为结果是可预期的，其行为不会带来与目标相悖的影响或后果。

"无妄之灾，或系之牛，行人之得，邑人之灾"的含义是⑤：不怀获取意外利益之念，同时也要把可能的不测之灾祸纳入考量。如同某家拴系在村中的牛，被路人顺手牵走，村民却不得不为此承受猜忌。

"无妄之疾，勿药有喜"的含义是⑥：不怀获取意外利益之念，即使遭受某种困境，因其在预案范围之内，因此可有效应对。如同生病之后无须用药也可以自我治愈。

---

① "眚"，表"灾祸"之义，《素问·六元正纪大论》有"胜复之气，其常在也，灾眚时至"之语。"眚"，此处可理解为"由于认识和判断方面的不准确，导致行为上的过失"。"其匪，正有眚"，可理解为"否则的话，必然招致灾祸。因为，即使存在预期之外的收益，由于其成因不明，反倒容易导致判断上的失误而导致过失"；"有攸往"，参见《坤卦》对其的阐释。

② "往"，《说文解字》释为"往，之也"，即"到……去"之义。此处可理解为"有目的性地前行"。

③ "获"，《说文解字》释为"获（穫），刈谷也"。此处可理解为"应当休耕的田地（刚刚收获之田地）"之义；"菑"，为"刚开垦一年的田地"；"畲"，为"刚开垦两年的田地"；"则"字，《说文解字》释为"则，等画物也"，即"规范地分割"，此处可理解为"作为遵循的准则"之义。

④ "可"，《韵会》释为"可者，否之对"；"可贞"，可理解为"其行为结果，是确定性的、可预期的"。

⑤ "或系之牛，行人之得，邑人之灾"，即"某家拴系在村中的牛，被路人牵走，同村村民却不得不为此承受猜忌"。

⑥ "疾"，《说文解字》释为"疾，病也"指"小病"，此处可理解为"某种小困境"之义；"勿药"，即"不吃药而自愈"，此处可理解为"困境自行解脱"之义；"有喜"，即"病愈"之义，此处可理解为"摆脱困境的好结果"之义。

"无妄行，有眚，无攸利"的含义是①：不怀获取意外利益之念，就要有条不紊地前行，而不可追求过快速度去达成目标，否则将导致过失，不利于正常发展。

【哲理意涵】

本章的哲理意涵：事物发展过程中，不可怀有获得预期以外利益之企图，否则，将导致风险并影响正常目标的实现。不怀获得意外利益的"妄念"，在不同情形下，有不同的体现形式。其一，不怀"妄念"，就是坚定地朝着既定目标前行；其二，不怀"妄念"，就是既不过分追求短期收获，也不追求超前收获；其三，不怀"妄念"，就是保证其行为结果是可预期的；其四，不怀"妄念"，还要把可能的风险纳入考量；其五，不怀"妄念"，就是即使遭受某种困境，也在预期范围之内，可有效应对；其六，不怀"妄念"，就是有条不紊地前行，不追求过速达成目标。

【生态文明启示】

"无妄"的生态文明启示是：追求一定发展目标的过程中，不可怀有通过损耗生态环境的方式去获得额外利益之念。只要不怀有这样一种欲念，包括不改变合乎自然的初始发展目标按照既定步骤前行，不以损害生态环境方式去追求短期收益，不以损害后代人生态条件去追求超前获取利益，不通过转嫁生态环境损害方式去获取自身利益，不因暂时的经济困境而改变可持续发展的初始理念，不以超过生态承载力的方式去追求过速发展。那么，其发展目标一定能够顺利达成。反之，必然会出现各种不可持续因素而导致发展目标难以实现。

---

① "行"，《说文解字》释为"行，人之步趋也"，即"快步行走或小跑"，此处可理解为"过快地行进"之义。"无妄行，有眚，无攸利"，犹言"欲速则不达"之义。

第二十六章　大畜

【原文】

大畜卦

乾下艮上

大畜，利贞。不家食，吉，利涉大川。

初九，有厉，利已。

九二，舆说輹。

九三，良马逐，利艰贞，曰闲舆卫，利有攸往。

六四，童牛之牿，元吉。

六五，豮豕之牙，吉。

上九，何天之衢，亨。

【新认识与新释译】

"大畜"的含义是①：事物发展到较大规模时，既要充分发挥大规模的功效，又要防范大规模可能带来的大风险。如同大型牲畜，既要发挥其功用，又要预防其可能带来的意外伤害或风险。

"大畜，利贞。不家食，吉，利涉大川"的含义是：发展到较大规模，本身就是发展顺利的表征。此时，应寻求新的发展方向，以突破规模过大的发展瓶颈。

"大畜，利贞"，可理解为"发展到较大规模，本身就是发展顺利的表征"

---

① "大畜"，本义是"大型的牲畜"，《大畜卦》所讨论的要点是"既要发挥好大型牲畜的功用，又要预防大型牲畜在发挥作用过程中可能带来的伤害或风险"。所以，各爻的爻辞，多以利用大型牲畜之事为喻。"大畜"，帛书本作"泰蓄"。

之义；"不家食，吉，利涉大川"①，可理解为"发展到一定规模，就不应全部力量都以原有方式发展，而应寻求新的发展方向，承担起寻求破解未来发展瓶颈的路径"之义。

"有厉，利已"的含义是②：发展到较大规模时，往往有非预期的风险逐渐出现，而有利因素逐步终了。

"舆说輹"的含义是③，发展到较大规模，此前缔结的关联关系、利益关系可能出现矛盾。如同驽马导致车辐脱离车辆。

"良马逐，利艰贞，曰闲舆卫，利有攸往"的含义是：伴随着规模发展，虽然会出现规模发展过程中的各种艰困，但总体上预期结果良好。如同有良马在战场上奋进，虽然很艰难，但其良好的结果是可预期的。所以，如果日常准备充分，就有利于长远的目标。犹如日常训练好出战与防卫，就有利于未来大规模的战事。

"良马逐，利艰贞"④，可理解为"有良马在战场上奋进，虽然艰难，但良好结果可期"之义；"曰闲舆卫，利有攸往"⑤，可理解为"日常训练好出战与防卫，有利于实战顺利"之义。

"童牛之牿，元吉"的含义是⑥：事物发展过程中，对于其可能随之增长或累积的问题，应在规模扩张之初就防患于未然。如同在小牛角上就应当加上横

---

① "不家食"，字面含义为"牲畜，不再采取原有的家养方式，而采用户外的其他饲养方式"，此处可理解为"寻求其他发展路径"之义；"利涉大川"，参见《需卦》对其的阐释，即"克服较大的困难，过渡到一个新阶段"之义。

② 对照各爻，其中多论及"大畜"，此句显然有省略。可合理增益为"大畜，有厉，利已"来理解。"有"字，《说文解字》释为"不宜有也"，即"不当有而有"之义；"厉"，可理解为"超出其能力或超出其预期的大风险"之义。"有厉"，可理解为"非预期的、意料之外的风险"；"已"，《集韵》释为"卒事之辞"。"利已"，可理解为"有利因素终了"之义。

③ 对照各爻，其中多论及一类"大畜"，此句显然有省略。可合理增益为"驽马，舆说輹"来理解。"舆说輹"，与《小畜·九三》之"舆说辐"的含义相近，参见该爻辞的阐释。"说"，通"脱"；"輹"，为"车辐"。

④ "逐"，《说文解字》释为"逐，追也。从辵，从豚省"。徐锴释为"豚走而豕追之，会意"；"艰"，《说文解字》释为"土难治也"，引申为"艰难"，此处可理解为"为达到目的，应比一般情形付出更艰辛的作为"之义。

⑤ "闲"通"娴"，可理解为"通过日常训练以熟悉掌握"之义；"舆"，即"战车出战"之义；"卫"，即"防卫作战"之义。"曰闲舆卫"，可理解为"日常训练以熟悉出战与防卫"之义；"有攸往"，参见《坤卦》对其的阐释。

⑥ "牿"，指"绑在牛角上使其不能抵人伤人的横木"，与"梏"近义；"元吉"，可以理解为"初期阶段，完成这一步骤，于事物发展进程而言风险较小"之义。

木，以防其逐步长大过程中不期伤人。这一做法，就是在风险形成之前，就有效地制约了其风险。

"豮豕之牙，吉"的含义是①：在持续发展过程中，应针对潜在的强势力量，未雨绸缪地提前采取"去势"手段。如同畜养公猪，若不尽早阉割的话，那么长牙的猪是会伤人的。"去势"，以最大限度地降低长期风险，对于事业的顺利发展，是必要的。

"何天之衢，亨"的含义是②：承载着巨大规模的发展，适当时候应适度分岔发展。这对于事业内在机制的持续有效运行而言，是合理的路径。

【哲理意涵】

本章的哲理意涵：事物发展到较大规模时，既要充分发挥规模发展的效应，又要防范规模发展可能带来的风险。既要寻求新的发展方向，也要寻求突破发展瓶颈的路径。要针对规模发展的不同问题，采取不同的应对之策。其一，要充分认识到，规模发展，往往伴随非预期风险的产生；其二，规模发展，往往会导致关联关系、利益关系出现矛盾；其三，规模发展，虽然存在各种艰困，但总体上利大于弊，只要充分准备就有利于达成其长远目标；其四，应在规模扩张之初，对伴随规模而强化的问题，采取防患于未然的机制措施，约束其风险因素；其五，应针对潜在的强势力量，未雨绸缪地提前采取去势手段，最大限度地降低长期风险；其六，规模发展到超大程度时，应适度分岔发展。

【生态文明启示】

"有厉，利已"的生态文明启示是：任何新技术的推广，其初期发展阶段，对人类经济活动所显示的作用都是有益的。然而，随着时间的推移以及新技术应用规模及应用领域的不断扩大，其对生态环境的影响就会逐步显现，甚至对人类生存环境造成严重影响。这是在新技术推广时应当有所预防的问题。例如，农药和化肥这一类型新技术及产品的推广使用，在初期阶段给农业生产的大幅增收，带来了巨大的益处，甚至基本解决了长期以来人类粮食不足的难题。但是，随着农药化肥的大量使用，人们逐步意识到土壤和地下水因此受到了严重的污染，并且这种污染短时期内是难以治理恢复的。同样的道理，转基因作物

① "豮豕"，即"阉割的公猪"。
② "何"是"荷"的本字，即"担负"之义；"天"，《说文解字》释为"天，颠也。至高无上。从一大"，此处可理解为"极大"之义；"衢"，原指四通八达的道路，亦有"树枝分岔"之义，《山海经·中山经》有"其上有桑焉，大五十尺，其枝四衢"之语。

的推广，对于农业生产的增收能够起到极大的作用，但是由于缺乏基因多样性的高产作物的大面积种植，必然导致生物多样性的破坏，其生态风险可想而知。所以，对于转基因作物的推广应当采取谨慎的态度和适当的控制措施。

"童牛之牿，元吉"的生态文明启示是：任何经济活动，随着其规模的不断扩大，其对生态环境的影响也随之不断增大，其规模扩张到一定程度之后，可能对生态系统及其生态功能造成极为严重的损害。对于这一发展倾向，在初始阶段，就应当意识到并有切实的制度措施以防范这一问题。比如，在初始阶段，就要求各企业、各产业园区，必须设置与其经济规模相匹配的污染治理能力及设施。这样的话，就能够对经济活动可能导致的环境污染起到关键性的制约作用。

"豮豕之牙，吉"的生态文明启示是：任何经济活动，都会对生态环境造成一定的影响，而其中一些经济活动的生态环境影响特别显著，如重污染型产业及企业。这些产业企业达到一定规模后，必然对生态环境造成破坏性影响。对于这一类型的产业企业，就必须在初期阶段采取"去势"控制措施。如设立排放技术标准，该产业的企业必须到达这一标准才允许其进行生产活动。这一环保技术标准，就起到了事前限制其大规模排放的能力，约束了其对生态环境的破坏性。

"何天之衢，亨"的生态文明启示是：任何产业生产、任何产品消费，都是对某一类型资源大规模消耗，或是对某一类型污染物的大量排放，对某一类型废弃物的大量累积，必然导致生态环境影响的累积扩大，进而突破生态系统对这一影响的承载能力，导致生态功能的劣化。如果产业、产品能够适当地分化发展，则其总体上的生态环境影响不会过度集中在某一方面，对生态系统及其生态功能的影响也会因分化而有所缓和。

第二十七章　颐

【原文】

颐卦

震下艮上

颐，贞吉。观颐，自求口实。

初九，舍尔灵龟，观我朵颐，凶。

六二，颠颐，拂经于丘颐，征凶。

六三，拂颐，贞凶，十年勿用，无攸利。

六四，颠颐，吉。虎视眈眈，其欲逐逐，无咎。

六五，拂经，居贞吉，不可涉大川。

上九，由颐，厉吉，利涉大川。

【新认识与新释译】

"颐"的含义是①：事物发展过程中，承平已久，人们或奢求物质享乐而无思进取。因此，在昌盛之后，人们应从自然中去感悟发现新的发展动力和新的发展方向。

"颐，贞吉。观颐，自求口实"的含义是②：如果仅从当前状况和趋势来看，安于当下的承平状态，奢求物质享乐，不求进取，短期内并不会有不好的预期。但从长远视角来看，长期如此则必然累积矛盾和问题。

---

① "颐"，即"下巴、腮、面颊"，引申为"安享、颐养"之义。本书作者认为，《颐卦》的卦名"颐"，源于《颐卦·初九》"舍尔灵龟，观我朵颐"之爻辞，而"观颐""颠颐""丘颐""拂颐""由颐"，均为"舍尔灵龟，观我朵颐"同一句式的简略表达，由此便能较好地理解"~颐"的含义。

② "贞吉"，可理解为"预期风险较小"之义；"观"，《说文解字》释为"观，谛视也"，即"仔细察看"之义；"实"，《说文解字注》释为"富也，引申之为艸木之实"。"观颐，自求口实"，可理解为"关注的着重点在于口福之类的享乐"，"观颐"可理解为后文"舍尔灵龟，观我朵颐"的简略语。

"舍尔灵龟，观我朵颐，凶"的含义是：如果缺乏从自然中领悟和学习的欲求、没有了进取之心，那么，随着时间的推移，人们就只会关注物质享受，其后果必然是凶险的。

"舍尔灵龟"①，可理解为"灵龟自有高明的养生之道，人们却舍弃不去借鉴，而是希望获得灵龟的指示，以作为自己求取口福快感的理由"之义；"观我朵颐"②，与前文的"观颐，自求口实"的内涵大致相当；"凶"，可理解为"充满了风险"之义。

"颠颐，拂经于丘颐，征凶"的含义是：如果不能从自然中学习领悟真正的"自然之道"，而想方设法去探求物质享乐之道的话，必然无法达成目标，必然引致风险。如同灵龟所给予的示意是其内在的养生之道，人们却舍弃不取，反过来去寻找灵龟关于享乐方面的示意，这样的做法本末倒置而必然无法达到目标。

"颠颐"③，可理解为"将灵龟倒置过来，希望观察得到灵龟关于享乐方面的示意"之义；"拂经于丘颐"，可理解为"观察灵龟的背部纹理，希望由此获得灵龟关于享乐方面的示意"之义；"征凶"，可理解为"与真正的目标相背离，无法达成目标"之义。

"拂颐，贞凶，十年勿用，无攸利"的含义是：那样一种只注重物质享乐、不思进取的行为方式，其预期结果是不好的，导致的矛盾和问题是长久难以化解的，那样并不是顺其自然的发展态势。

"拂颐"，即"拂经于丘颐"之简称，含义相同；"贞凶"，可理解为"预期风险极大"之义；"十年勿用"，可理解为"那样一种行为的后果，导致长久都难以恢复其正常的功用"之义；"无攸利"，可理解为"难以实现本可顺其自然

---

① "灵龟"，古人以龟为灵验之物，可供占卜之用。此处可理解为"灵龟自有高明的养生之法"之义。

② "朵颐"，即"鼓动腮颊咀嚼食物的样子"；"观"，《韵会》释为"所观也，示也"，此处可理解为"灵龟的示下"；"观我朵颐"，并非指观察自己的面颊，而是指"希望获得灵龟的指示，以作为自己求取口福快感的理由"之义。

③ "颠"，《说文解字》释为"颠，顶也"，即"头顶"，作动词时为"上下倒置"之义，《诗经·齐风·东方未明》有"颠之倒之"之语。此处可理解为"把灵龟倒置过来观察"之义。参照"舍尔灵龟，观我朵颐"的句式，"颠颐"，可合理理解为"舍尔灵龟，颠我朵颐"之简略；"拂"，《说文解字》释为"拂，攻击也"，即"在掠过时拍击"之义；"经"，此处应指"灵龟背部的纹理"；"拂经"，可理解为"抚摸灵龟背部纹理"之义；"丘"，《说文解字》释为"丘，土之高也，非人所为也"，此处应指"灵龟的背部"。参照"舍尔灵龟，观我朵颐"的句式，"拂经于丘颐"，可合理理解为"舍尔灵龟，拂经于丘我朵颐"之略语。

而带来的利益"之义。

"颠颐，吉。虎视眈眈，其欲逐逐，无咎"的含义是①：如果在探求物质享乐的过程中，有所感悟的话，那么对于事物的发展还是有利的。如同在把灵龟倒置过来观察时，看到灵龟虎视眈眈地注视、有所追逐的状态，而因此有所感悟的话，则于长远目标是有益的。

"拂经，居贞吉，不可涉大川"的含义是②：那样一种只注重奢求物质享乐、不思进取的行为方式，虽然短期稳定可预期，但从长期动态角度来看则无法成就大事。

"由颐，厉吉，利涉大川"的含义是③：只有回归到那种遵从自然规律、满足正常需求的行为方式，才是正常的发展态势。尽管要改变那种奢求物质享乐、不思进取的状态需要严格的自律，但这种严格要求并不会带来不稳定，持久坚持就能大有作为。如同真正去领悟并遵从灵龟的自然之道，而不是试图从灵龟那里获得享乐之道。

【哲理意涵】

本章的哲理意涵：承平已久，人们或耽于物质享乐而无思进取，对于创新机会，也难以认知和把握。因此，在昌盛之后，人们应从自然中去感悟发现新的发展动力和新的发展方向。如同从灵龟身上领悟自然之道，而不是试图从灵龟那里获得享乐之道。总之，要有从自然中领悟和学习的欲求之心，而不可专注于从自然中谋求物质享受。

【生态文明启示】

"舍尔灵龟，观我朵颐"的生态文明启示是：应当从自然规律中去感悟认识人类活动应当遵循什么样的可持续发展理念，而不是从自然规律中发现如何更好地服务人类不断增长的物质需求。

---

① "颠颐"，即"把灵龟倒置过来观察"；"眈"，《说文解字》释为"眈，视近而志远"，即"近观而远虑"之义；"逐"，《说文解字》释为"逐，追也"；"无咎"，可理解为"从灵龟动作中有所领悟的话，则不会出现偏离目标的影响或后果"。

② "居"，《说文解字》释为"居，蹲也"，即"蹲踞"之义，"居贞吉"，以现代学术语言可理解为"稳定可预期，风险较小"之义。

③ "由"，为"遵从"之义，《诗经·大雅》有"不愆不忘，率由旧章"之语。参照"舍尔灵龟，观我朵颐"的句式，"由颐"可合理理解为"舍尔灵龟，由我朵颐"之简略；"厉吉"，可理解为"虽然超过了必要程度，但不会带来负面的影响"之义；"利涉大川"，参见《需卦》对其的阐释，即"克服较大的困难，过渡到一个新阶段"之义。

第二十八章　大过

【原文】

大过卦

巽下兑上

大过，栋挠，利有攸往，亨。

初六，藉用白茅，无咎。

九二，枯杨生稊，老夫得其女妻，无不利。

九三，栋挠，凶。

九四，栋隆，吉。有它，吝。

九五，枯杨生华，老妇得其士夫，无咎无誉。

上六，过涉灭顶，凶。无咎。

【新认识与新释译】

"大过"的含义是①：事物发展过程中，应认识到潜在的重大风险，以便及时有效地应对之。

"大过，栋挠，利有攸往，亨"的含义是②：如果能够在较早期就能够认识到事物异常的迹象并及时有效应对的话，那么就有利于事物顺利发展。如同在

---

① 《大过卦》的卦名显然来自《大过·上六》"过涉灭顶"之爻辞。综合卦辞及各爻辞来理解，可知，《大过卦》所讨论的主要问题，并非"过失或过度"，而是讨论"如何认识到潜在的重大风险"。"过"，《说文解字》释为"过，度也"，《说文解字注》释为"度也。引伸为有过之过。《释言》：邮，过也。谓邮亭是人所过，愆邮是人之过"；"涉"，《说文解字》释为"徒行厉水也"，《汉字源流字典》释为"由'涉水'引申为'进人'"。

② "栋"，《说文解字注》释为"极也。极者，谓屋至高之处"；"桡"，《说文解字》释为"桡，曲木也"。"栋桡"，可理解为"栋梁之木已经有所弯曲变形，房屋出现可能坍塌的初步迹象"之义。

房梁有所弯曲的状态下就意识到整个房屋的危险，那么就能够及时应对房屋可能倒塌的危机。

"藉用白茅，无咎"的含义是①：事物发展初期，就按照规范、符合要求地建立的话，事物就能够长远地顺利发展。如同建造房屋，自始就认真地建造并真诚祭祀，那么，房屋在较长时间内不会出现倒塌风险。

"枯杨生稊，老夫得其女妻，无不利"的含义是②：事物发展过程中，可能会出现一些不常见的意外现象，但未必会给你带来不利的影响。如同房屋构造中的一根杨木生出了嫩枝，这就如同一个老者娶了一个年轻的女子，虽然不常见，但也正常。杨木生嫩枝，不会给房屋带来重大的危险。

"栋桡，凶"的含义是：事物发展过程中，可能会出现一些不易觉察的现象，但这些现象极可能是房屋衰败的初期征兆，如不能在早期发觉并有效处置的话，会带来较大的风险。

"栋隆，吉。有它，吝"的含义是：事物发展过程中，可能出现了崩坏迹象，表面上却难以察觉。如同房屋的栋梁之木看上去依然庄重，表面上并无坍塌之忧，而其内部已经空洞，并有蛇在其中。这种情形下，此房屋充满了危险。

"栋隆，吉"，可理解为"栋梁之木看上去依然庄重，房屋似无坍塌之忧"之义；"有它"③，可理解为"事实上栋梁内部有蛇，却没有被发现"之义；"吝"，可理解为"存在不甚明显的风险"之义。

"枯杨生华，老妇得其士夫，无咎无誉"的含义是④：事物发展过程中，可能会出现一些极不常见的意外现象，既不是什么不利的征兆，也不是什么有利的征兆。如同房屋构造中的一根杨木生出嫩枝还开了花，这就如同一个老妇得到一个年轻男子入赘，虽然极不常见，也属情理可接受范围。

---

① "藉"，《说文解字》释为"藉，祭藉也。一曰艸不编，狼藉"，即"祭祀跪拜时用的草垫"或"草料不加整编，狼藉的样子"之义；"白茅"之义为：古天子分封伯、侯时，用代表方位的五色土筑坛，按封地所在方向取一色土，包以白茅而授之。《蔡邕·独断》有"天子大社，以所封之方色直以白茅授之，谓之授茅土"之语；"无咎"，可理解为"认真地建造房屋并真诚地祭祀，房屋在较长时间内不会出现倒塌风险"之义。

② "稊"，王弼《周易注》释为"杨之秀也"；"无不利"，可理解为"不是不利于发展的因素"之义。参见《坤卦·六二》对此语的释义。

③ "有"，《说文解字》释为"不宜有也"；"它"，是"蛇"的本字，《说文解字》释为"它，虫也。从虫而长，象冤曲垂尾形。上古草居患它，故相问无它乎"。

④ "华"，《说文解字》释为"华，荣也"，即"树木开花"之义；"誉"，《说文解字》释为"誉，偁也"，即"受到称赞"，此处可理解为"有益"之义。《坤卦·六四》亦有"无咎无誉"之断语。

"过涉灭顶，凶。无咎"的含义是①：对于一个充满危险的场所，应当远离，更不要进入。否则，将承受灭顶之灾。认识到其中的极大风险，尽可能地回避远离，则不会带来不利的影响和后果。如同一个眼看就要坍塌的房屋，如果从此经过，要谨防坍塌的房梁使你头部遭受重击。

【哲理意涵】

本章的哲理意涵：事物发展过程中，应认识到潜在的重大风险，以便及时有效地应对之。其一，事物发展初期，按照规范、符合要求地构建，就能够减少未来的潜在风险；其二，要准确判断某些现象是不是真正的风险征兆。发展过程中，可能会出现一些不常见的意外现象，但未必会带来不利影响；其三，应敏锐察觉事物衰败的初期征兆，在早期发觉并有效处置；其四，对于表面上难以察觉的崩坏迹象，应保持高度警觉；其五，对于一些不常见的意外现象，也不必过度疑虑而采取过当行为；其六，对于已经认识到的重大风险，应尽速远离，以免承受灭顶之灾。

【生态文明启示】

"大过，栋挠，利有攸往，亨"的生态文明启示是：经济活动中，如果能够在较早期就能够认识到因生态环境影响而导致的异常迹象并及时有效应对的话，将有利于经济活动顺利发展。在经济活动正常进行的情况，往往意识不到生态系统的重要性，但一旦发现生态系统及其生态功能出现某种程度的劣化，比如，空气质量出现下降趋势，地下水位不断下降，湖泊呈现富营养状态，河流出现断流，自然灾害出现加剧加频的特征，等等，那么，这些现象就意味着，生态破坏对于经济活动带来的危险性极大，必须在早期就加以密切的关注和重视，而不能任其发展下去。

"栋隆，吉。有它，吝"的生态文明启示是：某些生态破坏状态可能并不带来明显的社会经济影响。经济发展依然繁荣，但是生态系统本身已经出现了严重的损耗，难以被人们所认识。例如，原生动植物出现种类减少等现象，短时期内并不会对经济活动和人类生活带来明显的影响，但其表征生态完好的表征指标——生物多样性已经发生了变化，也就意味着生态系统及其生态功能已经出现了严重劣化，其后也必将影响到经济活动和人类正常生存传承条件。

---

① "过"，为"经过"之义；"涉"，由"涉水"引申为"进入"之义。此处"涉"的含义，应结合上下文，不应理解为"涉水"本义；"顶"，《说文解字》释为"颠也"，即"头部"；此处"无咎"，可理解为"只要保持警觉，情形虽然凶险，但不会带来严重的后果"之义。

第二十九章　坎

【原文】

卦坎

坎下坎上

习坎，有孚维心，亨。行有尚。

初六，习坎，入于坎，窞，凶。

九二，坎有险，求小得。

六三，来之坎坎，险且枕。入于坎，窞。勿用。

六四，樽酒簋贰用缶，纳约自牖，终无咎。

九五，坎不盈，祇既平，无咎。

上六，系用徽纆，寘于丛棘，三岁不得，凶。

【新认识与新释译】

"坎"的含义是①：事物发展过程中，应谨慎面对并脱离险难困境。

"习坎，有孚维心，亨。行有尚"的含义是：事物发展过程中，如果陷入险难困境，只有坚定信念，才能维系众心；如何脱离险难，则应以先行者经验作为借鉴。

"习坎"②，可理解为"险难困境"之义；"有孚维心，亨"③，可理解为

---

① "坎"，帛书本作"赣"。"坎"，《说文解字》释为"坎，陷也"，即"凹陷的土坑"。《坎卦》的卦名来自"习坎"，所以，该卦所讨论的问题为"习坎"所表达的内涵，即"如何突破关联性的多重险难"。《坎卦》与《困卦》，均讨论事物发展过程中的困境问题，但两者侧重点有所不同。《困卦》讨论的是进退不得但凶险不大的情形，而《坎卦》讨论的则是险难情形。

② "习"，《说文解字》释为"习，数飞也"，即"鸟一次次飞起"之义。"习坎"，此处可理解为"并非可一次性、很轻易地跨越的坑陷"。

③ "有孚"，可理解为"对于……坚定其信念"之义；"维"，《说文解字》释为"维，车盖维也"，可理解为"维系"之义。

"只有坚定信念，才能维系险难困境相关众人之心，才有利于脱离险境"之义；"行有尚"①，可理解为"如何面对和脱离险难，应以先行者经验作为借鉴"。

"习坎，入于坎，窞，凶"的含义是②：事物发展过程中，如果陷入困境，首先应戒防的是坎中有坎、陷中有陷的陷阱。如同前行过程中，路上有一个"坎中之坎"的深坑，如果不小心掉入这一坑中，极有可能还会在脱逃过程中掉入坑中之坑。此情此境，必然充满风险。

"坎有险，求小得"的含义是③：事物发展过程中，如果陷入多重困境，不要指望一步脱险，而应谋求渐进脱困、循序脱险。如同掉入深坑，只能想方设法一步一步地攀爬出来。

"来之坎坎，险且枕。入于坎，窞。勿用"的含义是：事物发展过程中，如果陷入多重困境，他人也很难加以援手，反而极有可能导致他人同样陷入困境。所以，外在的救助，不具可行性。如同掉入深坑后，往来之人如果试图救出，那么，他们也面临诸多险难，反而极有可能导致也掉入坑中，陷入坑中之坑。所以，此时合理的方式是先求自保以待时机。

"来之坎坎，险且枕"④，可理解为"帮助者试图将之救出的话，也面临诸多险难"之义；"入于坎，窞"，可理解为"导致帮助者也掉入坑中，陷入坑中之坑"之义；"勿用"，可理解为"不可采用这一方式"之义。

"樽酒簋贰用缶，纳约自牖，终无咎"的含义是：事物发展过程中，如果陷入困境且暂时无法脱出的话，此时只得忍耐以因应，但应维持其基本需求，不求常规，只求简便有效。这样才不会由于一些不得当的方式导致更为艰难的后果。如同在险难时，也应省去一切繁文缛节，而代之以实用有效。

---

① 《丰卦·初九》《节卦·九五》均有"往有尚"之语，大意相近。
② "入"，《说文解字》释为"入，内也。象从上俱下也"；"窞"，《说文解字》释为"坎中小坎也"，大体与"习坎"同义。均有"坎中之坎，陷中之陷"之义；"凶"，可理解为"充满不确定性和较大风险"之义。
③ "险"，《说文解字》释为"险，阻难也"，《汉字源流字典》释为"本义当为高峻，引申泛指地势崎岖复杂，阻难不易通过"；"求"，《说文解字》释为"索也"，《增韵》释为"觅也，乞也"。
④ "来"，此处可理解为与"入"相对，即"帮助入坎者脱出"之义；"坎坎"，前者为动词"从坎中脱出"义，后者代指"已入坎者"；"枕"，通"深"。

"樽酒簋，贰用缶，纳约自牖"①，可理解为"险难时，即使面对尊贵者，也应省去一切繁文缛节，一樽酒、一钵饭，用朴素器皿，由非常规门户奉上"之义；"无咎"，此处可理解为"不会导致更坏的后果"之义。

"坎不盈，祗既平，无咎"的含义是：事物发展过程中，如果陷入困境，总要设法脱离困境。但还是要选择有效的方式，才不会导致更坏的后果。如同要设法使掉入坑中之人脱出，灌水是无法灌满坑中的，填土反倒有可能将坑填平。

"坎不盈"②，可理解为"灌水无法灌满坑中"之义；"祗既平"③，可理解为"填土反倒有可能将坑填平"之义；"无咎"，此处可理解为"不会导致更坏的后果"之义。

"系用徽纆，寘于丛棘，三岁不得，凶"的含义是：事物发展过程中，如果陷入困境，要认识到，如同承受牢狱之灾，不仅无所收获，且前行风险多多。

"系用徽纆，寘于丛棘"④，可理解为"如同遭遇牢狱之灾"之义；"三岁不得，凶"⑤，可理解为"无所收获，且前景未卜"之义。类似后世俗语所谓"病来如山倒，病去如抽丝"之喻义。

【哲理意涵】

本章的哲理意涵：事物发展过程中，应谨慎面对险难困境。如果陷入困境，只有坚定信念，才能维系众心；如何脱离险难，则应以先行者经验作为借鉴。要从几方面来认识和考虑。其一，一旦陷入困境，首先应戒防的是坎中有坎的多重险难困境；其二，陷入困境，不要指望一步脱险，而应谋求逐步脱险；其三，如果陷入多重困境，不宜请求他人施以援手，否则容易导致他人同样陷入困境；其四，暂时无法脱出，忍耐因应险难困境时，不求常规，只求简便有效；其五，应对险难困境，还应选择实际有效的方式；其六，要充分认识到，如果

---

① "樽"，《玉篇》释为"酒器也"；"簋"，《说文解字》释为"黍稷方器也"，即"盛食物的方形器具"；"缶"，《说文解字》释为"缶，瓦器。所以盛酒浆"；"纳"，《说文解字注》释为"丝湿纳纳也。古多假纳为内字。内者，入也"；"约"，《说文解字注》释为"缠束也。束者，缚也。引申为俭约"；"牖"，《说文解字》释为"牖，穿壁以木为交窗也"。

② "盈"，《说文解字》释为"盈，满器也"，即"盈满"之义。

③ "祗"，《说文解字》释为"祗，地祗也"，此处代指"地面"。

④ "徽纆""丛棘"，都是用来惩治罪犯的工具，一为绳索，一为刑具。《后汉书·西羌传论》有"壮悍则委身于兵场，女妇则徽纆而为虏"之语，《孔颖达疏》有"谓四执之处，以棘丛而禁之也"之语；"寘"，《说文解字》释为"寘，置也"。

⑤ "凶"，《说文解字》释为"凶，恶也"；《汉字源流字典》释为"本义为凶恶，即表现出来的样子非常可怕"，此处可理解为"未来的状态充满不确定性和较大风险"之义。

陷入困境，等同于牢狱之灾，不仅无所收获，且风险多多。

【生态文明启示】

"坎"的生态文明启示是：人类经济活动过程中，应谨防陷入生态环境被破坏的陷阱之中。一旦陷入，要谨防由土壤污染、水污染，进而转向生态系统功能破坏；一旦陷入，是很难通过生态环境治理方式短期内改变这一状况的。通过大量投入的治理方式，往往可能导致更加严重的生态环境影响；一旦陷入，最有效的方法是，停止相应的经济活动，使其得以休养生息逐步地自然恢复生态功能。

"系用徽纆，寘于丛棘，三岁不得，凶"的生态文明启示是：该句阐述了"等价原理"，用于生态文明认识的话，则可认识到某些损害生态环境的行为，相当于损害长远的经济利益或后代人的经济利益；而某些维护生态环境的行为，则相当于牺牲短期利益而维护了长远经济利益或后代人经济利益。

第三十章　离

【原文】

离卦

离下离上

离，利贞，亨。畜牝牛，吉。

初九，履错然，敬之，无咎。

六二，黄离，元吉。

九三，日昃之离，不鼓缶而歌，则大耋之嗟，凶。

九四，突如，其来如，焚如，死如，弃如。

六五，出涕沱若，戚嗟若，吉。

上九，王用出征，有嘉折首，获匪其丑，无咎。

【新认识与新释译】

"离"的含义是①：事物发展到一定阶段，将分化而更新发展，应合理地把握时机，审慎因应。

"离，利贞，亨。畜牝牛，吉"的含义是：事物分化而更新发展，符合发展规律，要创造条件使之分化发展。

"离，利贞，亨"，可理解为"事物分化发展，符合其发展规律，其内在机

---

① "离"，《说文解字》释为"离（離），离黄仓庚也"，即黄鹂鸟。《诗经·豳风·七月》：有"有鸣仓庚"之语，有"仲春仓庚鸣""仓庚鸣则蚕生"之说。"离"，帛书本作"罗"。"罗"，《尔雅·释器》释为"鸟罟谓之罗"。《系辞传》释为"作结绳而为网罟，以佃以渔，盖取诸离"。本书作者认为："离"有此含义：事物发展过程中，不同成员以某种依存准则而导致的分化或聚合附合。如同捕鱼过程中，"渔网"网眼的大小，导致鱼群的分化和聚合——尺寸大于渔网网眼的鱼群则被捕捞，尺寸小于渔网网眼的鱼群则依然留存于江湖之中。

制运行正常"之义;"畜牝牛,吉"①,可理解为"创造代际分化发展的条件,有利于事物的持续发展"之义。

"履错然,敬之,无咎"的含义是②:分化之初或呈错乱无序之象,慎重以对即可,不必无端制约,则不会带来不良的影响或后果。

"黄离,元吉"的含义是③:到了一定时机,万物自然而然将分化而更新。如,黄鹂鸟鸣叫之时节,草木逢春而生机勃勃。

"日昃之离,不鼓缶而歌,则大耋之嗟,凶"的含义是:应及时把握分化更新的时机,否则就将错过机遇。如同太阳快要落日的时分,如果听到黄鹂鸣叫的话,应鼓缶而歌。否则,见多识广的老人们就会因人们错失时机而发出哀叹。

"日昃之离"④,可理解为"太阳偏西的时分,听到黄鹂鸣叫声"之义;"不鼓缶而歌,则大耋之嗟"⑤,可理解为"如果不鼓缶而歌的话,见多识广的老人们会发出哀叹"之义;"凶",可理解为"错失时机而充满不确定性风险"之义。

"突如,其来如,焚如,死如,弃如"的含义是⑥:如果没有预做准备的话,面对突如其来的分化机遇,就会如同火焰燃烧而尽生命即刻中止、迅速被抛弃之感。

"出涕沱若,戚嗟若"的含义是⑦:接受分化,有其一个痛苦而艰难的过程。如同眼泪涌出、悲戚哀叹的情形。

---

① "畜牝牛"的含义是:畜养母马。其意涵是:畜养母马,是充分体现"分化而更新发展"的事例。母马,能够吸引公马来附并生育小马,小马养育长大之后则会形成代际的分化;"吉",此处可理解为"有利于持续发展"。
② "错然",表杂乱无序貌;"敬",《说文解字》释为"敬,肃也";"敬之",可理解为"慎重对待之"之义;"无咎",可理解为"不会带来与本义相悖的影响或后果"之义。
③ "黄离",此处可理解为"仓庚鸣叫之时节"之义;"元吉",可理解为"符合自然的正常发展"之义。
④ "日昃",即"太阳偏西的时分"。
⑤ "缶",《说文解字》释为"缶,瓦器,所以盛酒浆,秦人鼓之以节歌";"耋",即"年老者"。"大耋",此处可理解为"见多识广的老者"之义。
⑥ "突",《说文解字注》释为"犬从穴中暂出也。引申为凡猝乍之称";"焚",《说文解字》释为"焚,烧田也";"死",《说文解字》释为"死,澌也,人所离也",即"人的灵魂与躯体相分离"之义;"弃",《说文解字》释为"弃(棄),捐也",即"扔去新生儿"之义。
⑦ "沱",《诗经·小雅·渐渐之石》有"月离于毕,俾滂沱矣",表"大雨之貌"。"涕沱",此处可理解为"流泪之貌";"戚",《释名》释为"戚,慼也。斧以斩断,见者慼惧也",即"忧惧"之义。

"王用出征，有嘉折首，获匪其丑，无咎"的含义是①：接受分化，有时是大势所驱使，有其共同遵守的规则。如同君王出兵征伐，对能够斩杀敌方首领的给予嘉奖，但不鼓励捕获一般的胁从者。

【哲理意涵】

本章的哲理意涵：事物发展到一定阶段，将分化而更新发展，应把握时机，审慎因应。其一，分化之初或呈错乱无序之象，慎重以对即可，不必无端制约；其二，何时分化，万物有其自然而然的时机；其三，分化更新的时机一到，应及时把握，不可错过；其四，要预做准备，以免分化时机到来之时难以应对；其五，接受分化，就要承受其痛苦而艰难的过程；其六，接受分化，是大势所驱使，亦应遵守一般规则。

【生态文明启示】

"离"的生态文明启示是：人类经济活动的某一增长模式，随着规模不断扩张，将出现分化而更新发展。经济主体必须因应这一符合自然规律的发展变化，不宜在固有的增长模式下而不断扩张发展。如果只是在某一模式下不断扩张的话，必然导致经济活动对生态环境的影响日益加剧；反之，如果能够及时分化更新发展，则不会使某一方式的生态环境影响强化到极端状况。例如，在经济发展的一定阶段，以石化能源作为重要投入的产业成为主导产业，这一主导产业发展到一定程度，就应谋求分化更新发展，如发展新能源关联产业。如果一味地发展石化能源关联产业，那么，其导致的污染问题将日益严重，必将导致无法根治的后果；如果能够及时分化发展，则不会出现这一后果。

---

① "嘉"，《说文解字》释为"嘉，美也，从壴"，即"击鼓奏乐以赞美"之义。《汉字源流字典》释为"甲骨文本义为尽情娱乐"；"丑"，《说文解字》释为"丑，纽也"，此处可理解为"胁从者"；"无咎"，可理解为"该行为不会带来与本义相悖的后果"之义。

第三十一章　咸

【原文】

咸卦

艮下兑上

咸，亨，利贞，取女吉。

初六，咸其拇。

六二，咸其腓，凶，居吉。

九三，咸其股，执其随，往吝。

九四，贞吉。悔亡。憧憧往来，朋从尔思。

九五，咸其脢，无悔。

上六，咸其辅颊舌。

【新认识与新释译】

"咸"的含义是①：事物内部之间是相互关联、交互影响的。随着事物的发展，各个局部，逐步感受到关联影响。

"咸，亨，利贞，取女吉"的含义是：事物之间不仅存在关联影响，而且其影响是双向的，正确发挥其双向影响，对于事物的预期发展是有益的。

"咸"，可理解为"多个角度，均指向同一特征或同一变化方向"之义②；

---

① "咸"，《说文解字》释为"咸，皆也，悉也"。《汉字源流字典》释为"是'喊'的本字，本义当为众人齐声呼喊"，引申为"感知、感化"之义。"咸"，帛书本作"钦"。"钦"，《说文解字》释为"欠貌，一曰敬也"。

② "咸"，有"皆"之义。如，"山之南"为"阳"，"水之北"亦为"阳"，而同时兼备"山之南""水之北"特征之地，则为"咸阳"。

"取女吉"①，可理解为"婚嫁之事就是具有'咸'的特性的例子，取女的一方有益于家族发展，归妹的一方亦有益于家族的关联发展。

"咸其拇"的含义是②：事物间的交互影响，在初期阶段，只反应到不影响全局的局部。如同身体受到外部影响，但只是脚拇趾有反应，尚不足以带动全身。

"咸其腓，凶，居吉"的含义是③：事物间的交互影响，发展到一定阶段，将反应到对行动有所影响的小局部，不能因为较小的关联反应而做出与之不相称的整体性反应行为。如同身体受到外部影响，腿肚部位有所反应，但如果仅仅依据腿肚部位的反应而带动全身的话，将带来不利的影响。

"咸其股，执其随，往吝"的含义是④：事物间的交互影响，发展到一定阶段，将反应到对行动有直接影响的局部，如果因此反应而采取直接行动的话，难以达成既定的目标。如同外部影响而使大腿有所反应，但不能因此而行动。

"贞吉。悔亡。憧憧往来，朋从尔思"的含义是⑤：事物间的交互影响，发展到一定阶段，将反应到决策部门，决策部门权衡利弊，做出预期结果良好、风险较小的行动决策。决策之前，各部门倾向不定；决策之后，各部门则一致同心。

"贞吉。悔亡"，可理解为"预期结果良好、预期风险较小"之义；"憧憧往来，朋从尔思"⑥，可理解为"由心神不宁逐步转向心神一致"之义。

"咸其脢，无悔"的含义是⑦：事物间的交互影响，发展到一定阶段，反应到决策部门之后，其他较迟受到感应的局部，也只能随之前决策部门的指令而

---

① "取"，《说文解字注》释为"娶，取妇也。取彼之女为我之妇也。经典多假'取'为'娶'"。"取女"，此处可理解为"娶与嫁"之义。

② "拇"，《孔颖达疏》释为"足大指也"。

③ "腓"，《说文解字》释为"腓，胫腨也"，即"胫骨后的肉"，俗称"腿肚子"；"凶"，此处可理解为"对其行动有不利影响"之义；"居"，《说文解字》释为"居，蹲也"，即"蹲踞"之义。"居吉"，此处可理解为"不行动为宜"之义。

④ "股"，《说文解字》释为"股，髀也"，即"大腿"之义；"执其随"，此处可理解为"强行前行"之义；"往吝"，可理解为"难以能达成预期目标"之义。

⑤ 与其他各爻爻辞对比，可合理推测该句省略了"咸其心"，即"作为人体决策部位感受到关联性反应"。

⑥ "憧"，《说文解字》释为"憧，意不定也"；"憧憧往来"，可理解为"对于利弊得失认知不一"之义；"朋从尔思"，可理解为"各部位遵从同一指令"之义。

⑦ "脢"，《说文解字》释为"脢，背肉也"；"无悔"，可理解为"不会产生机会损失"之义。

行动。如同人体感应到后背，由于"心"已经做出了整体性反应行动，后背只能随之而动。

"咸其辅颊舌"的含义是①：事物间的交互影响，发展到一定阶段，反应到决策部门之后，无可避免地感应到号令部门，其号令必然与之协同。如同人体感应到口部，口部发出的号令是"心"的决策，而不是口部根据自身感受做出的反应。

【哲理意涵】

本章的哲理意涵：事物内部之间是相互关联、交互影响的。随着事物的发展，各个局部，逐步感受到关联影响。但是，最终根据关联影响而做出反应行动的必须是决策部门，其他部门，无论是底层的局部部门还是直接的行动部门，还是发出号令的部门，都只能遵从决策部门的指令而采取一致行动，而不能依照各自感受到的关联影响而做出各自的反应行动。

【生态文明启示】

"咸"的生态文明启示是：由于事物内部之间是相互关联、交互影响的，所以生态文明建设进程中，应从关键性领域着手推进，而不应从关联影响的末端着手，这样才能够有效推进。例如，树立人们的生态需求理念、生态环境友好型消费理念，这是影响人类经济活动行为的根本所在。而只是对生产者做出污染排放强度的限制、污染治理的要求，其作用是极为有限的。

---

① "辅"，《说文解字》释为"辅，人颊车也"，此处代指"面颊、面颊骨"，《左传·僖公五年》有"谚所谓'辅车相依，唇亡齿寒'者，其虞虢之谓也"之语。

第三十二章　恒

【原文】

恒卦

巽下震上

恒，亨，无咎。利贞，利有攸往。

初六，浚恒，贞凶，无攸利。

九二，悔亡。

九三，不恒其德，或承之羞，贞吝。

九四，田无禽。

六五，恒其德，贞，妇人吉，夫子凶。

上六，振恒，凶。

【新认识与新释译】

"恒"的含义是①：事物发展过程中，为稳定地趋向达成某一目标，形成并遵循其内在的路径，而不人为地施加影响，内在地消弭外部干扰之影响。

"恒，亨，无咎。利贞，利有攸往"的含义是②：稳定地趋向达成某一目标，可形成一个稳定趋向的路径。其进程是顺畅的，风险是可控的，预期是良好的，有利于顺其自然地发展。

---

① "恒"，《说文解字》释为"恒，常也"。此处可理解为"趋向稳定的内在路径"，以现代学术思想来认识，可以理解为"收敛于均衡或趋向稳定的负反馈机制"。《系辞传》有"恒以一德"之述。

② "亨"，可理解为"内在机制运行正常"之义；"无咎"，可理解为"不会带来与本义相悖的影响或后果"之义；"利贞"，可理解为"预期结果良好"之义；"利有攸往"，可理解为"顺其自然地发展"之义。

"浚恒, 贞凶, 无攸利"的含义是①: 要想稳定地趋向达成某一目标, 不可人为地挹取而改变其内在趋向稳定的路径, 否则, 其预期风险加大, 且其发展不是顺其自然的。

"悔亡"的含义是: 只有进入了趋向稳定的内在路径, 才有了抑制各种风险的机制, 才能稳定趋近目标。

"不恒其德, 或承之羞, 贞吝"的含义是②: 如果不能持续在趋向稳定的路径之上, 就将无法抑制各种可能的风险, 预期难以有效达成其目标。

"田无禽"的含义是③: 如果不能持续在趋向稳定的路径之上, 即使付出积极的努力, 也难以获得预期的收获。如同在没有野兽出没的时节去田猎, 不可能有其收获。

"恒其德, 贞, 妇人吉, 夫子凶"的含义是④: 如果持续在趋向稳定的路径之上, 那么, 就应当按部就班地推进, 反而不需要特别的外在努力。如同家庭主妇在家日常操持, 没有多少风险; 而常年在外的丈夫、儿子则会遭遇到较多的风险。

"振恒, 凶"的含义是⑤: 要想稳定地趋向达成某一目标, 就必须按照稳定路径的节奏行事, 而不可人为地强化或弱化、加快或放慢其节奏, 人为地采取起起落落的方式必然导致严重的后果。

【哲理意涵】

本章的哲理意涵: 为使事物发展稳定地趋向目标, 应遵循其内在形成的趋稳路径, 而不可人为地施加影响, 既不可人为地追求增益, 也不需要过多的外在努力, 也不可人为地改变发展节奏, 对于外部干扰之影响也应由内在机制去消弭。

---

① "浚",《说文解字》释为"浚, 抒也", 即"从水中挹取"之义; "贞凶", 可理解为"预期风险极大"之义; "无攸利", 可理解为"难以实现本可顺其自然而带来的利益"之义。

② "德",《说文解字》释为"德, 升也", 此处可理解为"符合目标的路径"之义; "羞",《说文解字》释为"羞, 进献也", 引申为"羞愧"之义; "贞吝", 可理解为"按此情势, 预期将出现效果有所不足的结果"之义。

③ "田", 即"田猎"之义; "禽",《说文解字》释为"禽, 走兽总名"。

④ "恒", 此处可理解为"持续"之义; "凶", 可理解为"充满不确定性和较大风险, 不完全取决于自身行为, 还取决于外在因素"。

⑤ "振",《说文解字》释为"振, 举救也", 即"托举救援陷落者"之义, 此处为"人为改变其恒常节奏"之义; "凶", 可理解为"充满不确定性和较大风险"。

【生态文明启示】

"浚恒，贞凶，无攸利"的生态文明启示是：自然生态系统对于经济活动的承载能力，有其自然规律规定；对于经济活动带来的生态环境影响，有其自然的自净化能力吸纳之。凡此种种，绝不可采取人为方式去改变它。否则，不仅不能获得额外的收益，反而不利于经济活动的持续发展。

"恒其德，贞，妇人吉，夫子凶"的生态文明启示是：对于生态系统与经济系统合理关系的维护、对于生态系统及其生态功能的维护，遵循自然法则即可，并不需要外在的努力。外在的人为作用越多，导致的生态风险反而更多更大。

"振恒，凶"的生态文明启示是：对于生态系统与经济系统合理关系的维护，遵循自然法则规定的节奏即可。不可人为地改变其节奏关系，否则，将带来巨大的不确定性风险。

第三十三章　遯

【原文】
遯卦

艮下乾上

遯，亨，小利贞。

初六，遯尾，厉，勿用有攸往。

六二，执之用黄牛之革，莫之胜说。

九三，系遯，有疾厉。畜臣妾，吉。

九四，好遯，君子吉，小人否。

九五，嘉遯，贞吉。

上九，肥遯，无不利。

【新认识与新释译】

"遯"的含义是①：事物发展到一定阶段，应遵循事物自然发展规律，前期的担当者宜功成身退。

"遯，亨，小利贞"的含义是②：功成身退，为事物后续发展提供了机遇，但并不意味着：前人功成身退，后继者就一定能够带来新的发展。如果各方面因应得当的话，对此可以做出一个谨慎乐观的预期。

---

① "遯"，《说文解字》释为"遯，迁也，一曰逃也"。"遯"，帛书本作"掾"。"掾"，《说文解字注》释为"缘也。……引申为凡夤缘边际之称。掾者，缘其边际而陈掾也。陈掾犹经营也"。

② "小利~"，可理解为"如果某行为适当的话，有利于~。（否则，将出现不利后果）"之义。参见《贲卦》对此语的阐释。"小利贞"，以现代语言来表述的话，可理解为"谨慎乐观地预期"之义。

"遯尾,厉,勿用有攸往"的含义是①:行为理念上已经落后于众人,实质上就已处于一种在其位不谋其政的"退隐"状态,是一种风险不断累积的状态。所以,这种状态下的人和事,理应弃用,而不可任其继续。

"执之用黄牛之革,莫之胜说"的含义是②:事物发展过程中,其担当者往往被紧紧地捆绑于某一势力之中,难以摆脱而无法退隐。

"系遯,有疾厉。畜臣妾,吉"的含义是③:事物发展过程中,其担当者可能被某些因素(某种利益)所牵制,并不是功成身退的有利时机。此时,不得不解决当下的紧迫风险,宜于培植自己的帮手或代理人。

"好遯,君子吉,小人否"的含义是④:事物发展到一定阶段,其担当者宜适时退出,并坦然接受这一退隐。这对于整体的发展而言是有利的,而对于某些担当者个体而言则未必能够坦然接受。

"嘉遯,贞吉"的含义是⑤:担当者以安享的心态"退隐",对事物的发展预期而言,不会产生什么不好的影响。

"肥遯,无不利"的含义是⑥:担当者以放弃实权而安于荣誉高位的方式"退隐",对于整体利益、对于各方而言,都不会产生不利影响。

【哲理意涵】

本章的哲理意涵:事物发展到一定阶段,前期担当者必然面临适时"功成身退"的问题,应遵循自然规律。前期担当者行为理念上已落后的状态下,不

---

① "尾",《说文解字》释为"尾,微也。从到毛在尸后。古人或饰系尾,西南夷亦然",此处可引申理解为"落后于人"之义;"厉",可理解为"超出其能力或超出其预期的大风险";"有攸往",一般情况下是"顺其自然地发展"之义,此处可理解为"任其继续"之义。

② "执",《说文解字》释为"执,捕罪人也",此处可理解为"被某种势力所'绑架'而无法挣脱"之义;"黄牛之革",与《革卦·初九》"巩用黄牛之革"之语,应有相近的意涵;"说",通"脱"。

③ "厉",可理解为"超出其能力或超出其预期的大风险";"畜",此处可理解为"养士"之义;"臣""妾",可理解为"助手"之义。

④ "好",《说文解字》释为"好,美也",本义为"女子貌美"。其中一种引申义为"适宜";"君子",可理解为"考虑整体利益的人";"小人",可理解为"只需考虑自身个体利益的普通人"。

⑤ "嘉",《说文解字》释为"嘉,美也,从壴",即"击鼓奏乐以赞美"之义,《汉字源流字典》释为"甲骨文本义为尽情娱乐";"贞吉",可理解为"预期风险较小"之义。

⑥ "肥",本义为"多肉",引申含义为"富裕",此处可理解为"安享富贵"之义;"无不利",可理解为"不是不利于发展的因素"之义。参见《坤卦·六二》对此语的释义。

可任其继续。

【生态文明启示】

"遯"的生态文明启示是：在以经济增长为主要目标的发展阶段，转向重视生态环境的发展阶段，对于前一阶段的担当者及其相应的发展策略（粗放型增长方式，高消耗高污染型主导产业等），应使之"功成身退"。经济快速增长时代的担当者及其策略，发展理念已落后，不可任其继续。

第三十四章　大壮

【原文】

大壮卦

乾下震上

大壮，利贞。

初九，壮于趾，征凶，有孚。

九二，贞吉。

九三，小人用壮，君子用罔，贞厉。羝羊触藩，羸其角。

九四，贞吉，悔亡。藩决不羸，壮于大舆之輹。

六五，丧羊于易，无悔。

上六，羝羊触藩，不能退，不能遂，无攸利，艰则吉。

【新认识与新释译】

"大壮"的含义是①：事物发展过程中，应构建对意外风险可起有效阻挡作用的设施或机制。

"大壮，利贞"的含义是②：设置了预防意外状况的阻挡设施或机制，事物就能够顺利发展。

---

① "壮"，本卦中可理解为"撞伤"之义。而"大壮"之卦名，显然来自"壮于大舆之輹"之句，该句含义着重点在于论述"阻挡机制"的重要性，所以，对于"大壮"的理解，不应与"壮"字直接联系。《系辞传》"上古穴居而野处，后世圣人易之以宫室，上栋下宇，以待风雨，盖取诸大壮"。可理解为，《大壮卦》有这样的意涵：人们的住居及其相关设施，即使简陋，其基本功能是安身以避风雨，却同时能够对许多意外之事起到有效的阻挡和应对作用。

② "利贞"，可理解为"预期事物发展顺利"。

　　"壮于趾，征凶，有孚"的含义是①：预防意外状况的方式之一，就是不把小的风险发展成为大的风险。及时改变方式，就能够达成既定目标。如同所养之羊腿部受伤了，那么，就不能像平常那样放牧到外面去了，只要把它放养在篱笆墙内圈养就解决问题了。

　　"贞吉"的含义是：只要合理设置了预防意外状况的阻挡设施或机制，一般情况下就不会出现大的风险。

　　"小人用壮，君子用罔，贞厉。羝羊触藩，羸其角"的含义是：防范意外，一般考虑的是强制阻拦的办法，但从整体角度来考虑的话，则应设计有效的内在机制和有效的防范设施。如同要想把羊捉住，人们用迎面相堵的方法去捉，羊总会试图逃脱。但篱笆墙会起到拦挡的作用，羊角会被篱笆上的藤条挂住。

　　"小人用壮，君子用罔"②，可理解为"一般人用迎面相堵的方法去捉，较为有效的方法则是用网兽的方法去捉"之义；"贞厉"，此处可理解为"有被羊逃脱的风险"；"羝羊触藩，羸其角"③，可理解为"公羊被篱笆阻挡，羊角被篱笆上的藤条挂住"之义。

　　"贞吉，悔亡。藩绝不羸，壮于大舆之輹"的含义是：只要合理设置了多重预防意外状况的阻挡设施或机制，一般情况下就不会出现大的风险，所担心的风险也会层层消解。如同公羊即使因为篱笆不结实，被其逃出，还会撞上立在篱笆墙外的车辐上，依然能对它起到阻挡作用。

　　"贞吉，悔亡"，可理解为"预期风险较小，所担心的风险也能够消解"之义；"藩绝不羸"，可理解为"篱笆不结实，被羊逃出"之义；"壮于大舆之輹"，可理解为"撞上立在篱笆墙外加固篱笆的车子的车辐"之义。

　　"丧羊于易，无悔"的含义是④：只要相关环节都有防范意外的机制或设施，就不必担心意外的风险。如同在卖羊的过程中，即使在市场上让羊逃脱了，

---

① "趾"，《尔雅·释言》释为"趾，足也"，即"止步状态的脚"之义。"壮于趾"，可理解为"脚趾受伤"之义；"征凶"，此处可理解为"不宜外出远行"之义；"有孚"，可理解为"对于……坚定其信念"之义。

② "罔"，《释文》释为"取兽曰罔，取鱼曰罟"，今作"网"。

③ "羝"，《说文解字》释为"羝，牡羊也"；"触"，《说文解字》释为"触，抵也"，即"两畜相抵"之义；"藩"，《说文解字》释为"藩，屏也"；"羸"，通"累"，即"缠绕、困住"之义。

④ "易"，《汉字源流字典》释为"甲骨文是把一个容器里的酒水倒入另一个容器里的样子，会给予之意。当是'赐'的本字"，后引申为"交换"，此处可理解为"进行交易的市场"之义；"无悔"，可理解为"与预期正常状态相比，不会产生机会损失"。

也不必担忧。因为，市场也有篱笆等阻挡设施。

"羝羊触藩，不能退，不能遂，无攸利，艰则吉"的含义是①：只要相关环节都有防范意外的机制或设施，即使出现意外，也能够起到有效的遏止作用，而不会带来大的风险损失。如同在卖羊的过程中，羊逃脱而撞上市场篱笆之时，进退不能，市场的篱笆就会起到有效的阻挡作用。

【哲理意涵】

本章的哲理意涵：事物发展过程中，应构建对意外风险可起有效阻挡作用的设施或机制。其一，预防意外风险的合理方法，就是不使小的风险转化为大的风险；其二，强制阻拦是防范风险的一种方法，但更合理的方法是构建有效的内在机制和防范设施；其三，要合理设置多重阻挡设施或机制，使多重可能的风险渐次消解；其四，进入外部环境，要考察其是否具有防范风险的内在机制或设施。

【生态文明启示】

"大壮"的生态文明启示是：发展过程中，各类经济活动有可能带来生态风险，因此应构建起对生态风险可起有效制约作用的机制。其一，预防生态风险的合理方法，就是不使小的生态风险转化为大的生态危机；其二，出现生态风险之后进行相应的治理是一种方法，但更合理的方法是，在经济与生态环境之间，构建有效的权衡制约机制；其三，要合理设置多重防范生态风险的机制，使多重可能的风险渐次消解；其四，进行对外投资贸易活动时，也要先行考察其是否具有防范生态风险的有效机制。

---

① "遂"，《说文解字注》释为"亡也"；"无攸利，艰则吉"，此处可理解为"尽管不能顺利交易，好在最后的结果并没有什么损失"之义。

第三十五章　晋

【原文】

晋卦

坤下离上

晋，康侯用锡马蕃庶，昼日三接。

初六，晋如，摧如，贞吉。罔孚，裕无咎。

六二，晋如，愁如，贞吉。受兹，介福于其王母。

六三，众允，悔亡。

九四，晋如鼫鼠，贞厉。

六五，悔亡，失得，勿恤。往吉，无不利。

上九，晋其角，维用伐邑，厉吉，无咎，贞吝。

【新认识与新释译】

"晋"的含义是①：事物发展过程中，要注重上升进程及上升进程中的各种问题。

"晋，康侯用锡马蕃庶，昼日三接"的含义是②：事物上升发展进程中，就是从初始阶段，而逐步壮大繁盛到极盛状态。像康侯那样——受到高规格的赏赐，接受管理众多民众任务，承受君王信任并委以重任的程度。

---

①　"晋"，《说文解字》释为"进也。日出万物进"，即"太阳出来普照大地，万物长进发展"之义。

②　"锡"，通"赐"，"锡马"即"赐车马"，为"九锡"之一。《礼记·王制》记载，九锡分别是：车马、衣服、乐县、朱户、纳陛、虎贲、斧钺、弓矢、秬鬯；"蕃"，《说文解字注》释为"草茂也。左氏传曰：其必蕃昌"；"庶"，《说文解字》释为"庶，屋下众也"；"昼日三接"，《孔颖达疏》释为"昼日三接者，言非惟蒙赐蕃多，又被亲宠频数，一昼之间，三度接见也"。

136

"晋如，摧如，贞吉。罔孚，裕无咎"的含义是：事物发展过程中，在初始上升阶段，经历一定的挫折，其实就是一种进步，有利于事物的顺利发展。未能得到充分信任，也是常有之态，对此情形若能应付裕如，则不会给发展带来风险。

"晋如，摧如，贞吉"①，可理解为"经历一定挫折，就是进步，有利于事物顺利发展"之义；"罔孚，裕无咎"②，可理解为"未能得到信任，如能应付裕如，则不会带来风险"之义。

"晋如，愁如，贞吉。受兹，介福于其王母"的含义是：事物上升发展过程中，经历若干险难，得以自主克服，就是一种进步，有利于事物顺利发展。要认识到，之前所得到的福祉，乃得自祖德和先辈，新的险难只能靠自己去承担和克服。

"晋如，愁如，贞吉"③，可理解为"经历若干险难，就是一种进步，有利于事物顺利发展"之义；"受兹，介福于其王母"④，可理解为"之前所得福祉，得自祖德"之义。

"众允，悔亡"的含义是⑤：事物上升发展过程中，通过承诺并有诚信地达成某一目标，而获得公众的认同，各种风险因素就将逐步消减。

"晋如鼫鼠，贞厉"的含义是⑥：事物上升发展过程中，对于所确定的目标

---

① "摧"，《说文解字》释为"摧，挤也"，即"推挤"之义；"如"是助词，相当于"然"。"～如"，是《易经》中常见的句式。"摧如"，是指受挫的状态；"贞吉"，可理解为"预期风险较小"之义。

② "罔"，《尔雅·释言》释为"罔，无也"；"裕"，《说文解字》释为"裕，衣物饶也"，即"衣物富足有余"之义。"罔孚"，此处可理解为"不受信任"之义；"裕"，此处可理解为"坦然接受，因应裕如"之义；"无咎"，可理解为"某行为不会带来与本义相悖的影响或后果"。

③ "愁"，《说文解字》释为"愁，忧也"；"贞吉"，可理解为"预期风险较小"之义。

④ "受"，《说文解字》释为"受，相付也"；"兹"，为代词，相当于"此"；"受兹"，此处可理解为"能够取得如此地位"之义；"介福"，可理解为"福报来自"，《诗经·小雅》有"神之听之介尔景福"之语，即"神灵听到这些，就会赐予洪福祥瑞"；"王母"，即"祖母"，《尔雅·释亲》有"父之考为王父，父之妣为王母"之语，此处可理解为"祖德"之义。

⑤ "允"，《说文解字》释为"允，信也"，即"诚信"之义。此处可理解为"做出承诺并有信地达成某一目标"之义。

⑥ "鼫"，《说文解字》释为"鼫，五技鼠也。能飞，不能过屋；能缘，不能穷木；能游，不能渡谷；能穴，不能掩身；能走，不能先人"。"鼫鼠"，亦有如《诗经·国风》"硕鼠硕鼠，无食我黍"句之"硕鼠"之说；"贞厉"，可理解为"其行为，将对预期效果产生一定的负面影响"之义。

方向，应坚持不懈，不可浅尝辄止。否则，对预期发展会产生不良的影响。不可像鼫鼠那样，有各方面的技能，但都无法达成一个稍高的目标。

"悔亡，失得，勿恤。往吉，无不利"的含义是：事物上升发展过程中，通过获得公众认同，以消除风险因素是最重要的。对于暂时的得失不必计较。这样向着目标发展，则不会产生不利因素。

"悔亡"①，可理解为"获得公众认同，消除风险因素"之义；"失得，勿恤"②，可理解为"不可患得患失"之义；"往吉，无不利"③，可理解为"有利于向着目标发展，不会产生不利因素"之义。

"晋其角，维用伐邑，厉吉，无咎，贞吝"的含义是：事物上升发展过程中，不可进入一个依靠威权维持的境地。如果连在自己的地盘上，也要采用强制手段来维持秩序的话，那么，尽管有其正当性、合理性，但其达成目标的成效将大打折扣。

"晋其角，维用伐邑"④，可理解为"以威权来维系封邑内的秩序"之义；"厉吉，无咎，贞吝"⑤，可理解为"有其正当性、合理性，但预期成效有所不足"之义。

【哲理意涵】

本章的哲理意涵：事物发展过程中，要注重上升进程及上升进程中的各种问题。其一，在初始上升阶段，经历一定的挫折，其实就是一种进步；其二，经历若干险难，前期的困难更多是依赖前人累积的基础加以解决，而后期的困难逐步得以自主克服，就是一种进步；其三，通过承诺并有信地达成某一目标，而获得公众认同，以此消除风险因素，就是重要的进步；其四，对于所确定的目标方向，应坚持不懈。浅尝辄止，则不利于进步；其五，坚定向目标进发，

---

① 此处的"悔亡"，即为《晋卦·六三》"众允，悔亡"的简略。

② "勿恤"，可理解为"不必担心而援手，其自然发展态势可期"。

③ "无不利"，可理解为"不是不利于发展的因素"之义。参见《坤卦·六二》对此语的释义。

④ "角"，指"军队中的乐器"，此处代指"威权手段"；"维"，《说文解字》释为"维，车盖维也"，可理解为"维系"之义。

⑤ 三个似相互矛盾的占断用语"厉吉""无咎""贞吝"同时出现在一条爻辞之中，就要明确地理清其之间的逻辑关系。"厉吉"，可理解为"虽然超过了必要程度，但不会带来负面影响"之义；"无咎"，可理解为"某行为有其合理性和正当性，不会带来与本义相悖的后果"之义；"贞吝"，可理解为"按此情势，预期将出现效果有所不足的结果"之义。

不患得患失，极为有利于进步；其六，依靠威权来维系秩序，则有损于其进步成效。

【生态文明启示】

"晋"的生态文明启示是：生态文明建设，也是一个从初级层次逐步推进提升的过程，在其发展进程中，要关注相应的各种问题。其一，在生态文明建设初始推进阶段，经历一定的生态环境破坏现象，是必然的，通过这些生态环境破坏现象及其治理，从而加深人们对于生态环境问题的认识，也是一种生态文明进步；其二，生态环境状况是一代一代人累积形成的，良好的基础可为后代人解决生态环境问题提供良好的条件，但当代人应逐步自主解决生态环境问题，这样对于生态文明建设而言，才能有所进步；其三，通过全社会达成生态文明建设的共同信念和目标，以消除生态风险的根本因素，则是生态文明建设进展的关键；其四，对于生态文明建设的目标方向，应坚持不懈；其五，生态文明建设进程中，对于经济社会发展有所约束，不可因此而患得患失；其六，生态文明建设，依靠的是全社会共同的信念，而不是依靠威权来维系，如果单纯依靠严管、处罚等手段则很难真正地推进生态文明建设。

第三十六章　明夷

【原文】

明夷卦

离下坤上

明夷，明夷，利艰贞。

初九，明夷于飞，垂其翼。君子于行，三日不食。有攸往，主人有言。

六二，明夷，夷于左股，用拯马壮，吉。

九三，明夷于南狩，得其大首，不可疾贞。

六四，入于左腹，获明夷之心，于出门庭。

六五，箕子之明夷，利贞。

上六，不明，晦。初登于天，后入于地。

【新认识与新释译】

"明夷"的含义是①：事物发展过程中，在遭遇某一损伤后，要清醒地认识防范其关联性隐患，积极应对以脱离险境。

"明夷，利艰贞"的含义是②：如果能够清醒地认识防范其关联性隐患，积极应对，虽然艰难，但良好结果可期。

---

① "夷"，《说文解字》释为"夷，平也"。"夷"字，有多种含义。一是"平坦"之义，如《道德经》第五十三章"大道甚夷，而人好径"；二是"无法直观感受到的事物"之义，如《道德经》第十四章"视之不见，名曰夷"；三是"与诸夏相对的外族"之义，如《礼记·王制》"中国戎夷，五方之民，皆有其性也，不可推移。东方曰夷，被髪文身，有不火食者矣"之语。"明夷"之"夷"，或通"痍"，《说文解字》释为"痍，伤也"。从各卦辞、爻辞的论述来理解，《明夷卦》所论述的要旨是：在遭遇某种损伤之后，不仅要有效应对这一损伤，更要意识到损伤背后隐含的更大危机，应着眼于这一危机而做出有效的应对。

② "利艰贞"，可理解为"应对险境，虽然艰难，但预期结果良好"之义。

"明夷于飞,垂其翼。君子于行,三日不食。有攸往,主人有言"的含义是:事物前行发展过程中,往往可能在最关键的局部受到外力的损伤。在这种情形下,要意识到,袭击者的目的就是要使你停下前行步伐而最终无法到达目的地。此时必须顽强地克服困难,坚定地完成既定目标,以免大局发展受其影响。如同大鸟飞行中受伤,不得不下垂翅膀,但依然要不折不挠地朝着目标飞行。

"明夷于飞,垂其翼"①,可理解为"鸟在飞行中受伤,受伤的部位是翅膀,所以不得不下垂下翅膀"之义;"君子于行,三日不食。有攸往"②,可理解为"在受伤的状况下,为大局考虑,只得不停歇地艰难朝着既定目标前行"之义;"主人有言"③,可理解为"以免耽误了大局目标"之义。

"明夷,夷于左股,用拯马壮,吉"的含义是:事物前行发展过程中,往往可能在最关键的局部受到外力偷袭而受伤害。在这种情形下,要意识到偷袭者极有可能是多人埋伏于此,表明你已经身处险境。此时需要寻求强有力的辅助手段,尽快脱离对手的埋伏区域。如同行走过程中,腿部中箭受伤之时,表明有袭击群体埋伏于此。此时,宜寻求骏马尽快避开险地,顺利到达目的地。

"明夷,夷于左股"④,可理解为"在行走过程中受伤了,受伤部位是腿部"之义;"用拯马壮,吉"⑤,可理解为"腿部受伤之时,若有骏马骑用则可避开险地"之义。

"明夷于南狩,得其大首,不可疾贞"的含义是:事物发展过程中,可能遭遇到无论如何都难以躲避的险境,此时只有谨慎应对、放手一搏,才能避免最大的隐患,不可急于放弃各种可能的脱险机遇。如同周族遵照商王命令去征讨南方,商王的目的就是借此削弱周族势力。此时,周族面对的是一个进退都难以逃避的险境,但还是可以通过积极的努力达到既不违抗商王命令又可壮大自身的目的。

---

① 该句可理解为"明夷于飞,夷于翼,(以至于)垂其翼"。
② "君子",此处可理解为"为大局考虑"之义。"君子于行,三日不食",一说指周族姬昌朝见商王之事。商王要求姬昌去朝见,姬昌明知凶险而为周族利益考虑不得不往,为不耽误行程,三日不吃不饮不断行进,但依然不免受到商王的责难。
③ "言",《说文解字》释为"直言曰言,论难曰语",即"责难"。"主人有言",此处可引申理解为"耽搁了大局目标"之义。
④ 该句可理解为"明夷(于行),夷于左股"。"股",《说文解字》释为"股,髀也",即"大腿"。
⑤ "拯",《说文解字》释为"拯(抍),上举也",即"双手上举援救",此处为"自我解救"之义。《涣卦·初六》亦有"用拯马壮"之语。

"明夷于南狩，得其大首"①，可理解为"遭遇难以躲避的险境时，唯有谨慎应对，或许能够出现意外的生机"之义；"不可疾贞"②，可理解为"不可急于做出无法脱险的判断，而放弃各种可能的脱险机遇"之义。

"入于左腹，获明夷之心，于出门庭"的含义是：事物发展过程中，可能遭受要害部位周边受外力损伤的情形，此时，更要意识到更大的隐患将要出现，必须尽快地脱离这一险境。如同你突然被他人箭伤左腹，要意识到袭击者的目的是箭中你的心脏。犹如，微子感受到商王残暴无道必将出现致命危机的局面，当机立断避于他方，另做他图。

"入于左腹，获明夷之心"③，可理解为"在遭遇险境时，更要意识到更大更致命的险境可能已经临近"之义；"于出门庭"④，可理解为"在意识到极端危险近在眼前时，应断然离开以避祸而不可抱有侥幸心态"之义。

"箕子之明夷"的含义是⑤：在遭遇特定险境时，应当借鉴箕子认识并规避隐患的方式。如同箕子之贤而遭逢纣王之昏，只得佯狂以自晦其明，暂免灾祸。

"不明，晦。初登于天，后入于地"的含义是⑥：不合理地认识和应对"隐患"的话，将遭遇迅即转安为危的险境。犹如"日落"之景象，太阳刚刚还在天空之上，不知不觉就隐落没于地下（地平线之下）。

【哲理意涵】

本章的哲理意涵：事物发展过程中，在遭遇某种损伤时，不仅要有效应对这一损伤，更要意识到损伤背后隐含的更大危机，必须着眼于这一危机而做出

---

① 相传周族姬昌接受商王南征之命，原本商王想通过令周人南征而消灭南方势力并削弱周族实力，结果却适得其反。周族姬昌采取稳健策略，大获全胜。

② 此处"贞"，为"预测判断"之义。

③ 字面上的含义可理解为"虽然受伤的是左腹部，但要意识到对手伤害的目标部位是心脏"。

④ "于出门庭"，指"微子去之"之事。《论语·微子》有"微子去之，箕子为之奴，比干谏而死，殷有三仁焉"之言。微子，名启，商纣王的长兄。微子数谏纣王，不被接纳，因而离去，商亡后被周封于宋，为宋国始祖。

⑤ "箕子"，名胥余，商纣王的叔父，官太师，因其封地于箕，故称箕子。箕子佐政时，见纣王进餐必用象箸，叹曰："彼为象箸，必为玉杯，为杯，则必思远方珍怪之物而御之矣，舆马宫室之渐自此始，不可振也"。箕子屡谏纣王而不听，有人劝箕子离去，箕子曰："为人臣，谏不听而去，是彰君之恶而自悦于民，吾不忍也"。其后，箕子披发佯狂，隐而鼓琴以自悲，后为奴。

⑥ "不明"，即"不明夷"之略；"晦"，《说文解字》释为"晦，月尽也"，《说文解字注》释为"月尽之字从日者，明月尽而日如故也。日如故则月尽而不尽也"。此处可理解为"日落"，即"初登于天，后入于地"之景象。

有效的应对。其一，某种损伤的隐含目的是阻止你前行使你无法达成目标。应对方式是，克服艰难，坚定地达成目标；其二，某种损害的隐含目的是在你没有防备的时候偷袭置你于死地。应对方式是，寻求最有效的辅助手段，尽快脱离对手的预设范围；其三，某种损害的隐含目的是使你进退都将受到重大损失。应对方式是，不可放弃脱离险境的努力，而应谨慎应对、放手一搏，就会出现进退都有所收益的生机；其四，某种损害的隐含目的是使你受到致命打击而无法生存。应对方式是，设法暂时避开险境，另作他图；其五，某种损害的隐含目的是使你进则无生机、退则名誉受损。应对方式是，寻求某种非进非退的特殊方式以脱离险境；其六，受到某种损害时，如果不能清醒地认识到其根本性"隐患"的话，极有可能出现大好局面转眼化为重大危机局面的情形。

【生态文明启示】

"明夷，利艰贞"的生态文明启示是：在具体的生态环境损害事件发生之时，如果能够清醒地认识其关联性的生态环境破坏的重大隐患，采取积极措施予以防范，虽然这一生态环境维护过程极为艰难，但生态系统及其生态功能还是有望得到完好维护。

"明夷于南狩，得其大首，不可疾贞"的生态文明启示是：在一些生态脆弱区域内，极有可能出现：发展经济则生态进一步破坏，维护生态则使得当地居民经济民生难以维系的两难情形。这一情形下，切不可自暴自弃地选择先发展经济以维系居民生活，实际上不顾生态功能持续退化也很难维系居民生活。此时应谨慎应对，选择那些对生态系统功能有一定维育作用又可带来一定经济收入的方式，如生态林的建设，既可起到生态维育作用又可获得一定的林木收入。

"入于左腹，获明夷之心，于出门庭"的生态文明启示是：当某一区域出现重大的生态破坏问题时，要意识到进一步的结果就是该区域生态系统的生态功能可能完全丧失。此时，对于生态系统最好的维护方式是，尽快撤除该区域及其周边区域的一切经济活动，使之在较长时期内得以自然休养、自我修复，逐步恢复其生态功能。

"不明，晦。初登于天，后入于地"的生态文明启示是：如果对于某些损害生态环境的行为，仅仅关注具体的损害行为及其损害影响，而不关注其可能对区域生态系统乃至整个生态系统的不可逆的破坏性影响的话，那么，极有可能导致生态系统功能在很短时间内迅即丧失的情形。

第三十七章　家人

【原文】

家人卦

离下巽上

家人，利女贞。

初九，闲有家，悔亡。

六二，无攸遂，在中馈，贞吉。

九三，家人嗃嗃，悔，厉吉；妇子嘻嘻，终吝。

六四，富家，大吉。

九五，王假有家，勿恤，吉。

上九，有孚，威如，终吉。

【新认识与新释译】

"家人"的含义是①：事物发展过程中，内部事务的组织完善、运行正常，起着极为重要的作用。

"家人，利女贞"的含义是②：事物发展过程中，内部组织的结构完善、运行正常，极为重要。如同一个家庭的发展，如果内部事物井井有条，那么，就可预期其发展良好。

"闲有家，悔亡"的含义是③：事物发展过程中，首先要区分其内部组织结

---

① "家"，《说文解字》释为"家，居也"。《说文解字注》释为"牖户之间谓之扆，其内谓之家。引申之，天子、诸侯曰国，大夫曰家"。"家"，可理解为"由若干成员组成的固定组织，家庭或一定治域"之义。

② "利女贞"，可理解为"预期女性掌管事务运行果良好"之义。《观卦·六二》亦有"利女贞"之爻辞。

③ "闲"，《说文解字》释为"闲，阑也"，即"栅栏"，引申为"内部外部区隔"之义。

构和外部环境，形成内部行为规制。如同一个家首先要有一定的围栏，起到划定内部与外部的作用。

"无攸遂，在中馈，贞吉"的含义是①：事物发展进展不顺畅之时，当从完善内部供给系统着手。如同家庭中主管食物等事项者是其关键。

"家人嗃嗃，悔，厉吉；妇子嘻嘻，终吝"的含义是：内部成员间应遵循必要的规矩约束，虽然有所不近人情，但可大大降低内部无序的风险；反之，如果内部成员没有规矩约束，虽然和融，但最终会导致内部无序的风险。

"家人嗃嗃，悔，厉吉"②，可理解为"家庭成员因遵守规矩而显得不亲近，但内部无序的风险大大减小"之义；"妇子嘻嘻，终吝"③，可理解为"家庭成员因没有规矩而显得热闹，但最终可能导致内部无序的风险"之义。

"富家，大吉"的含义是④：内部各个方面，如果能够完备，就能够应对各种意外，而不会发生大的困难。

"王假有家，勿恤，吉"的含义是⑤：只要内部治理完善，就不需要外在的权威力量予以管束，自身即可顺其自然地顺利发展。如同一个家族治理有方，就不需要君王以其权威加之管束，也能够顺利地发展。

"有孚，威如，终吉"的含义是⑥：内部形成信任关系，就是最有力的威严，有利于顺利发展而达成最终目标。

【哲理意涵】

本章的哲理意涵：事物发展过程中，内部事务的组织完善、运行正常，起着极为重要的作用。要从几方面来考虑内部事务的结构和运行。其一，要明确区分其内部组织结构和外部环境，形成内部行为规制；其二，事物进展不顺畅

---

① "攸"，助词，相当于"所"；"遂"，为"成功、完成"之义；"中馈"，指家中供膳诸事；"贞吉"，可理解为"预期风险较小"之义。

② "嗃嗃"，《孔颖达疏》释为"嗃嗃，严酷之意也；"厉吉"，可理解为"虽然超过了必要程度，但不会带来负面的影响"之义。

③ "嘻嘻"，《孔颖达疏》释为"嘻嘻，表喜笑之貌"。

④ "富"，《说文解字》释为"富，备也。一曰厚也"；多个卦中的爻辞均有"大吉"的占断用语，综合来看，可理解为"对于某一问题，能够通过一定方式有效解决的话，就有利于事物的顺利发展"之义，不宜理解为更高程度的"吉"。

⑤ "假"，《汉字源流字典》释为"从人、从叚（借助山崖攀缘而上），本义当为借助、凭借"。"王假"，可理解为"君王加持而增加其影响力"之义；"勿恤"，可理解为"不必担心而援手，其自然发展态势可期"。

⑥ "有孚"，可理解为"对于……坚定其信念"之义；"终吉"，此处可以理解为"威严，虽然不是影响力的最佳表现方式，但能够达到提高影响力的目标"。

之时，当从完善内部供给系统着手；其三，内部成员间应遵循必要的规矩约束，以降低内部无序风险；其四，使内部系统各方面得以完善，可较好地应对意外和困难；其五，只要内部治理完善，则不需要外在威权管束，可自行顺利发展；其六，内部形成信任关系，就是最有力的威严，有利于最终达成目标。

【生态文明启示】

"家人"的生态文明启示是：生态文明建设，在其推进过程中，其主导机构内部的组织完善、运行正常，起着极为重要的作用。在内部可管束的范围内，要形成并严格执行与生态文明理念相适应的内部行为规则；内部管理体系，也应以生态文明理念和行为规则去要求和整顿；内部成员间遵循必要的规则约束，以降低内部无序带来的生态环境损耗和生态环境风险；只要内部治理完善，则不需要外在约束，而可自行顺利推进生态文明建设；内部形成生态文明建设的共识且相互信任的话，将有利于生态文明建设目标的达成。

第三十八章　睽

【原文】

睽卦

兑下离上

睽，小事，吉。

初九，悔亡。丧马勿逐自复，见恶人无咎。

九二，遇主于巷，无咎。

六三，见舆曳，其牛掣，其人天且劓，无初有终。

九四，睽孤遇元夫，交孚，厉，无咎。

六五，悔亡。厥宗噬肤，往何咎？

上九，睽孤，见豕负涂，载鬼一车，先张之弧，后说之弧，匪寇，婚媾。往遇雨则吉。

【新认识与新释译】

"睽"的含义是①：事物发展过程中，对于追求目标，既要有准确可识的目标，又要不断调整方向，以使手段与达成目标相一致。如同射箭一样，既要准确识别目标，又要不断瞄准以达到一击而中的效果。

"睽，小事，吉"的含义是②：在追求目标的过程中，将目标转化为若干具

---

① "睽"，《说文解字》释为"睽，目不相视也"，即"二目不能同视一物"之义。"睽"，帛书本作"乖"。"乖"，《玉篇》释为"戾也，异也。睽也，背也"。《系辞传》"弦木为弧，剡木为矢，弧矢之利，以威天下，盖取诸睽。"本书作者认为："睽"的含义是：既要有准确的目标，又要不断调整方向以使手段与达成目标相一致。如同射箭一样，既要准确识别目标，又要不断瞄准以达到一击而中的效果。

② "小"，《说文解字》释为"小，物之微也。从八、丨，见而分之"。"小事"，可理解为"转化为具体的若干小问题"之义。

体事物，如能对具体事物"不断调整应对"的话，那么，对于整体事物的处理将起到有效作用。

"悔亡。丧马勿逐自复，见恶人无咎"的含义是：在追求目标的过程中，"不断调整应对以准确达成目标"的方式之一，就是使所担心的风险因素逐步消化。犹如，走失了马匹，到处去追寻未必能够找到，不如等待它自己找寻回来；对待有过错的人，也不必过分深究。

"悔亡"，可理解为"风险因素逐步消除"之义；"丧马勿逐自复"，可理解为"走失了马匹，刻意追寻未必是好的方式，等待它自己回来也是合理方式"之义；"见恶人无咎"①，可理解为"对待有过错的人，不予深究"之义。

"遇主于巷，无咎"的含义是②：对于非根本性的目标不必过于执着，或许会以其他方式得以实现，行为结果并无大碍。犹如，去拜访他人却未在家，而在返回时在巷口正好遇到了。

"见舆曳，其牛掣，其人天且劓，无初有终"的合理断句应为"见舆曳其牛，掣其人天且劓，无初有终"，该句的含义是：在追求目标的过程中，初始未呈现好的状态，也未必不能达成目标。犹如遭遇到所乘车拉车的牛被障碍物被牵绊住，无法行走，驱车的人也因此摔伤，但并不意味着这辆车到不了目的地。

"见舆曳其牛"③，可理解为"遭遇到拉车的牛被牵绊住"之义；"掣其人天且劓"④，可理解为"驱车的人因此摔伤"之义；"无初有终"，可理解为"初期不顺利，但结果良好"之义。

"睽孤遇元夫，交孚，厉，无咎"的含义是⑤：在追求目标的过程中，或有遭遇孤立无援的境遇，（但天无绝人之路，）此时也有受到仗义之士知遇且信任相交的可能，虽然危难，但是也没有克服不了的困难。

---

① "恶"字的本义，《说文解字》释为"恶，过也"；"无咎"，此处可理解为"不予追究"之义。

② "主"，指访客去拜访的主人；"无咎"，可理解为"不会带来与本义相悖的后果"。

③ "曳""掣"，都有"被牵引、被拉拽"之义。

④ "天"，《说文解字》释为"天，颠也"，此处指额头受伤；"劓"，原指"受劓刑"，此处可合理理解为"鼻子受伤"；"天且劓"，用现代语言来理解，相当于"头破血流"。

⑤ "元夫"，可合理理解为"仗义之人"；"交孚"，此处可理解为"知遇而信任"之义；"厉"，可理解为"超出其能力或超出其预期的大风险"；"无咎"，可理解为"某行为不会带来与本义相悖的影响或后果"。

"厥宗噬肤，往何咎"的含义是①：在追求目标的过程中，遭遇困难，可以寻求适当的帮助，不必抱持过多的主观约束。犹如，途经某地有其同宗之人，但这同宗之人曾经有过不当行为，何必如此计较，寻求其帮助不存在道义风险。

"睽孤，见豕负涂，载鬼一车，先张之弧，后说之弧，匪寇，婚媾。往遇雨则吉"的含义是：在追求目标的过程中，不要错估了前进中的困难。比如，身处孤立无援逆境时，往往会把无关之事也当作危险，杯弓蛇影。犹如，看到一头身涂烂泥的野猪拉着载着一车鬼的车辆，误以为自己遭遇危险，赶忙就要张弓射箭，再仔细一看，并非想象的那样，其只是一支婚礼队伍。朝着目标前进的过程中，遭遇一些意外情形，是很正常的，不要将之当作大的风险。

"睽孤"②，可理解为"孤立无援之逆境"之义；"见豕负涂，载鬼一车"，可理解为"见到一头身涂烂泥的野猪，拉着载着一车鬼的车辆"之义；"先张之弧，后说之弧"，可理解为"先是要张弓射箭，后看清情况下放下弓箭"之义；"匪寇，婚媾"③，可理解为"不是载鬼车辆，而是迎亲队伍"之义；"往遇雨则吉"，可理解为"前行中遭遇下雨之类的意外，是很正常的，并没有大的风险"之义。

【哲理意涵】

本章的哲理意涵：事物发展过程中，对于追求目标，既要有准确可识的目标，又要不断调整方向。可将目标转化为若干具体事物以具体应对。对此，应针对不同情形采取不同应对方式。其一，宜不断调整应对以准确达成目标，而不宜偏重于事后追究、补救；其二，对于非根本性的目标不必过于执着，只要方法得当，总会以适当方式得以实现；其三，对于发展过程，应有准确判断并树立信心。要认识到，即使初始未呈现好的状态，也未必不能达成目标；其四，在遭遇艰难困境的状况下，不可放弃信心，应坚信天无绝人之路，只要努力总会获得渡过难关的支持力量；其五，遭遇困难时，可以寻求适当的求助途径，不必抱持过多的主观约束；其六，前进过程中，遭遇一些意外情形很正常，不要将之错认或放大，误作为事物本身的风险。

---

① 《噬嗑卦·六二》有"噬肤灭鼻"之语，其含义是：贪图小利之人，对其惩戒，可能使之祖德受损；"厥"，为代词，相当于"其"；"宗"，此处代指其同宗之人。

② "孤"，《说文解字注》释为"无父也。孟子曰：幼而无父曰孤。引申之，凡单独皆曰孤。孤则不相酬应。故背恩者曰孤负。孤则人轻贱之"。

③ "寇"，此处可理解为"误以为是不利于自己的人群"之义。参见《屯卦·六二》对"匪寇，婚媾"的释义。

【生态文明启示】

"睽"的生态文明启示是：对于生态文明建设这一目标，既要有维护生态系统的可持续性这一准确可识别的目标，又要在推进过程不断调整合理方向。可将"维护生态系统的可持续性"目标转化为若干生态环境领域的具体目标，以采取更为具体的对策手段。其一，对于"生态系统的可持续性"的阶段性目标和具体领域的目标，应事前评估以明确，而不宜事后去追加、补救；其二，对于非根本性的目标不必过于执着。其三，对于生态文明建设，全社会应对此逐步形成共识并树立信心。即使初始阶段，生态环境难以出现好转态势，也应坚定其目标方向；其四，在生态文明建设的推进过程中，可能遭遇艰难困境，此时不可放弃信心，只要努力总会渡过难关；其五，在寻求解决困难的途径时，不必抱持过多的主观约束，要勇于创新；其六，不要把生态文明建设过程中遭遇的各种问题，错误地归结为生态环境保护政策带来的，从而削弱人们对于生态文明建设的信心。

第三十九章　蹇

【原文】

蹇卦

艮下坎上

蹇，利西南，不利东北。利见大人，贞吉。

初六，往蹇来誉。

六二，王臣蹇蹇，匪躬之故。

九三，往蹇来反。

六四，往蹇来连。

九五，大蹇朋来。

上六，往蹇来硕，吉，利见大人。

【新认识与新释译】

"蹇"的含义是①：事物发展过程中，要关注事物发展不足的方面，使事物得以完善发展；要关注通往目标的不可行路径，对于某些尝试路径不可行的话，则应及时返回而寻求新的可行路径。

"蹇，利西南，不利东北。利见大人，贞吉"的含义是：事物发展过程中，总是存在各方面非均衡发展的问题，某些方面发展较好，其他方面则发展不足；某一路径方向较为可行，其他路径方向则存在不可行障碍。犹如，某一事物偏利于西南方向，而不利于东北方向。总之，要使事物发展的欠缺方面得以补足，这样才有利于事物成熟起来完善其发展。

"蹇，利西南，不利东北"，可理解为"蹇，就是某些方面发展良好，与之

---

① "蹇"，《说文解字》释为"蹇，跛也"，此处可理解为"某一方面有欠缺"之义，也包括"某方向路径有不可行障碍"。

相对的方面发展不足的情形"之义；"利见大人"①，可理解为"不仅要关注事物发展良好的方面，更要关注不足方面的发展，使事物得以实现全面的、完善的成长"之义；"贞吉"，可理解为"预期风险较小"之义。

"往蹇来誉"的含义是②：事物发展过程中，为达成目标而前行，如果某一尝试路径存在不可行障碍的话，则应及时返回而去重新选择有利于达成目标的路径方向。

"王臣蹇蹇，匪躬之故"的含义是③：事物发展过程中，为达成目标，而应分清主次责任者的责任分际。犹如君主与臣子之间，也应确立权力分际，君主、臣子某一方面出现过强或过弱的现象，是不适当的"事必躬亲"导致的。

"往蹇来反"的含义是④：事物发展过程中，为达成目标而前行，如果前行条件不足或存在障碍，意味着，与其前行，不如返回以待条件补足或障碍排除。

"往蹇来连"的含义是⑤：事物发展过程中，为达成目标而前行，如果某些方面存在影响全局衔接的障碍，那么，适当回撤就能够使关联事物之间顺畅衔接。

"大蹇朋来"的含义是⑥：事物发展过程中，为达成目标而前行，如果遭遇共同性障碍，则非自身力量能够解决，而必须以利益相关者共同的力量加以解决。

"往蹇来硕，吉，利见大人"的含义是⑦：事物发展过程中，为达成目标而前行，如果某一方面存在障碍或欠缺，或许另一方面存在极为有利的条件，那么，并非一定要完善不足，采取扬长避短的方式也是合理的途径，也是事物成

---

① "大人"，字面含义就是"成年人"，可理解为"事物全面地、成熟地发展"之义。

② "来"，《广韵》释为"至也，还也，及也"，此处可理解为"与往相对的方向"之义；"誉"，《说文解字》释为"誉，称也"，对"称"则释为"称，铨也"。"誉"，此处可理解为"合乎目标的路径"之义。

③ "蹇蹇"，此处可理解为"君臣处事均感不顺畅之貌"；"躬"，即"亲为"之义。"匪躬"，此处可理解为"做了不宜亲为之事"；"故"，《说文解字》释为"故，使为之也"。

④ "反"，通"返"，即"返回、返还"之义。

⑤ "连"，《说文解字》释为"连，负车也"，即"拉车"，引申为"相衔接、相并联、接续"等义。

⑥ "大蹇"，此处可理解为"非个体力量能够解决的共同性障碍"；"朋"，《孔颖达疏》释为"凡言朋者，非惟人为其党，性行相同，亦为其党"。

⑦ "硕"，《说文解字注》释为"头大也。引申为凡大之称"，此处可理解为"有利条件突出"之义。

熟发展的重要途径。

【哲理意涵】

本章的哲理意涵：事物发展过程中，总是存在非均衡问题。要关注事物发展不足的方面，使事物得以完善发展；还要关注通往目标的不可行路径，以及时返回寻求可行路径。应关注的相关问题包括：其一，为达成目标，尝试某一路径不可行之后，应及时返回选择新的可行路径；其二，为达成目标，应明确责任者的责任分际，避免责任担当的偏颇；其三，如果前行条件不足或存在障碍，应返回以待条件补足或障碍排除；其四，如果某些方面存在影响全局衔接的障碍，应适当回撤使关联事物之间顺畅衔接；其五，如果遭遇共同性障碍，应集结利益相关者共同力量去解决；其六，如果某一方面存在劣势，另一方面却存在显著优势，采取扬长避短的方式也是合理的途径。

【生态文明启示】

"蹇"的生态文明启示是：人类社会发展过程中，一直存在经济发展与生态环境保护的均衡问题，或者是经济发展不足，或者是生态环境保护不足。只有有效解决了某一方面的不足，才能使社会得以完善发展。其一，为达成生态环境保护目标，发现大幅减少经济活动的路径并不可行，此时应及时改变策略，重新选择其他的路径，例如，强化生态效率的路径；其二，为达成生态环境保护目标，因生态责任分担导致生态不公平的话，也是一种"不足"，应更加合理地分担生态责任，同时也应更加明确生态责任的责任分际；其三，生态环境保护的推进，也应有节奏，并非越强力推进越好。如果推行条件不足或存在障碍，应等待条件补足或障碍排除；其四，生态环境保护涉及的各个方面，应当相互协同，如果某些方面存在影响全局衔接的障碍，则应适当放缓过快推进的那些方面，以使关联领域之间顺畅衔接；其五，如果推进生态环境保护过程中，全局遭遇共同性障碍，例如，各领域都存在能源结构过度依赖煤炭而导致碳排放过大的情形，则应集结共同力量去解决相关的能源技术问题和能源使用效率提升的问题；其六，如果某一方面存在劣势，另一方面却存在优势，采取扬长避短的方式也是合理的途径。例如，某地能源结构存在劣势，但能源技术和效率方面存在明显优势，此时就不必一味地去调整能源结构，而应更好地利用其能源技术及效率方面的优势条件。

第四十章 解

【原文】

解卦

坎下震上

解，利西南，无所往，其来复，吉。有攸往，夙，吉。

初六，无咎。

九二，田获三狐，得黄矢，贞吉。

六三，负且乘，致寇至，贞吝。

九四，解而拇，朋至斯孚。

六五，君子维有解，吉，有孚于小人。

上六，公用射隼于高墉之上，获之，无不利。

【新认识与新释译】

"解"的含义是①：事物发展过程中，应及时发现问题，并有针对性地有效解决问题。

"解，利西南，无所往，其来复，吉。有攸往，夙，吉"的含义是：解决问题，最好是一个方案一个方案地寻求解决，不宜四面出击。如同先去往西南方向，如果没有解决问题，再返回来朝其他方向去寻求解决。朝着最终目标前行，以不懈怠的努力，必将有利于问题的解决。

"解，利西南"，可理解为"先确定一个方向去寻求解决路径"之义；"无所往，其来复，吉"，可理解为"如果去往一个方向没有解决问题，再返回来去寻求解决途径，是解决问题的合理方式"之义；"有攸往"，此处可理解为"朝

---

① "解"，《说文解字》释为"解，判也。从刀判牛角"。

着目标方向前行"之义。"夙，吉"①，可理解为"以不懈怠的态度去寻求解决之道，有利于问题最终得到解决"之义。

"无咎"的含义是：及时发现问题，并想方设法及时解决，使之不会对发展目标产生影响。

"田获三狐，得黄矢，贞吉"的含义是②：着手解决所发现的问题，只要目标准确，就会有收获，甚至还会得到额外的收获。如同发现狐狸来偷食家禽，那么就要设法去猎狐，不仅猎获到多只狐狸，而且还从狐狸身上获得一支铜箭头的好箭。

"负且乘，致寇至，贞吝"的含义是③：解决问题，是其目的，不可贪于解决问题过程中的其他收获。如同去猎狐，是为了解决野兽偷食家禽的问题，如果乘着车辆大张旗鼓地猎获，恐怕就要招致强盗的劫掠。

"解而拇，朋至斯孚"的含义是④：解决问题，应当相互帮助。如同你张弓搭箭去猎狐，那么附近的朋友听到箭声就会过来一起帮你猎狐，这就是大家形成的一种互相帮助的诚信。

"君子维有解，吉，有孚于小人"的含义是⑤：考虑整体利益的人，要考虑如何维系众人，维系的目的就是要解决那些只有凝聚众人力量才能够解决中的问题，这样才有利于事物顺利运行。要达成这一目标，关键在于平时获得众人的信任。

---

① "夙"，《说文解字》释为"夙，早敬也。从夗。持事虽夕不休息，早敬者也"，即"天未明即起来做事，不敢懈怠"之义。

② 参见：《噬嗑卦·九四》"噬干胏，得金矢"之语。其含义是：贪图某些利益，可能因其中隐含的因素而深受其害；"贞吉"，可理解为"预期风险较小"之义。

③ "负且乘"，是指"下人扛着打猎用器，家主乘坐着马车"，其意为"以这样张扬的姿态，反倒可能招致劫掠"；"寇"，《说文解字》释为"寇，暴也"；"致"，《说文解字注》释为"送诣也。《言部》曰：诣，候至也。送诣者，送而必至其处也。引申为召致之致"；"至"，《说文解字注》释为"鸟飞从高下至地也。凡云来至者，皆于此义引申假借"；"贞吝"，可理解为"按此情势，预期将难以有效达成其初始目标"之义。

④ "拇"，《说文解字注》释为"将指也。将指，谓手中指也。大射礼，右巨指钩弦"。"解而拇"，此处可理解为"搭弓放箭的动作"之义；"斯"，即"此"。"帛书本"作"此"。"斯孚"，可理解为"这一大家共同认知的知会信号"。

⑤ "小人"，可理解为"一般人、普通人"之义；"君子"，可合理理解为"考虑社会整体利益的人"之义；"维"，《说文解字》释为"维，车盖维也"，可理解为"维系"之义。"维有解"，可理解为"维系力量以解决那些需要众人才能够解决的问题"之义；"有孚于小人"，此处可理解为"获得众人的信任"之义。

"公用射隼于高墉之上，获之，无不利"的含义是①：平时应通过有效方式凝聚众人力量，一旦有了大的难题，大家就可以齐心共力地解决。如同诸侯国君可以邀请下属射猎猛禽鹰隼，大家一起上高台将之射获。通过这样的凝聚方式而形成的众人力量，就有利于面对需要众人共力解决的问题。

【哲理意涵】

本章的哲理意涵：事物发展过程中，应及时有效地解决遭遇的各种问题。解决问题，应从如下几方面加以考虑。其一，及时发现问题，解决问题，使之不对事物长期发展产生影响；其二，着手解决所发现的问题，只要目标准确，就会有收获；其三，解决问题的目标要单纯，不可贪于解决问题过程中的其他收获；其四，形成互助的共识，有利于面对问题时获得帮助；其五，从整体利益角度考虑，则应凝聚共力，以解决需要协同解决的问题，关键在于平时取得众人的信任；其六，凝聚共力，要有一个育成方式。只有形成了这一方式，到了紧要时刻才能有效协同众人力量以解决重大问题。

【生态文明启示】

"解"的生态文明启示是：生态文明建设推进过程中，会出现各种问题。对于这些问题，应及时发现并有效解决。其一，要及时发现问题，解决问题，使之不对生态文明建设的长期目标产生影响。例如，生态责任的分担，如果出现不公平现象，短时期内其影响或不明显，但如果不及时发现并有效解决的话，则必然影响到生态文明建设长期目标的推进；其二，生态文明建设过程中，着手解决所发现的问题，只要目标准确，就会有所进益。例如，对于生态不公平问题的有效解决，就会加强人们对于生态文明理念的认同，也就有利于生态文明行为的普遍推行；其三，解决生态环境领域问题的目标要单纯，不可贪于解决问题过程中的其他收获。例如，"退耕还林""退耕还湖""退耕还草"等政策，其目标就是生态环境恢复，而不要去奢求所谓"经济—生态双赢"；其四，生态环境保护，需要形成"协同"共识，以解决相互关联的生态环境问题。例如，某地出现重度空气污染现象，则周边相关区域也应合理地限制其污染排放；其五，生态环境保护问题，要从整体利益角度去考虑，需要凝聚共力加以解决。例如，某一河流的水质的保护，就需要河流上下游区域的协同保护，才能够得

---

① "用"，是"采用……方式"之义；"墉"，《说文解字》释为"墉，城垣也"；"获"，《说文解字》释为"获（獲），猎所获也"；"无不利"，此处可理解为"如此一来，对于需要共力解决的问题，就极为有利"之义。

以实现。在这一保护过程中，关键在于相互之间的互信，共同遵守协同维护的共识；其六，凝聚共力，养成互信，要从各种相关方面理顺利益关系。如果在某些方面，存在"损人利己""搭便车"等行为，那么，就很难在关键时刻有效协同众力去解决出现的大问题。

第四十一章 损

损卦

兑下艮上

损，有孚，元吉，无咎。可贞，利有攸往。曷之用？二簋可用享。

初九，已事遄往，无咎，酌损之。

九二，利贞，征凶，弗损，益之。

六三，三人行则损一人，一人行则得其友。

六四，损其疾，使遄有喜，无咎。

六五，或益之十朋之龟，弗克违，元吉。

上九，弗损，益之，无咎，贞吉，利有攸往，得臣无家。

【新认识与新释译】

"损"的含义是①：事物发展过程中，根据"损""益"权衡原则，尽可能地精简不必要的事项。

"损，有孚，元吉，无咎。可贞，利有攸往。曷之用？二簋可用享"的含义是：各种事项，精简至必要程度，有利于发展目标的实现。即使，祭祀这样重要的事务，都可以减省到必要的程度。对于大多数事物而言，只需根据"损""益"来权衡即可。

"损，有孚，元吉，无咎"②，可理解为"精简至必要程度，是可信的表征，

---

① "损"，《说文解字》释为"损，减也"。

② "有孚"，可理解为"对于……坚定其信念"之义；"无咎"，可理解为"某行为不会带来与本义相悖、适得其反的影响或后果"。

符合初始目标，不会因此带来不良影响"之义；"可贞，利有攸往"①，可理解为"可以预期，这样有利于顺其自然地发展"之义；"曷之用？二簋可用享"②，可理解为"以祭祀为例，只要有诚心，两竹盘的简单祭品，就足以用来祭祀了，神祇也会接受"之义。

"旡事遄往，无咎，酌损之"的含义是③：一个事项完成之后，转向下一时序上连续的事项，只要风险不大，就可适当减省其"损""益"权衡过程。

"利贞，征凶，弗损，益之"的含义是④：在某些期望特别大，或者风险特别大的情形下，不仅不要减省相关的"损""益"权衡过程，反而可以适当增加，以求更大程度地降低风险。

"三人行则损一人，一人行则得其友"的含义是："损""益"权衡的目的，是使利益相关者之间达成均衡，不能达成利益均衡的"损""益"权衡，是没有意义的。如同三人同行，则很难恰到好处达成均衡，其中两人互补的话，那么就会有损于另一人；同理，一人出行，则应寻求一个能够起到互补均衡的同行者。

"损其疾，使遄有喜，无咎"的含义是⑤："损""益"权衡中，"损"，并不是一定要去除什么，而是要有改进效果，这样就能够达到"损"的目的。如同身体有小疾，往往并不需要特别的治疗，只需要使之将病痛转为欢愉。

"或益之十朋之龟，弗克违，元吉"的含义是⑥："损""益"权衡的一个重要原则，必要的情形下，应以公益为优先考量。如同偶然获得价值十朋的大龟，不要占为己有，应当使之成为能够为众人带来吉祥之物，如，进献给君王，

---

① "可"，《韵会》释为"可者，否之对"。

② "曷"，语气助词，相当于"何"；"簋"，《说文解字》释为"簋，黍稷方器也"，即"装祭祀食物的方形器具"；"享"，《礼记·曲礼》释为"五官致贡曰享"，此处可理解为"神祇接受祭祀"之义。

③ "旡"，《说文解字》释为"用也，从反巳"；"遄"，《说文解字》释为"遄，往来数也"，《释诂》释为"遄，疾也，速也"；"无咎"，可理解为"某行为不会带来与本义相悖的影响或后果"；"酌"，《说文解字》释为"酌，盛酒行觞也"，引申为"酌情"之义。"酌损之"，可理解为"酌情进行减损"之义。

④ "征凶"，可理解为"对其长远目标可能带来较大的不确定性风险"。

⑤ "疾"，《说文解字》释为"疾，病也"，一般"疾"指"小病"；"遄"，《说文解字》释为"遄，往来数也"，《释诂》释为"遄，疾也，速也"；"有喜"，即"病愈"之义；"无咎"，可理解为"某行为不会带来与本义相悖的影响或后果"。

⑥ "或"，此处可理解为"偶然"；"十朋之龟"，《汉书·食货志》有"元龟，长一尺二寸，价值十朋"之句。《益卦·六二》，有相近的爻辞。

用来向天帝祭祀为大众祈福。

"弗损，益之，无咎，贞吉，利有攸往，得臣无家"的含义是①：在公益方面，其"损""益"权衡原则有所不同，应尽可能多方面谨慎权衡，顾及多数人的利益，才不会导致不良的后果，才有利于朝着目标前行。总之，处于公权地位，就不能站在私益立场。

"弗损，益之，无咎"，可理解为"在公益方面，不要减省权衡过程，多方面权衡，才不会带来不良后果"之义；"贞吉，利有攸往"②，可理解为"这样，其预期发展顺利，有利于朝着既定目标发展"之义；"得臣无家"③，可理解为"处于公权地位上，就不能去考虑自身的私益了"。

【哲理意涵】

本章的哲理意涵：事物发展过程中，根据"损""益"进行权衡时，应尽可能减省不必要的事项。精简至必要程度，才有利于发展目标的实现。针对不同情形，其权衡原则有所不同。其一，溯及既往的事项、风险不大的持续事项，可适当减省其"损""益"权衡过程；其二，期望收益大、风险也大的事项，应适当增加相关"损""益"权衡过程，最大限度降低风险；其三，"损""益"权衡，必须以利益相关者之间可达成均衡为目的，不能达成利益均衡的权衡，没有意义；其四，"损""益"权衡中，"损"的目的，不一定是去除什么，而是要有改进效果；其五，"损""益"权衡中，必要的情形下，应以公益为优先考量；其六，公益方面的"损""益"权衡，应尽可能多方面谨慎权衡，顾及多数人利益。而且，处于公权地位者，不能站在私益立场进行权衡。

【生态文明启示】

"损其疾，使遄有喜"的生态文明启示是：生态系统可持续性的维护，并非一定要治理什么污染物，往往只需要使之休养生息，使之自然生态功能得以恢复，其周边的生态环境质量自然就能够得以改进。

"或益之十朋之龟，弗克违"的生态文明启示是：假设某一局部土地，其为对整个区域起着重要生态作用的生态功能区，其经济价值，无法与其生态价值相比拟。那么，这一土地，无论其产权属于谁，都应当作为重要生态保护区而

---

① 此句，与上一爻相衔接，讨论的是有关公益情形下的"损""益"权衡问题。

② "贞吉"，可理解为"预期风险较小"之义；"利有攸往"，可理解为"有利于顺其自然地发展"之义。

③ "家"，此处可理解为"诸侯之封地"之义。"得臣无家"，可理解为"就像周公，作为成王的摄政之臣，就不能回到自己的封地去"之义。

维护其生态功能的完好，而不应去开发其有限的经济价值而导致公共生态价值的丧失。由于个体对于生态功能区的保护能力有限，合理的方式是转由维护公共利益的机构或组织去实现其生态价值。可以通过产权交易、转让等方式去实现，根本目标是维护重要生态功能区永久不予开发。

"得臣无家"的生态文明启示是：生态文明建设，是一项涉及一个区域甚至全球的公益。因此，制订生态文明建设规划的人，就不能过多考虑与自身有关区域及群体的利益，而应真正站在公益层级上去做出最有效的规划。

第四十二章　益

【原文】

益卦

震下巽上

益，利有攸往，利涉大川。

初九，利用为大作，元吉，无咎。

六二，或益之十朋之龟，弗克违。永贞吉。王用享于帝，吉。

六三，益之用凶事，无咎。有孚。中行告公用圭。

六四，中行告公，从，利用为依迁国。

九五，有孚惠心，勿问，元吉。有孚，惠我德。

上九，莫益之，或击之，立心勿恒，凶。

【新认识与新释译】

"益"的含义是①：事物发展过程中，应注重如何使事物得以合理而持续地增益，并合理用之于担负公共利益责任。

"益，利有攸往，利涉大川"的含义是②：事物得以合理而持续地增益，并担负公益之责，是顺应自然发展的态势，也是担当更大责任的必要条件。

"利用为大作，元吉，无咎"的含义是③：事物得以合理而持续地增益，就

---

① "益"，《说文解字》释为"益，饶也"，即"富饶而有盈余"之义。《系辞传》"包羲氏没，神农氏作，斲木为耜，揉木为耒，耒耨之利，以教天下，盖取诸益"，可理解为"'益'，如同农作物的增益，是来自合理的耕作方式和有效的耕作工具"之义。

② "利涉大川"，参见《需卦》对其的阐释，即"克服较大的困难，过渡到一个新阶段"之义。

③ "作"，即"作为"之义，此处"大作"，可理解为"公共的大事业"之义，以现代语言来说，就是"集中力量办大事"之义；"无咎"，可理解为"某行为不会带来与本义相悖、适得其反的影响或后果"。

为集聚大众的财力、物力、人力，以共同应对大的困难或办成共同的大事提供条件。

"或益之十朋之龟，弗克违。永贞吉。王用享于帝，吉"的含义是：意外得到的特殊财物，要用之于公益，不要违背了自然事物的"本意"。如同偶然获得价值十朋的大龟，不要占为已有，应当使之成为能够为众人带来吉祥之物，如，进献给君王，用来向天帝祭祀为大众祈福。

"或益之十朋之龟，弗克违"①，可理解为"不占有不当所得。如同偶然获得价值十朋的大龟，不要占为已有，应当使之成为能够为众人带来吉祥之物"之义；"永贞吉"，可理解为"这样作为的话，预期风险总是很小"之义；"王用享于帝，吉"②，可理解为"应当认识到公益的重要性，也应为公益做出足够的贡献。如同十朋之龟进献给君王，以用于向天帝祭祀为大众祈福"之义。

"益之用凶事，无咎。有孚。中行告公用圭"的含义是：当他人遭遇灾祸（如饥荒、水灾等）之时，及时给予援助，是有益于自身的。由此可建立公共信义体系，个体有事时即可通过公共信义体系获得大家的帮助。

"益之用凶事，无咎"③，可理解为"对他人的灾祸有所助益，不会给自身造成风险或其他损失"之义；"有孚。中行告公用圭"④，可理解为"由此行为而建立起相应的信义体系，当个体发生大事时就能够通过公共平台获得大家的帮助"之义。

"中行告公，从，利用为依迁国"的含义是⑤：自身遵循社会准则，承担公共责任。当自身有大事时，也可以请求援助并得到大家的及时支持。犹如，诸侯国发生大事而公告天子之时，作为一个诸侯国要及时遵从天子之命去援助。

---

① 参见《损卦·六五》相同爻辞的阐释。

② 参见《大有卦·九三》"公用享于天子"的阐释，"王用享于帝"与其有相近的含义。

③ "凶事"，即"凶礼"，即"与凶丧灾难有关的礼仪活动"。《周礼》有"以凶礼哀邦国之忧：以丧礼哀死亡，以荒礼哀凶札，以吊礼哀祸灾，以檜礼哀围败，以恤礼哀寇乱"之述；"无咎"，可理解为"某行为不会带来与本义相悖的影响或后果"。

④ "有孚"，此处可理解为"由此行为而建立起相应的信义"之义；"中行"，为"共同行进的队列中"之义，此处可理解为"在同为周天子的诸侯国之中"之义；"告公"，此处为"有事发生时向周天子及各诸侯国告知，请求援助"之义；"圭"，《说文解字》释为"瑞玉也。上圜下方。公执桓圭，九寸；侯执信圭，伯执躬圭，皆七寸；子执谷璧，男执蒲璧，皆五寸。以封诸侯。从重土。楚爵有执圭"。"用圭"，即表示"诸侯向周天子和其他诸侯国郑重地发出请求"之义。

⑤ "从"，《说文解字》释为"从，相听也。随行也"；"依"，《说文解字》释为"依，倚也"；"迁国"，即"迁移国都"，此处可理解为"迁移国都之类的大事"之义。

这样行事的话，当自身即使遭遇到迁国之类大事时，也会及时得到各国的援助。

"有孚惠心，勿问，元吉。有孚，惠我德"，合理的断句应为"有孚惠，心勿问，元吉。有孚惠，我德"，其含义是：出于诚意而施惠于社会或他人，当下不要去计较得失，其后必将因此而得到物质上或精神上的回报，"利他"之为必将转化为"利己"之益。

"有孚惠，心勿问，元吉"①，可理解为"出于诚意而施惠于社会或他人，当下不要去计较得失，与自身发展顺利之目标并不相违"之义；"有孚惠，我德"②，可理解为"出于诚意而施惠于社会或他人，最终将转化为自身有所受益"之义。

"莫益之，或击之，立心勿恒，凶"的含义是：当社会或他人遭遇灾祸之时，不仅不予以同情帮助，反而趁火打劫，即使得到了一些利益也无法持久维持，反而给自己增加了大的风险。

"莫益之，或击之"，可理解为"如果不予帮助，甚至借机打击"之义；"立心勿恒，凶"③，可理解为"这样的行为准则是无法持续的，必将转化为自身的风险"之义。

【哲理意涵】

本章的哲理意涵：事物发展过程中，应注重如何使事物得以合理而持续地增益，并合理用之于担负公共利益责任。其一，个体合理而持续地增益，是集聚大众力量共担公益责任的必要前提；其二，意外获得的特殊利益，不要违背自然"本意"，要用之于公益；其三，要建立起公共信义体系，当个体发生大事时可通过公共平台获得共同帮助；其四，只要自身承担公共责任，当自身遭遇大事时，也可通过公共信义平台请求援助并得到大家的及时支持；其五，出于诚意帮助他人，当下不要去计较得失，其后，"利他"之为必将转化为"利己"之益；其六，当他人遭遇灾祸时，绝不可趁火打劫。否则，即使获得短期收益也无法持久维持，反而会给自身增大风险。

---

① "惠"，《说文解字》释为"惠，仁也"，此处可理解为"施惠于人"之义。"有孚惠"，可理解为"出于诚意而施惠于社会或他人"之义。

② "德"，《说文解字》释为"德，升也"，即"境界因善行而升华"之义。"我德"，以现代学术思想来认识，可理解为"利他行为转化为利己所得"之义。

③ "立心"，此处可理解为"树立这样的理念"之义；"恒"，《说文解字》释为"恒，常也"。"勿恒"，此处可理解为"不可持续"之义；"凶"，可理解为"充满不确定性和较大风险"之义。

【生态文明启示】

"或益之十朋之龟，弗克违。永贞吉。王用享于帝，吉"的生态文明启示是：如果自身区域内存在一个对于局地生态甚至全球生态有着重要作用的生态功能区，那么，对于这一重要生态功能区，就不应考虑其经济开发利益，而应作为局地或全球公益对其进行有效的保护。当然，既然是局地或全球公益，那么相关的生态受益者也应承担相应的保护责任。

"中行告公，从，利用为依迁国"的生态文明启示是：生态环境保护，是一个公共利益行为，需要相关群体共同努力。在这一过程中，不可采取"搭便车"的行为。只有这样，才能在自身遭遇重大生态危机事件时，得到相关群体的协力解决。

"有孚惠，心勿问，元吉。有孚惠，我德"的生态文明启示是：人类成员或群体，其践行生态文明的行为，从直接效果来看，往往是"利他"的。那么，人们为什么有动机去采取这样的利他行为呢？就要让人们认识到，生态文明的利他行为，往往会让自己受益。例如，一条河流的下游发达地区对于上游贫困地区的生态转移支付，表面上是经济利益上利他行为，但实际上，下游地区在经济利益有所损失的同时，则可获得上游地区因减少生态环境损耗而带来的生态保护利益。

"莫益之，或击之，立心勿恒，凶"的生态文明启示是：地球生态系统，是一个整体。当某个区域出现生态问题甚至出现生态灾难时，其他区域应当设身处地帮助其渡过难关。绝不可趁火打劫、落井下石，例如，通过经济贸易活动进一步向其转嫁生态环境影响，即使获得短期收益也无法持久维持，反而会因加剧全球生态环境的破坏，而给自身增大生态风险。

第四十三章 夬

夬卦

乾下兑上

夬，扬于王庭，孚号，有厉，告自邑。不利即戎，利有攸往。

初九，壮于前趾，往不胜，为咎。

九二，惕号，莫夜有戎，勿恤。

九三，壮于頄，有凶。君子夬夬独行，遇雨若濡，有愠无咎。

九四，臀无肤，其行次且。牵羊悔亡，闻言不信。

九五，苋陆夬夬中行，无咎。

上六，无号，终有凶。

【新认识与新释译】

"夬"的含义是①：事物发展过程中，要合理考虑与原所在的势力及道路分决而另图发展的情形。

"夬，扬于王庭，孚号，有厉，告自邑。不利即戎，利有攸往"的含义是：做出某一决断时，应在正当的场合宣扬自身的正当性，对利益相关者做令人信服的风险告知。对自己内部，要及时宣传以获取理解，在思想统一之前不宜贸然行动，而应有条不紊地推进。

---

① "夬"，《说文解字》释为"夬，分决也"，即"分手引决"之义。《汉字源流字典》之阐释，"决""抉""决""快"等字皆由"夬"分化而来。因此，"夬"有"分决"之义，亦有决断之义。

"夬，扬于王庭，孚号"①，可理解为"分决应做好舆论准备，应在正当场合宣扬自身的正当性"之义；"有厉，告自邑"②，可理解为"对与自己处境相近的利益相关者，应做出令人信服的风险告知"之义；"不利即戎，利有攸往"，可理解为"在做好充分准备之前，不宜贸然行动，而应有条不紊地推进"之义。

"壮于前趾，往不胜，为咎"的含义是③：条件尚不具备时，不宜贸然而为，否则难以达成目标。如同脚趾受伤的情形，不宜独自前行。

"惕号，莫夜有戎，勿恤"的含义是④：未达分决时机之时，也要时刻准备着分决时机的到来。只要以共同的危机感号召众人做好准备，一旦发生不利状况，也能够及时应对。如同事前有所号令，那么，即使夜晚临时出现敌情，也能够应战自如。

"壮于頄，有凶。君子夬夬独行，遇雨若濡，有愠无咎"的含义是：分决之事，宜断然而为。一旦触发了分决态势，可能还会遭遇各种意料之外的风险，但在这种情形下，为长远利益考虑，应断然决然地坚持下去。哪怕只有少量的人跟随，即使遭受其他困难，也应坦然面对。这就如同一个人独行，碰上下雨而打湿衣服，虽然不很舒服，但于前行目的无碍，不应因此而停滞不前。

"壮于頄，有凶"⑤，可理解为"一旦触发了分决态势，可能会遭遇各种意料之外的风险，如身体重要部位受伤"之义；"君子夬夬独行，遇雨若濡"⑥，

---

① "扬"，《说文解字》释为"扬，飞举也"，即"高举使之飘荡"之义；"号"，为"召唤、号召"之义，可理解为"号召有共同意愿的群体"。《楚辞·九章·悲回风》有"鸟兽鸣以号群兮"之语。"孚号"，表"以诚信号召"。

② "有"，《说文解字》释为"不宜有也"，此处可理解为"预期之外"之义。"有厉"，可理解为"非预期的、意料之外的风险"。

③ "趾"，《尔雅·释言》释为"趾，足也"，即"止步状态的脚"之义。"壮于前趾"，可理解为"脚趾受伤"，此处可理解为"独自前行尚有困难"之义。《大壮·初九》有"壮于趾"之语，含义大致相近；"不胜"，可理解为"无法胜任"之义。

④ "惕"，《说文解字》释为"惕，敬也"，而对"敬"则释为"敬，肃也"，即"谨敬"之义，《易经》各卦辞、爻辞中的"惕"，可理解为"戒惧"之义，如同《黄帝内经·灵枢》"怵惕思虑者则伤神"之语。"惕号"，可理解为"以共同的危机感、共同的悲情以召唤"之义；"莫夜"，即"暮夜"；"勿恤"，可理解为"不必担心，其自然发展态势可期"。

⑤ "頄"即"颧骨"；"有"，《说文解字》释为"不宜有也"，此处可理解为"预期之外"之义。"有凶"，可理解为"出现意料之外的额外的风险"。

⑥ "夬夬"，表"果决"貌；"独"，《说文解字》释为"独，犬相得而斗也"，即"狗相遇时总是互相争斗而不合群"之义。"独行"，此处可理解为"跟随者不多"之义；"濡"，为"沾湿"之义，《诗·曹风·候人》有"不濡其翼"之句。

167

可理解为"即使出现意外，为了长远目标，也应断然坚持下去，即使只有少量的人跟随而行，即使遭受其他困难，也应坦然面对"之义；"有愠无咎"①，可理解为"尽管内心也存有担忧，但只有坚持才能朝着初始目标前进"之义。

"臀无肤，其行次且。牵羊悔亡，闻言不信"的含义是：一般来说，分决之事宜断然而为。但在分决态势将现，出现突发困难之时，也不应强为，而应示弱以待时机。如同并没有伤及根本却前行艰难的情形下，只要诚恳地示弱，仍有转圜余地。

"臀无肤，其行次且"②，可理解为"触发了分决态势，却遭遇意外风险。例如，伤及臀部皮肤，导致行走困难"之义；"牵羊悔亡，闻言不信"③，可理解为"示弱就要表现出赔罪的姿态，听到责难也要默默承受"之义。

"苋陆夬夬中行，无咎"的含义是④：示弱等待时机的过程中，从众而行，稳步扎根，逐步壮大成长，有利于长远目标的达成。

"无号，终有凶"的含义是⑤：不做号召而贸然行事的话，其结果必然是凶险的。

【哲理意涵】

本章的哲理意涵：事物发展过程中，要合理考虑与原所在的势力及道路分决而另图发展的情形。应通过宣扬自身正当性、对利益相关者做出风险告知、对内部人员取得思想统一等方式，做好准备并有条不紊地推进。在不同情形下，采取不同策略。其一，条件尚不具备时，不宜贸然而为；其二，时刻准备着分决时机的到来，并以危机感号召众人随时做好准备；其三，一旦触发了分决态势，即使追随者很少，也应断然决然地坚持下去；其四，在分决态势将现却出

---

① "愠"，为"心燥、不静"，引申为"含怒，生气"之义。

② 根据前后文来看，此句有所省略，可合理增益为"壮于臀，臀无肤，其行次且"。即"臀部受伤，虽然只伤及皮层，但行走则异常艰难"；"次且"同"趑趄"，即"行走困难"之义。

③ "牵羊"，表"降服"之义，传言古代仪规：战败者牵羊至敌方军旅以表示降服；"闻言"，表"听受责难"之义；"信"，为"随意、不经意地……"之义。"不信"，可理解为"诚恳地受之"之义。《困卦》有"有言不信"之语，与"闻言不信"之语的含义相近。

④ "苋陆"，一种再生能力强的植物，即使块茎被挖断，只剩细根，仍能再生，落地种子也可繁殖新苗；"中行"，为"从众走在行列中间"之义，此处可理解为"中规中矩地从众而行"；"无咎"，可理解为"其行为不会带来与本义相悖的影响或后果"。

⑤ "无号"，可理解为"不做号召而贸然行事"，亦即"没有追随者参与其中"之义；"凶"，可理解为"充满不确定性和较大风险"。

现突发困难之时，不应强为，应示弱以待时机；其五，示弱待机过程中，应尽可能从众而行，稳步扎根，逐步壮大力量；其六，绝不可不做事前号召而贸然行事。

【生态文明启示】

"夬"的生态文明启示是：当经济社会发展从工业文明向生态文明的转型过程中，企业的发展方向，就要考虑是继续原有的要素扩张增长方式，还是考虑遵从生态文明理念的绿色发展方式。如果选择绿色发展道路，则应向消费者、利益相关者等市场主体宣扬绿色发展的正当性、对利益相关者做出传统发展方式的风险告知、对企业内部人员强化其绿色发展理念，通过这些方式，有条不紊地推进。其一，在绿色发展的社会氛围尚未形成的条件下，企业不宜贸然而为，否则将难以在市场中生存；其二，但要时刻准备着绿色发展时机的到来，并以生态危机去感召更多的生产者随时做好转型准备；其三，一旦触发了绿色发展的有利态势，即使追随者很少，也应断然决然地坚持下去；其四，在绿色发展出现严重困难之时，企业不应强为，以待时机；其五，在待机过程中，应尽可能从众而行，稳步扎根，逐步壮大绿色发展的市场力量；其六，绿色发展，绝不可在缺乏市场号召力的情形下而贸然行事。

第四十四章　姤

【原文】

姤卦

巽下乾上

姤，女壮，勿用，取女。

初六，系于金柅，贞吉。有攸往，见凶，羸豕，孚蹢躅。

九二，包有鱼，无咎，不利宾。

九三，臀无肤，其行次且，厉，无大咎。

九四，包无鱼，起凶。

九五，以杞包瓜，含章，有陨自天。

上九，姤其角，吝，无咎。

【新认识与新释译】

"姤"的含义是①：事物发展过程中，某些表面上只起辅助作用的次要成员，实际上对事物顺利发展起着不可替代的作用。以现代思想来认识，其与起主要作用的成员是互补关系。其作用发挥得好，事物发展就顺利；其作用发挥得不好，则事物发展也不可能顺利。

"姤，女壮，勿用，取女"的含义是②：事物发展过程中，要充分发挥关键性辅助成员的作用。如同一个家庭的发展，其主妇，不应当作普通的壮劳力来使用，而是要使之起到女主人的重要作用。

---

① "姤"，《说文新附》释为"姤，偶也"。"姤"，帛书本作"茍"。"茍"，有"苟且"之义，《晏子·杂上篇》有"行廉不为苟得，道义不为苟合"之语。

② "取"，《说文解字注》释为"娶，取妇也。取彼之女为我之妇也。经典多假'取'为'娶'"。此处是"选取繁衍后代角色作用"之义；"女"，此处为"所纳之妇"之义。《蒙卦·六三》亦有"勿用，取女"之语。

"系于金柅，贞吉。有攸往，见凶，羸豕，孚蹢躅"的含义是：事物发展过程中，发展是否顺利的重要表征就是，关键性辅助成员是否起到了其重要作用。如同一个家庭的发展，其女主人应尽快参与家政，起到男耕女织的分工作用。否则的话，家庭和顺发展的目标愿望就难以实现。例如，家中饲养的牲畜都不肥壮的话，那就是家庭不和顺的表征。

"系于金柅，贞吉。有攸往"①，可理解为"女主人起到男耕女织的分工作用，意味着家庭和顺，发展顺畅"之义；"见凶，羸豕，孚蹢躅"②，可理解为"否则的话，则家庭不和顺。如同看到家中的牲畜都不肥壮的话，这个家的发展前景也必不看好"之义。

"包有鱼，无咎，不利宾"的含义是③：事物发展过程中，进一步的发展是否顺利，也要看关键性辅助成员是否发挥了其重要作用。如同一个家庭的发展，其女主人参与家政，分工合理而家庭朝着和顺方向发展。如苞茅内捆束有鱼，可用于祭祀，虽没有更多的鱼而用于招待客人，但已能满足家庭基本之需。

"臀无肤，其行次且，厉，无大咎"的含义是④：事物发展过程中，只要关键性辅助成员起到了其重要作用，即使发展状况尚未呈现良好态势，也不会产生严重的发展障碍。如同一个家庭男主人臀部皮肤受伤而行动困难，但只要有女主人的精心照料很快就可以恢复健康而正常行动。

"包无鱼，起凶"的含义是⑤：事物发展过程中，发展不顺利的重要表征就是，关键性辅助成员没有起到其重要作用。如同一个家庭的发展，其女主人如果不参与家政，分工不合理，家庭连基本之需都难以达成，因此也就难以和顺

---

① "金柅"，用于制动织梭的铜箍，指代女主人的主要分工；"贞吉"，可理解为"预期风险较小"之义。

② "见"，《说文解字注》释为"视也。析言之有视而不见者，听而不闻者"。"见凶"，可理解为"否则的话，充满不确定性和较大风险"；"羸"，《说文解字》释为"羸，瘦也"。"羸豕"，指瘦弱的家畜；"孚"，《说文解字》释为"孚，卵孚也。一曰信也"，既表示于他人而言的"信用""诚信"，也表示于自身而言的坚定信心，此处可理解为"家庭的发展目标"之义；"蹢躅"，为"徘徊不进貌"。

③ "包"，通"苞"，即用于捆束祭祀物品的苞茅；"鱼"，代指祭祀牲品；"无咎"，可理解为"某行为不会带来与本义相悖、适得其反的影响或后果"；"宾"，《说文解字》释为"宾，所敬也"。

④ 参见：《夬卦·九四》，亦有"臀无肤，其行次且"之语。"次且"，同"趑趄"，即行走困难之义；"厉"，可理解为"超出其能力或超出其预期的大风险"；"无大咎"，可理解为"某行为不会带来不可挽回的影响或后果"。

⑤ "起"，《说文解字注》释为"能立也。起本发步之称。引申之训为立。又引申之为凡始事，凡兴作之称"，即"源起、引致"之义。

发展，将引致不好的后果。如苞茅内没有捆束鱼，连最简单的祭祀都无法进行。

"以杞包瓜，含章，有陨自天"的含义是①：事物发展过程中，发展达到昌盛状态的重要表征必然是，关键性辅助成员起到了其不可替代的作用。如同一个家庭的发展，其女主人参与家政，家庭和顺发展，各个方面都安排妥善，可应对各种可能的意外。如用杞柳条编筐把菜地里生长着的瓜果保护好，那么，即使有冰雹之类的灾害发生，也由于预防得当，而不会造成大的损失。

"姤其角，吝，无咎"的含义是②：事物发展过程中，发展达到繁盛状态的重要表征必然是，关键性辅助成员起到了其极其重要的作用。如同一个家庭的发展，其女主人也可让其参与家庭重要的仪礼，虽然未必是最恰当的安排，但对家庭而言有益无害。

【哲理意涵】

本章的哲理意涵：事业发展过程中，某些表面上只起辅助作用的次要成员，实际上对事业顺利发展起着不可替代的作用。其作用发挥得好，事业发展就顺利；其作用发挥得不好，则事业发展也不可能顺利。他们所起到的作用，与那些显性作用的关系，并不是主次关系，而是互补关系。无论哪一方面的作用发挥得不好，都必然导致事业无法顺利发展；事业发展顺利，必定是两方面都有效发挥作用的协同结果，不可能是某一方面起作用就能够达成的。

【生态文明启示】

"姤"的生态文明启示是：就人类的生存发展传承而言，经济活动与生态环境保护，就是显性作用与隐性作用的关系。两者都起着不可替代的作用，两者之间还必须形成合理的互补关系。如果经济活动不能起到其有效作用，人类的生存发展传承也就无从谈起，生态环境保护也就失去了其人类视角的意义；反之，如果生态环境保护完全服从于经济活动的话，那么，不仅生态环境得不到有效保护，其长远的经济活动也难以持续。

---

① "杞"，即"杞柳"，此处指杞柳编成的筐；"含"，表东西放在口里不咽不吐的状态，"含章"，此处是指对待瓜果尚且爱护有加的美德。《坤卦·六三》，亦有"含章"之语；"陨"，指从高空掉下之物，此处可理解为"冰雹之类的自然灾害"之义。

② "角"，此处指"盛酒的祭祀器具"，代指"祭祀活动"。《礼记·礼器》有"宗庙之祭，尊者举觯，卑者举角"之述；"吝"，《说文解字》释为"吝，恨惜也"。此处可理解为"虽然不是最恰当的安排"；"无咎"，此处可理解为"该行为不会带来不好的后果"。

第四十五章　萃

【原文】

萃卦

坤下兑上

萃，亨。王假有庙，利见大人，亨，利贞。用大牲，吉，利有攸往。

初六，有孚不终，乃乱乃萃。若号，一握为笑。勿恤，往无咎。

六二，引吉，无咎，孚乃利用禴。

六三，萃如嗟如，无攸利，往无咎，小吝。

九四，大吉，无咎。

九五，萃有位，无咎。匪孚，元永贞，悔亡。

上六，赍咨涕洟，无咎。

【新认识与新释译】

"萃"的含义是①：凝聚共力合力，以实现共同利益。

"萃，亨。王假有庙，利见大人，亨，利贞。用大牲，吉，利有攸往"的含义是：凝聚共力合力，对事物正常运行而言是必不可少的。如果能够充分发挥凝聚共识的影响力，则有利于凝聚各方力量，而有利于强化凝聚合力，发挥凝聚合力作用。为最大限度形成凝聚合力的信念，应当采取更为有效的方式去实现。

"萃，亨"，可理解为"凝聚共力合力，对事物正常运行而言是必不可少

---

① "萃"，由草木丛生之貌引申为"聚集"之义。"萃"，帛书本作"卒"。"卒"，《尔雅·释诂》释为"尽也"。"萃"卦的每一爻辞均有"无咎"的正面断语，值得关注。

的"之义;"王假有庙,利见大人,亨,利贞"①,可理解为"君王所赋予的影响力,有利于凝聚众人的力量,也有利于出现有影响力的人物,以进一步强化凝聚力量,发挥凝聚的共力合力作用"之义;"用大牲,吉,利有攸往"②,可理解为"为更大限度地发挥出凝聚共力合力的作用,应当采取更为有效的方式去形成更具凝聚力的信念和信心,这样更有利于事物顺其自然地发展起来"之义。

"有孚不终,乃乱乃萃。若号,一握为笑。勿恤,往无咎"的含义是:只要有共同的信念和互信,凝聚就不会终结。发展过程中,各种新生力量不断形成而不断凝聚。只要有一共同信念号令之,即可形成共力合力。不必为此而担心。这样下去也不会带来不利的后果。

"有孚不终,乃乱乃萃"③,可理解为"只要有共同的信念和互信,凝聚就不会终结。在其发展过程中,各种新生力量不断形成而不断地凝聚"之义;"若号,一握为笑"④,可理解为"只要有一共同信念号令之,则可形成共力合力"之义;"勿恤,往无咎"⑤,可理解为"不必为此而担心。这样下去也不会带来不利的后果"之义。

"引吉,无咎,孚乃利用禴"的含义是⑥:只要众人相互信任,就可相互援引,形成共力合力。互信,来源于共同的信念,如同诚心祭祀以求神灵护佑,

---

① "假"字,《汉字源流字典》释为"从人、从段(借助山崖攀缘而上),本义当为借助、凭借"。"王假",可理解为"由君王加持的影响力"之义。《家人·九五》有"王假有家"之语,可参考其释义。

② "牲",《说文解字》释为"牲,牛完全",即"用于祭祀的全牛"。"用大牲",此处可理解为"以更加隆重的方式来凝聚共识"之义;"吉",可理解为"风险更小"之义;"利有攸往",可理解为"顺其自然地发展"之义。

③ "有孚",为"有信念""有互信"之义,此处也含有"新生事物依照自身特性无所约束地生长"之义;"不终",为"没有尽头"之义;"乱",《说文解字注》释为"乱,不治也",即"杂丝有待理清",此处可理解为"新生力量不断生出形成之貌"。

④ "号",表"号令"之义;"握",《说文解字》释为"握,撍持也",此处可理解为"凝聚之形象动作"。

⑤ "勿恤",可理解为"不必担心而援手,其自然发展态势可期";"无咎",可理解为"不会带来与本义相悖的影响或后果"。

⑥ "引",《说文解字》释为"引,开弓也",引申为"牵动",此处可理解为"因相互援引而凝聚共力"之义;"孚",《说文解字》释为"孚,卵孚也。一曰信也",既表示于他人而言的"信用""诚信",也表示于自身而言的坚定信心。"禴",为"古代四时祭礼"。《汉典》有"春祭曰祠,夏祭曰禴,秋祭曰尝,冬祭曰烝"之语,《孔颖达疏》有"四时之祭最薄者也"之说。

就在于其内心真实的信念。

"萃如嗟如，无攸利，往无咎，小吝"的含义是：如果众人没有形成一个共同的利益基础和共同信念的话，众人相互呼引，可松散地凝聚而形成非稳固的共力。虽然也有一定的成效，但不可能达到最好的效果。

"萃如嗟如"①，可理解为"如果各方只是基于自身利益考量而凝聚，并没有形成共同利益和信念的话，则只是松散的共同体"之义；"无攸利"，可理解为"难以实现本可顺其自然而带来的利益"；"往无咎，小吝"，可理解为"松散的凝聚，也不会带来比各自为战更不好的后果，但终究没有达到最佳的效果"。

"大吉，无咎"的含义是②：如果能够有效解决众人没有共同利益基础和共同信念的松散凝聚问题的话，那么，凝聚共力合力，就能够给事业发展带来极为有利的影响。

"萃有位，无咎。匪孚，元永贞，悔亡"的含义是：因长期凝聚而形成了一个各得其所的利益格局，这个格局对于长远目标不会带来不利影响。其凝聚的信念与互信，已经内化于'各得其所'格局之中，不再需要特别强调。这是一条长期有效的利益路径，各方所担心的风险也得以消解。

"萃有位，无咎"③，可理解为"各得其所之利益格局，这个格局对于长远目标不会带来不利影响"之义；"匪孚"④，可理解为"信念与互信，已经内化于'各得其所'格局之中，不再需要强调"之义；"元永贞"，可理解为"长期不会改变的路径"之义；"悔亡"，可理解为"所担心的风险也将消解"之义。

"赍咨涕洟，无咎"的含义是⑤：凝聚到一定程度，必然会有利益分配方面的问题出现，各方因利益分配必然引发纷纷扰扰。但只要分配相对公允，就不

---

① "如"是助词，相当于"然"。"~如"，是《易经》中常见的句式；"嗟"，《汉字源流字典》释为"本义为打招呼声"。

② "大吉"，可理解为"对于某一问题，如果能够通过一定方式有效解决的话，就有利于事物的顺利发展"之义，参见《家人卦·六四》对此语的释义。该句显然有省略部分，从前后两爻来看，可合理推测其省略的是从"萃如嗟如"到"萃有位"的过渡内容。

③ "有位"，可理解为"各得其所"之义。

④ "匪孚"，可理解为"其生长活力趋于穷尽"之义。

⑤ "赍"，《说文解字》释为"齎，持遗也。俗字作賫"；"咨"，《说文解字》释为"谋事曰咨"；"赍咨"，此处可合理理解为"因凝聚而必然带来利益分配方面的问题"之义。"赍咨"，王弼《周易注》释为"嗟叹之辞也"，本书作者认为，此说不甚合理；"涕洟"，有释义为"自目曰涕，自鼻曰洟"，即"涕泗横流"，此处可合理理解为"因利益分配引发的纷扰"之义。

会带来不利长远的后果。

【哲理意涵】

本章的哲理意涵：事物发展过程中，凝聚共力合力，是其正常发展的必要路径。以共同利益为基础的信念和互信，是其关键。最终形成"各得其所"的利益格局，就能够形成有利于长远发展的局面。

【生态文明启示】

"萃"的生态文明启示是：生态文明建设，是一项公益事业，在其推进过程中，凝聚共力合力，是其必要路径。必须以"生态系统可持续性"作为共同利益的基础，以此形成共同的信念和互信，是其关键。在其推进过程中，还应形成生态利益、生态责任相适应的"各得其所"的利益格局。

第四十六章　升

【原文】

升卦

巽下坤上

升，元亨。用见大人，勿恤。南征吉。

初六，允升，大吉。

九二，孚乃利用禴，无咎。

九三，升虚邑。

六四，王用亨于岐山，吉，无咎。

六五，贞吉，升阶。

上六，冥升，利于不息之贞。

【新认识与新释译】

"升"的含义是①：事物发展过程中，应稳步寻求升级发展，即一步一步沿着梯级路径上升发展。

"升，元亨。用见大人，勿恤。南征吉"的含义是：事物发展过程中，不断升级，是事物正常运行的表征；是事物朝着成熟方向发展的必经过程；无须外力推动，是自身正常发展的进程；把握时机完成某些重要作为，有利于顺利推进升级发展。

"升，元亨"②，可理解为"不断升级，是事物正常运行的表征"之义；"用

① "升"，《汉字源流字典》释为：由举觞进献之义引申为由低向高移动之义。《诗经·小雅·天保》有"如日之升"之语，可理解为"似太阳升起般前景"之义。"升"，帛书本作"登"。"登"，《说文解字注》释为"上车也，引伸之凡上升曰登"。"升"与"晋"，有某种相近的含义，本书作者认为，"升"更强调层级的上升。

② "元亨"，此处可以理解为"该卦所讨论的主题，对事物内在机制的正常运行而言，都是必要的过程或必要的条件"。

见大人，勿恤"①，可理解为"事物发展趋势，有利于其朝着成熟阶段发展，无须外力推动"之义；"南征吉"②，可理解为"把握时机的重要作为，有利于推进升级发展"之义。

"允升，大吉"的含义是③：通过承诺并完成某一重要作为是寻求升级发展的有效路径，只要承诺并有信地达成，则有利于其顺利地升级发展。如同周族承诺并完成了商王的南征之命。

"孚乃利用禴，无咎"的含义是④：达到一定高度的升级发展，需要通过一定形式来明确其正当性及其良性的发展态势，这样有利于进一步升级发展。如同一个部族首领，获得君主授权可以主持某一层级的祭祀仪典，就意味着其具有得以公众认同的正当性。

"升虚邑"的含义是⑤：达到一定高度的升级发展，需要形成一定的具有持久性、公众认同的势力范围。如同一个部族获得君主封赏的封邑。

"王用亨于岐山，吉，无咎"的含义是⑥：升级发展到繁盛阶段，为使之长盛不衰，需要总结创业发展历程的关键性成功经验，并使之持久坚持，不改初心。如同周族繁盛的关键节点在于古公亶父在岐山开创的基业，所以周王世代都到岐山隆重献祭。这样有利于进一步发展。

"贞吉，升阶"的含义是⑦：持续的繁盛，就将进入一个可持续进阶的进

---

① "勿恤"，可理解为"不必担心而援手，其自然发展态势可期"。

② 《明夷卦·九三》有"南狩"一语。相传周族姬昌接受商王南征之命，原本商王想通过令周人南征而消灭南方势力并削弱周族实力，结果却适得其反。周族姬昌采取稳健策略，大获全胜。此处"南征"，或可理解为"把握时机完成重要作为"之义。

③ "允"，《说文解字》释为"允，信也"，此处可理解为"做出承诺并有信地达成'南征'之命"之义；"大吉"，可理解为"对于某一问题，能够通过一定方式有效解决的话，就有利于事物的顺利发展"之义，参见《家人卦·六四》对此语的释义。

④ "孚"，《说文解字》释为"孚，卵孚也。一曰信也"，既表示于他人而言的"信用""诚信"，也表示于自身而言的坚定信心。"禴"，古代四时祭礼。《汉典》有"春祭曰祠，夏祭曰禴，秋祭曰尝，冬祭曰烝"之语，《孔颖达疏》有"四时之祭最薄者也"之说。《萃卦·六二》亦有"孚乃利用禴"之语；"无咎"，可理解为"某行为不会带来与本义相悖的影响或后果"。

⑤ "虚"，《说文解字》释为"虚，大丘也"。"虚邑"，此处可理解为"获得封邑"之义。

⑥ 岐山，是古公亶父开创周族繁盛之地，所以，周王要到岐山献祭。有"凤鸣岐山"之说，即，周族将兴前，岐山有凤凰栖息鸣叫，以为文王德政象征，乃周族兴盛吉兆。与《随卦·上六》"王用亨于西山"所述相同；"无咎"，可理解为"某行为不会带来与本义相悖、适得其反的影响或后果"。

⑦ "贞吉"，可理解为"预期风险较小"之义；"阶"，《说文解字》释为"阶，陛也"，此处可理解为"宫殿般之高阶"之义。

程。治理体系也应随之而升级，而不应简单地延续创业发展阶段的体制机制和发展理念。

"冥升，利于不息之贞"的含义是①：到了鼎盛发展阶段，目标应转向守成，而不是持续拓展。不能抱持无限扩张的意图，否则，即便是能力超众者也无法掌控其局面。如同一个部族，不可意图发展到宏大高远之境，那种境界只适于具有生生不息能力的"天"，非人力所能为。

【哲理意涵】

本章的哲理意涵：事物发展过程中，应稳步寻求升级发展。不断升级，是事物正常运行、成熟发展的表征。升级发展，有若干阶段和路径。其一，把握时机，承诺并有诚信地达成某些重要作为，有利于推进升级；其二，通过一定形式来获得公众认同的正当性；其三，形成具有持久性、公众认同的势力范围；其四，总结发展历程及其根本经验，持久坚持，使之长盛不衰；其五，形成一个可持续升级发展的良性进程；其六，发展到鼎盛阶段，应转向守成，不可抱持无限扩张的企图。

【生态文明启示】

"升"的生态文明启示是：生态文明建设的推进过程中，应稳步寻求不断深化发展，例如，在初始阶段主要着眼于适度限制污染排放，而后对于重要污染领域进行治理，而后对于大气、土壤、水域等生态系统进行治理，再其后则对生态功能区进行全面保护，等等。其一，把握时机，在特定领域取得重大成效，是推进生态文明建设不断深化的重要节点。如对空气、土壤、水域的治理取得成效；其二，通过一定形式来获得公众认同，如通过空气污染的治理，使得空气质量明显改善，环境质量改善而更加宜居，就可在一定程度上增进公众的认同；其三，生态环境保护和环境污染治理，必须持久坚持，公众认同也就能够得以扩张和强化；其四，总结生态文明建设历程及其根本经验，持久坚持；其五，把各阶段的生态文明建设目标，有机地衔接起来以形成一个良性的持续进程；其六，生态文明建设的目标，就是生态系统可持续性得以实现，一旦达成这一目标，就应以维持可持续性为根本，而不应无限度强化治理。

---

① "冥"，《说文解字》释为"冥，幽也"，此处可理解为"高深而幽远"之义，《庄子·在宥》有"至道之精，窈冥冥"之语，《道德经·第二十一章》有"窈兮冥兮"之语，"窈"表微不可见之义，"冥"则表宏大不可观测之义；"息"，《说文解字》释为"息，喘也"，《增韵》释为"一呼一吸为一息"。"不息"，此处可理解为"具有生生不息能力者"之义。

第四十七章　困

【原文】

困卦

坎下兑上

困，亨。贞大人吉，无咎。有言不信。

初六，臀困于株木，入于幽谷，三岁不觌。

九二，困于酒食，朱绂方来，利用享祀。征凶，无咎。

六三，困于石，据于蒺藜。入于其宫，不见其妻。凶。

九四，来徐徐，困于金车，吝，有终。

九五，劓刖，困于赤绂，乃徐有说，利用祭祀。

上六，困于葛藟，于臲卼，曰动悔。有悔，征吉。

【新认识与新释译】

"困"的含义是①：事物发展过程中，不可避免地将遭遇到进退不得的困境。这是发展中的必要过程，必须坦然面对。

"困，亨。贞大人吉，无咎。有言不信"的含义是：遭受进退不得的困境，是事物发展进程的必然路径，有利于事物的成熟发展。人们必须坦然面对进退两难的困境。

"困，亨"，可理解为"遭受进退不得的困境，可以当作事物发展进程的必然路径"之义；"贞大人吉，无咎"②，可理解为"遭受进退不得的困境，这对

---

① "困"，《说文解字》释为"困，故庐也，从木，在口中"，即"旧所居庐，其木久而敝坏"之义。

② "大人"，可理解为"从成长发展的角度来看"之义；"无咎"，可理解为"处此困境，不会带来与本义相悖的后果"之义。

于事物的成熟发展大有裨益，事物发展并不会因此而导致不良的后果"之义；"有言不信"①，可理解为"遭受进退不得的困境，必须坦然面对"之义；

"臀困于株木，入于幽谷，三岁不觌"合理的断句应为"臀困于株，木入于幽谷，三岁不觌"。其含义是②：遭受进退不得的困境，可能体现在不同的境遇下。有时可能在一个并不险要之处，导致需要花费许多精力和时间才能摆脱的困境。如同一个人只是被树杈卡住，却因挣脱过程中，树枝弯折而掉落幽谷之中。这样的困境，需要许久才能脱离。

"困于酒食，朱绂方来，利用享祀。征凶，无咎"的含义是：遭受进退不得的困境，可能体现在不同的境遇下。有时可能处于是困于现状还是去努力进取的两难选择之中。犹如还在为饱食终日无所事事而困扰之时，却迎来了足以告慰先人的要职。未来的发展方向充满变数，但并不会因此带来不利的后果。

"困于酒食"，可理解为"饱食终日无所事事的困境"之义；"朱绂方来，利用享祀"③，可理解为"却迎来了足以告慰先人的要职"之义；"征凶，无咎"④，可理解为"这一转折，虽然前景不明，但也不会导致有悖本心的后果"之义。

"困于石，据于蒺藜。入于其宫，不见其妻。凶"的含义是：遭受进退不得的困境，可能体现在不同的境遇下。有时可能处在一个看似无虞却无从脱逃的困境。如同困于一个孤石之上，四周都布满了荆棘；又如同入职于官廷，却无法与家人相见。

"困于石，据于蒺藜"⑤，可理解为"困于一个孤石之上，四周都布满了荆

---

① "言"，《说文解字》释为"直言曰言，论难曰语"，即"责难"之义。"有言"，此处可理解为"面对如此困境"之义；"信"，为"随意、不经意地……"之义。"不信"，此处可理解为"诚恳地受之"之义。《夬卦·九四》有"闻言不信"之语，含义相近。

② "木入于幽谷"，可理解为"树枝弯折而掉落幽谷"之义；"觌"，《说文解字》释为"觌，见也"，"三岁不觌"，可理解为"很久都无法摆脱困境"之义。《丰卦·上六》亦有"三岁不觌"之语。

③ "绂"，《正字通》释为"绂，朱绂，朱裳也"，周制，帝王、诸侯及上卿皆朱绂。"朱绂"，此处可理解为"受命担当某事"之义；"利用享祀"，可理解为"这是可祭祀告之于神灵或先人的大事"。

④ "征凶"，可理解为"前途未卜，充满不确定性"之义；"无咎"，可理解为"这种情形，不会带来与本义相悖的后果"之义。

⑤ "据"，《说文解字》释为"据，杖持也"，此处为"处于……之中"之义；"蒺藜"，即刺蒺藜，此处代指荆棘丛生。

棘"之义；"入于其宫，不见其妻"①，可理解为"入于宫廷，却无法与家人相聚"之义；"凶"，可理解为"前景充满无可奈何的未知性"。

"来徐徐，困于金车，吝，有终"的含义是②：遭受进退不得的困境，可能体现在不同的境遇下。有时由于财富名望所累而导致最终的困境。如同在完成要职任务之后返回时，豪华车子却行进迟缓，这是由于车子奢华沉重所累。

"劓刖，困于赤绂，乃徐有说，利用祭祀"的含义是：遭受进退不得的困境，可能体现在不同的境遇下。有时财富名望反倒导致危险更大的困境。如同在完成要职任务之后返回时，豪华车子却出了大的车祸，好在最终脱出险境。

"劓刖"③，可理解为"车子出了故障，导致乘车人受伤被困局面"之义："困于赤绂，乃徐有说"④，可以理解为"尽管乘坐有身份的车子，却无法逃脱受伤被困其中的窘境。好在渐渐从车中脱险"之义；"利用祭祀"，可理解为"能够化险为夷，多亏了此前的诚心祭祀"。

"困于葛藟，于臲卼，曰动悔。有悔，征吉"的含义是：遭受进退不得的困境，可能体现在不同的境遇下。有时会处于一种越解困就越难解、无法施力、不知所措的困境，犹如困于藤蔓缠绕之中。

"困于葛藟，于臲卼，曰动悔"⑤，可理解为"困于藤蔓缠绕之中"之义；"有悔，征吉"⑥，可理解为"虽然这一困境让人后怕，但对于长远目标并不会带来不利影响"之义。

---

① 以现代语言来认识，可理解为"外面的人想进来却无法进来，而里面的人想出去却无法出去的'围城'心境"。

② "来"，《广韵》释为"至也，还也，及也"，此处可理解为与"往"相对，即"返回"之义；"徐"，《说文解字》释为"徐，安行也"。"徐徐"，此处可理解为"行进缓慢"之义；"金车"，即黄铜装饰的车子，此处代指排场奢华；"吝"，可理解为"与预期相比，有所不足"之义；"有终"，可理解为"尽管遭遇困境，但还是能够回到目的地"之义。

③ 《睽卦·六三》有"其人天且劓"，为"驾车人受伤"之义。参照这一释义，"劓刖"，此处也可以理解为"车子出了故障，导致驾车人脸部腿部受伤"之义。

④ "赤绂"，即"朱绂"，此处可理解为"有朱绂的车子"；"说"，通"脱"。

⑤ "葛藟"，藤类蔓生植物，即野葡萄。《诗经·国风·王风》有"葛藟"一篇；"臲卼"，《孔颖达疏》释为"臲卼，动摇不安之貌"；"动悔"，可理解为"越是试图摆脱藤蔓缠绕，就越是无法摆脱"之义。

⑥ "有悔"，可理解为"与预期收获相比，将会产生风险损失"之义；"征吉"，可理解为"对其长远目标有所助益，不会增加风险"之义。

【哲理意涵】

本章的哲理意涵：事物发展过程中，不可避免地将遭遇到进退不得的困境。这是发展中不可避免的过程。人们必须坦然面对各种困境，如由于不经意行为而导致的长期困境；前景不明的困境；进退不得的两难困境；为名望财富所累的困境甚至是灾祸；自身无力解脱的困境。但这些发展过程中出现的困境，某种意义上有利于事物成熟发展，不会影响目标的实现。

【生态文明启示】

"困"的生态文明启示是：人类经济活动过程，往往就会导致各种进退两难的困境。往往会体现在经济成果与生态环境影响后果的矛盾之中。某种意义上来说，这些矛盾的历程，又是经济从高投入、高产出、高污染方式走向可持续发展道路的必经过程。

"臀困于株木，入于幽谷，三岁不觌"的生态文明启示是：人类经济活动过程，往往可能由于一个不经意的经济行为，导致需要花费许多精力和时间才能摆脱的生态环境困境。例如，一条河流周边的生产活动，一个湖泊周边的生产生活活动，其导致的环境污染后果，极有可能导致需要巨大投资、长达数十年上百年的治理过程。

第四十八章　井

【原文】

井卦

巽下坎上

井，改邑不改井，无丧无得，往来井井。汔至，亦未繘井，羸其瓶，凶。

初六，井泥不食，旧井无禽。

九二，井谷射鲋，瓮敝漏。

九三，井渫不食，为我心恻。可用汲，王明并受其福。

六四，井甃，无咎。

九五，井洌寒泉，食。

上六，井收勿幕，有孚，元吉。

【新认识与新释译】

"井"的含义是①：事物发展过程中，应当善用那些历久弥新、与自然几乎融为一体的设施和制度。如同水井之类的设施，由于极好地顺应了自然条件和自然规律，具有长期的功效作用，经过千百年，已经成为自然系统的一部分。

"井，改邑不改井，无丧无得。往来井井。汔至，亦未繘井，羸其瓶，凶"的含义是：许多设施是不会因时间和外部环境的变化而变化的，在不同的时间和环境下，依然能够发挥其作用和效能。但如长久不做维护的话，也无法使之发挥功效，甚至会导致风险。如同水井，并不会因时势的各种变化而改变。但如果许久没有维护和使用的话，水井就难以正常使用。

---

① 本书作者认为："井"的含义是：某些事物本身有着其持续的生命力，但也要有效地保育或修复其持续生命力所需的条件。如同水井一样，它有取之不尽、用之不竭、常有常新的生命力，但也要不断地清理其淤泥、堵其漏洞、修其设施。

"改邑不改井，无丧无得，往来井井"①，可理解为"城邑或村落的归属发生了变化，那里的景致面貌也有所变迁，但水井还是在那个地方没有改变，井水不会枯竭也不会溢满。年复一年，无论地域归属如何变化，人们还是以此井为井"；"汔至，亦未繘井，羸其瓶"，合理断句应为"汔至亦未，繘，井羸其瓶"②，可理解为"一旦井水干涸，汲水绳索放得再深，达到水井底部就会把汲水器物碰破。这意味着，尽管水井不会因时势而变迁，但如果长期得不到维护修缮，那么，其效能也无法及时发挥"；"凶"，可理解为"充满不确定性风险"。

"井泥不食，旧井无禽"的含义是③：许多事物，并不是本质上丧失了生机，而是因没有得到维护和使用而暂时失去其生机。如同井底充满污泥，井水不能食用，旧井周围连鸟兽也不出没。这意味着：水井一类的事物，是常用常新的，只要将之修复而使用，那么，与之相关的周边事物都会恢复其生机。

"井谷射鲋，瓮敝漏"的含义是④：许多事物，并没有完全丧失生机，但失于维护，如果贸然使用也会造成损失。如同一口井，因年久失修，井底出现小鱼，表明井中依然有活水，说明此井依然可用。如果打算用汲水的方式把鱼汲上来的话，必然会把汲水的陶器打破。这意味着，把关键性的设施完善了，其他小事也就自然而然便于完成。如同修缮井是根本之事，井修缮了，井中水满，自然而然就可把小鱼汲上来。

"井渫不食，为我心恻。可用汲，王明并受其福"，该句合理的断句应为

---

① "改"，《说文解字》释为"改，更也"；"邑"，《说文解字》释为"国也。从口；先王之制，尊卑有大小"，即"较小的封邑"。在先王制度中，公、侯、伯、子、男有尊卑高下不同，所管辖地域大小不一"之义。

② "汔"，《说文解字》释为"汔，水涸也"。"汔至亦未"，可理解为"将将就要打到还没有打到水的那一刻"之义；"繘"，《玉篇》释为"用以汲水也"。在此处为动词，可理解为"持续下放绳索"之义；"羸"，《说文解字注》释为"假借为累字"。即"打破"之义；"瓶"，即"装水的陶器"。"井羸其瓶"，可理解为"水井底部把汲水器物碰破"之义。

③ "泥"，此处可理解为"淤泥长久淤积"之义。

④ "射"，《增韵》释为"以弓弩矢射物也。又指物而取曰射"；"鲋"，《说文解字注》释为"鲋，鱼也。鲋见《易》《礼》。郑注《易》曰：鲋，鱼微小；虞翻曰：鲋，小鲜也。王逸注、《大招》及《广雅》皆云"。"射鲋"，此处可理解为"以汲水之器打捞井底小鱼"之义；"敝"，《说文解字》释为"帔也。一曰败衣"，此处可理解为"被打破"之义；"漏"，《说文解字》释为"漏，以铜受水，刻节，昼夜百刻"，原指"时漏"，此处可理解为"汲水之瓮被打破而漏水"之义。

"井渫不食，为我心恻。可用汲王，明并受其福"，其含义是：一个事物的功用，如果曾经因不善维护而涣散过，那么，即使其功用得以完好修复，人们也还会有疑虑，不敢轻易相信而恢复使用。这种状况下，需要采用特别的示范方式来促使人们恢复认同并积极使用。

"井渫不食，为我心恻"①，可理解为"清去了井底的污泥，清清井水，却没有人敢于饮用，水井若有知的话，内心必定伤感"之义；"可用汲王，明并受其福"②，可理解为"要采用特别昭显的方式，让人们明了该井可用，由此而享用其利"之义。

"井甃，无咎"的含义是③：修复一个长期可用的设施或事物，就要采用最坚实的方式，使之持久发挥功效。如同以砖石垒井壁，将水井修复，就会长期有利。

"井洌寒泉，食"的含义是④：一个事物的功用，只要其功能是真真实实的，那么，人们一定会从开始怀疑而转向相信、接近并使用之。如同水井清澈，泉水清凉，经过一定时间，人们必定放心地饮用。

"井收勿幕，有孚，元吉"的含义是⑤：一个事物的功用或功能，只要得以完好修复，那么，其就会有持久的生命力，不需要特别的防护，也不需要使用的限制。如同水井有源源不断的利益，不必遮盖，它自身能够保证其清澈；也不必覆盖，人人都可以自由取用。

【哲理意涵】

本章的哲理意涵：事物发展过程中，应当善用那些历久弥新、与自然几乎融为一体的设施和制度。某些人造设施，由于较好地顺应了自然条件和自然规

---

① "渫"，《说文解字》释为"渫，除去也"，即"去秽浊，清洁"之义；"我"，此处为拟人化之"井"。如同《道德经》中，以"我"表示拟人化的"道"（而以"吾"表示第一人称的作者）；"恻"，《说文解字》释为"恻，痛也"，即"痛心"之义。

② "可用汲王"，可理解为"可采用汲水请君主饮用"之义；"明"，可理解为"通过君主言行使得人们明了"；"并受其福"，可理解为"大众一并受其之益"之义。

③ "甃"，《说文解字》释为"甃，井壁也"。此处可理解为"垒好井壁，将水井修复"；"无咎"，此处可理解为"可恢复正常使用，不会出现其他问题"之义。

④ 此处可理解为"井中涌出清泉"之义。

⑤ "收"，《汉字源流字典》释为"引申为把散开的东西聚拢归置好"。此处可理解为"泉水不断聚集井中"之义；"幕"，《说文解字》释为"帷在上曰幕，覆食案亦曰幕"。此处可理解为"井口，不需要遮盖，也不需要设置防护"之义；"有孚"，可理解为"源源不断的泉涌，就是自然事物的诚信"之义；"元吉"，此处可理解为"与初始状态一样源源不断"之义。

律，其具有长期的功效作用，经过千百年，已经成为自然系统的一部分。同理，某些人为制度，由于较好地体现了人类成员的自然秉性，经历千百年依然能够发挥其社会作用。某些时期，由于时势的原因，这些设施或制度被荒废，但并非其功效作用已经丧失，而只是缺乏维护导致的。只要对其进行必要的修复，就依然能够发挥其功用，为人类社会服务。其一，这样的设施或制度，如果呈现荒废状态，并不是其本质上丧失了生机，而是因为没有得到维护和正常使用；其二，只要进行必要的修复，其主要功用和关联性的功用，都能够有效地恢复其作用；其三，这些设施或制度，其功用即使修复，人们会因其曾经凋敝过而存有疑虑，需要采用特别的示范方式促使人们恢复认同并积极使用；其四，修复一个长期可用的设施或制度，值得进行与之价值相称的投入，使之持久发挥功用；其五，只要其功用是真实可信的，那么，迟早必定会被人们普遍接受并积极使用；其六，由于其功用是基于自然条件和人类天性，所以，这些设施或制度，并不需要特别的监督保护措施，其功用是自然天成而源源不断的。

【生态文明启示】

"井"的生态文明启示是：生态文明建设过程中，那些虽然曾经是人为形成的设施和制度但经过千百年时间的磨合已经与自然几乎融为一体，完全体现了顺应自然条件和自然规律的特性，则应将之视为生态系统的一部分，充分发挥其生态功能作用。例如，都江堰水利工程，尽管是先秦时代人为改造自然而形成的，但由于它较好地顺应了自然条件，并且经历了2000多年与自然环境的磨合，已经与该区域的生态系统融为一体。因此，都江堰应被视作自然生态系统的有机构成部分，源源不断地发挥其生态功能作用。对于其他历史上形成的人造工程，只要其与自然生态系统充分融合，就应当作生态系统的组成部分，充分发挥其生态作用。

第四十九章　革

【原文】

革卦

离下兑上

革，巳日乃孚。元亨，利贞，悔亡。

初九，巩用黄牛之革。

六二，巳日乃革之，征吉，无咎。

九三，征凶。贞厉。革言三就，有孚。

九四，悔亡。有孚改命，吉。

九五，大人虎变，未占，有孚。

上六，君子豹变，小人革面，征凶，居贞吉。

【新认识与新释译】

"革"的含义是①：事物发展过程中，应适时地革旧更新。

"革，巳日乃孚。元亨，利贞，悔亡"的含义是：事物发展过程中的内在变革，只要时机合适，获得普遍信任，那么，就将有利于事物正常运行，事物顺利发展，消除事物发展风险。

---

① "革"，《说文解字》释为"革，兽皮治去其毛，革更之"。引申泛指"除去、更新"等义。应当明确，《革卦》所论述的"变革"，是自主推行的变革举措，不包括改朝换代类型的大变革。"革"，是古代谥号用字之一，了解其含义有助于理解其在《易经》中的含义。《逸周书·谥法解》释为"献敏成行曰革"。"革"，帛书本作"勒"。"勒"，《说文解字》释为"勒，马头络衔也"，即"马头系着嚼子的皮革"。

"革，巳日乃孚"①，可理解为"内在变革之事，应选择在合理的时机，只有时机适宜，才能获得信任和支持"之义；"元亨，利贞，悔亡"②，可理解为"内在变革，只要时机合适，获得普遍信任，那么，就将有利于事物正常运行，事物顺利发展，消除事物发展风险"之义。

"巩用黄牛之革"的含义是③：内在变革之事，应牢牢巩固和依靠有共同诉求的群体力量。如同巩国的铠甲之所以牢固，必须用黄牛之皮革来编结。

"巳日乃革之，征吉，无咎"的含义是④：合适时机一旦到来，就要当机立断地进行变革。这样就会有利于长远目标的实现，而不会给目标实现带来风险。

"征凶。贞厉。革言三就，有孚"的含义是：反之，如果没有选择合适的时机，就贸然进行变革。那么，对长远目标而言有较大的风险，预期发展进程也难以顺利。推行变革之先，应再三地宣扬其必要性和可行性，而后再推行与民众诉求相符合的革新举措，那样的话，就可从缺乏共识逐步转向有共识。

"征凶。贞厉"⑤，可理解为"时机不合适的行为，对长远目标可能带来较大的不确定性风险"；"贞厉"，可理解为"时机不合适的行为，将对预期效果产生负面影响"；"革言三就"，合理断句应为"革言三，就"⑥，可理解为"再三地进行有关变革方面的辩论和宣扬，而后再推行实施"之义；"有孚"，此处可理解为"从'不可信、不可行'转变为'可信、可行'"之义。

---

① "巳日乃孚"之中的"巳"，到底是天干的"己日"，还是地支中的"巳日"，众说纷纭。本书作者认为，无论取哪一种说法，其含义都是"适宜时机"之义。本书作者取"巳日"之说，或为"上巳日"之简称，可理解为"一年初春，万象更新之时"，亦有"有利时机"之义。

② "元亨"，可理解为"合乎时机的内在变革，是其内在机制正常运行的必然要求"之义；"利贞"，可理解为"合乎时机的内在变革，是事物顺利发展而达成目标的必然要求"之义。参见《乾卦》对"元亨""利贞"的阐释；"悔亡"，可理解为"通过内在变革，使各种可能风险得以削减"之义。

③ "巩"，《说文解字》释为"鞏，以韦束也"。本书作者认为，此处"巩"当为一坚固器具，或为"巩国铠甲"之义。《左传·昭十五年》有"阙巩之甲，武所以克商也"之语。

④ "征吉"，可理解为"对其长远目标有所助益，不会增加风险"；"无咎"，可理解为"不会带来与本义相悖的影响或后果"。

⑤ "征凶"，可理解为"对其长远目标可能带来较大的不确定性风险"；"贞厉"，可理解为"其固执或严厉的行为，将对预期效果产生一定的负面影响"。

⑥ "就"，《说文解字注》释为"就，高也。《广韵》曰：就，成也，迎也，即也。皆其引伸之义也"。此处可理解为"推行、实施"之义。

"悔亡。有孚改命，吉"的含义是①：变革要选择和等待合适时机，就在于削减人们的风险疑虑。一旦形成了变革共识，才能正式颁布推行。这种情形下，变革对于事业发展才是有利的。

"大人虎变，未占，有孚"的含义是：变革过程中，关乎成长发展的具体管理层面做出系列变革，毋庸置疑是最具共识的方面。

"大人虎变"②，可理解为"关乎成长发展的具体管理层面的变革"之义；"未占，有孚"③，可理解为"毋庸置疑，能够获得共识"之义。

"君子豹变，小人革面，征凶，居贞吉"的含义是：涉及顶层结构的全面性变革，涉及个体习性的变革，其变革成效，具有更大的不确定性风险。所以，要进行这些方面的变革，则需要更为稳妥可预期的举措和步骤。

"君子豹变，小人革面"，可理解为"涉及顶层的全面性变革，涉及每个个体习性的变革"之义；"征凶"，可理解为"其变革成效，具有更大的不确定性风险"之义；"居贞吉"④，可理解为"稳定可预期地推行的话，有利于事物顺利发展"之义。

【哲理意涵】

本章的哲理意涵：事物发展过程中，为有利于事物正常运行、顺利发展、消除发展风险，有必要推行内在变革。但要选择合适时机，并获得普遍信任。其一，应巩固和依靠有共同诉求的群体力量；其二，等待合适时机到来，当机

---

① "悔亡"，此处可理解为"寻求合适的时机，就是为了削减人们的风险疑虑"；"命"，即"国家重要类别的公文"。《论语》有"为命，裨谌草创之，世叔讨论之，行人子羽修饰之，东里子产润色之"之语，《尚书·文候之命》有"秦并天下，改命为制"之语，由此可见，"革"，仅指自主推行的变革举措。"改命"，可理解为"由国家发布变更制度的重要公文，推行变革举措"之义；"有孚"，可理解为"形成了共识"之义。

② "君子豹变""大人虎变""小人革面"，对照起来理解，其含义是：变革可区分为，全面的变革，即整体利益的系统架构层面（国君管理的层面）的变革；关乎成长发展的具体管理层面（大夫层面）的系列变革；普通平民层面，变革带给他们的行为影响而不需要做出直接的行为变革。"君子"，可理解为"考虑整体利益的层面"；"大人"，可理解为"考虑成长发展的层面"；"小人"，可理解为"只需考虑自身个体利益的平民层面"。"豹变"，是指如豹圜纹般的全面变革；"虎变"，是指如虎之斑纹般变革；"革面"，是指对于某一事物的表情变化。"豹"，《说文解字》释为"豹，似虎，圜纹"；"面"指表情，《庄子·外篇》有"于是焉河伯始旋其面目，望洋向若而叹曰"之语。

③ "未占"，字面上含义是"未做占卜即可得出的认识"，此处可理解为"不证自明""毋庸置疑"之义；"有孚"，此处可理解为"有共识"之义。

④ "居"，《说文解字》释为"居，蹲也"，即"蹲踞"之义。此处可理解为"稳妥"之义。

立断地推行；其三，推行变革之先，应再三宣扬其必要性和可行性，并推出与民众诉求相符合的革新举措；其四，一旦消除了对变革的疑虑、形成了变革共识，就应正式颁布推行；其五，从关乎成长发展的具体管理层面做出系列变革，是较为有效的变革步骤；其六，对于涉及顶层结构的全面性变革、影响到个体习性的变革，则需要更为谨慎稳妥地推进。

【生态文明启示】

"革"的生态文明启示是：工业文明向生态文明的转型，本身就是内在的变革。但要选择合适时机，并获得民众普遍的认同。其一，应巩固和依靠对于生态环境问题有共同诉求的群体力量；其二，在人们普遍认知到生态环境问题严重性后果的情形下，就是推进生态文明转型合适时机的到来，应当机立断地推行；其三，推行生态文明转型之先，应着力宣扬生态文明建设的必要性和可行性，并推出与民众对于宜居生态环境质量等诉求相符合的革新举措；其四，一旦人们消除了对生态文明转型的疑虑，就应正式推行；其五，不仅要从发展理念层面进行变革，更应在有关发展的具体管理层面做出系列变革；其六，生态文明建设是一个长期的过程，对于全面性变革、影响到民众习性的变革，则应更为稳妥地推进。

第五十章　鼎

【原文】

鼎卦

巽下离上

鼎，元吉，亨。

初六：鼎颠趾，利出否。得妾以其子，无咎。

九二：鼎有实，我仇有疾，不我能即，吉。

九三：鼎耳革，其行塞，雉膏不食，方雨亏悔，终吉。

九四：鼎折足，覆公餗，其形渥，凶。

六五：鼎黄耳金铉，利贞。

上九：鼎玉铉，大吉，无不利。

【新认识与新释译】

"鼎"的含义是①：因应时势变化，鼎新变革形成崭新事业，应形成全新制度，并呈现全新形象。

"鼎，元吉，亨"的含义是②：鼎新之业的形成，当以全新的形态呈现于世。这是事业发展进程顺利、内在机制运行顺畅的标志。

"鼎颠趾，利出否。得妾以其子，无咎"的含义是：鼎新之业之初，当彻底清除渣滓，勿残留余害，以利于吐故纳新。如同把鼎倒过来，利于倒出陈腐之

---

① "鼎"，《说文解字》释为"鼎，三足两耳，和五味之宝器也，象析木以炊也"。"鼎"作名词，多有象征王位、帝业等重要地位的意涵，作为动词则多有因鼎足的变故而导致的世事变迁之义。"鼎"，是古代谥号用字之一，了解其含义有助于理解其在《易经》中的含义，《逸周书·谥法解》释为"追改前过曰鼎"。

② "元吉"，可理解为"其初始条件，于事物发展进程而言，风险较小"之义；"亨"，可理解为"事物内在机制运行顺畅"之义。

物，从而装入新物。又如同正妻不能生育的情形下，娶妾以生子传宗，也可以看作纳新路径。

"鼎颠趾，利出否"①，可理解为"把鼎倒过来，利于倒出陈腐之物"之义；"得妾以其子"②，可理解为"娶妾以生子传宗接代"之义；"无咎"，可理解为"不会带来与本义相悖的影响或后果"。

"鼎有实，我仇有疾，不我能即，吉"的含义是：鼎新之业开始之时，当以全新内容充实，勿使残留旧意识、有害意识沾染之。如同鼎内烹饪食物，对新业有怨恨的人、有疾病的人，就不应让他们靠近鼎，以防备他们沾染食物。

"鼎有实"③，可理解为"鼎内有食物"之义；"我仇有疾，不我能即"④，可理解为"对新业有怨恨者、有忌疾者，不可让使之靠近鼎"之义；"吉"，可理解为"这是保障新生事物顺利发展的必要途径"之义。

"鼎耳革，其行塞，雉膏不食，方雨亏悔，终吉"的含义是：鼎新之业，宜尽快以鼎新标志性德政标识之，不宜权且沿革残缺的旧制。如同如果用旧鼎烹制食物，即使只是鼎耳断裂失去，就会导致不便移动，以至于煮在鼎中野味可能被烧焦而无法食用。暂时沿用旧制也未尝不可，或有适当方法暂时缓解旧制遗留的问题，不过还是尽快采用新制为上。

"鼎耳革，其行塞，雉膏不食"⑤，可理解为"鼎耳断裂失去，导致不便移动，因此煮在鼎中野味可能被烧焦而无法食用"之义；"方雨亏悔"⑥，可理解为"下雨或浇水可把鼎下之火灭去，这种情形比预期严重后果稍好"之义；"终吉"⑦，可以理解为"'鼎耳革'的状态，短期内不是根本性问题（不过，从长远角度来考虑，还是尽快启用新鼎为好）"之义。

---

① "趾"，《尔雅·释言》释为"趾，足也"。"鼎颠趾"，可理解为"把鼎倒置而使鼎足朝上"之义。

② "妾"，《说文解字》释为"妾，有辠女子，给事之得接于君者。《春秋》云：女为人妾。妾，不娉也"，即"非娉而娶的女子"之义。

③ "实"，《说文解字注》释为"富也。引申之为艸木之实。从宀贯，会意，贯为货物，以货物充于屋下是为实（實）"。此处可理解为"鼎内之食物"之义。

④ "仇"，《说文解字注》释为"雠也。雠犹应也。左传曰：嘉偶曰妃。怨偶曰仇"。

⑤ "革"，由"去除"之义转义为"失去"；"雉"，《说文解字》释为"雉，有十四种"，即指称野鸡一类鸟的总称；"膏"，《说文解字》释为"膏，肥也"，即指动物的肥肉。

⑥ "亏"，《说文解字》释为"亏，气损也"。"亏悔"，此处可理解为"风险有所降低"之义。

⑦ 从前后文来看，可合理推测此处有省略，可合理增加"还是尽快启用新鼎为好"之隐意。

"鼎折足，覆公𫗧，其形渥，凶"的含义是①：鼎新之业，宜尽快以鼎新标志性德政，标识之。如果没有标志性的德政，就不能标志其具有胜任重担的能力，难以取得大众信任。如同用鼎烹制食物，如果用旧鼎，鼎腿因陈旧而折断，极有可能会倾覆公侯的美食，导致严重的后果。

"鼎黄耳金铉，利贞"的含义是②：鼎新之标志性德政形成，与内容相符且有利于认同。如同制造新鼎以替代旧鼎，用黄铜做鼎耳，用黄铜做鼎铉。一派全新气象，有利于事业顺利发展。

"鼎玉铉，大吉，无不利"的含义是③：鼎新之业，当以新内容与新德政形式的全新气象呈现于世，且不断完善之。如同新鼎，还可以进一步以玉铉镶嵌于铉，使之更臻于完美。这对新兴事业而言，是其蓬勃发展的象征，是其各种有利发展条件的体现。

【哲理意涵】

本章的哲理意涵：因应时势变化，鼎新变革形成崭新事业，应形成全新制度，并呈现全新形象。其一，应彻底清除旧有制度下的渣滓和余害，以利于吐故纳新；其二，要以全新的方式和人员来操作新制度的实施，勿使旧制度下的残存意识沾染；其三，对于旧制度下某些机制的缺失，应从长远发展角度认识到其危害；其四，对于旧制度下某些支柱性机制的不堪重负，要认识到其可能导致严重后果的重大风险；其五，全新制度中，特别受到关注的机制要有明显区别于旧制度的显著特征，以此获得普遍的认同；其六，要不断完善全新制度，使之全面地有利于崭新事业的顺利发展。

【生态文明启示】

"鼎"的生态文明启示是：生态文明，是一种从工业文明变革而来的全新社会发展形态。作为全新的社会形态，应形成全新的制度，并呈现全新的形象。其一，应彻底清除工业文明旧有制度下的不利因素，以利于在新制度下形成全新的行为理念和行为方式；其二，要以全新的生态文明方式和具有生态文明意

---

① "𫗧"，指鼎中食物；"形渥"，通"刑剭"，《郑玄注》释为"若三公倾覆王之美道，屋中刑之"。

② "黄""金"，均指铜；"铉"，指横贯鼎耳用以举鼎的器具；"利贞"，可理解为"有利于其如预期般顺利发展而达成目标"之义。

③ "大吉"，可理解为"对于某一问题，能够通过一定方式有效解决的话，就有利于事物的顺利发展"之义，参见《家人卦·六四》对此语的释义；"无不利"，可理解为"不是不利于发展的因素"之义。参见《坤卦·六二》对此语的释义。

识的人员来落实新制度，以免存留的工业文明意识影响其生态文明社会的发展；其三，对于工业文明制度下因某些机制的缺失而导致生态环境危机的成因，应有充分的认识；其四，对于工业文明制度下其根本性机制必然最终引致生态环境危机，要有充分的认知；其五，全新的生态文明制度中，要建立起明显区别于工业文明的显著特征，以此获得普遍的认同；其六，要不断完善全新制度，使之全面地推进生态文明社会形态的发展。

第五十一章 震

【原文】

震卦

震下震上

震，亨。震来虩虩，笑言哑哑，震惊百里，不丧匕鬯。

初九，震来虩虩，后笑言哑哑，吉。

六二，震来，厉。亿丧贝，跻于九陵，勿逐，七日得。

六三，震苏苏，震行无眚。

九四，震遂泥。

六五，震往来，厉，意无丧有事。

上六，震索索，视矍矍，征凶。震不于其躬，于其邻，无咎。婚媾有言。

【新认识与新释译】

"震"的含义是①：事物发展过程中，必然会有重大风险预警情形出现，某些预警可能真正导致危机，某些预警则未必真正出现危机，皆应有效应对。如同雷电，是对大暴雨灾难的预警，理当有效应对。

"震，亨。震来虩虩，笑言哑哑，震惊百里，不丧匕鬯"的含义是：重大风险预警现象，事物发展过程中常有的情形，也是有利于事物顺利发展的必要机

---

① "震"，《说文解字》释为"震，（辟历）霹雳震物者"，《汉字源流字典》释为"篆文，会春雷一声蛰虫苏醒之意"。"震"，帛书本作"辰"。"辰"，《说文解字》释为"辰，震也。三月，阳气动，靁电振，民农时也，物皆生"，即"辰代表农历三月，阳气已发动，雷电振天，是百姓忙于农务的时令，此时万物生长"之义。《说文解字注》释为"震、振，古通用。振，奋也。……《释名》曰：辰，伸也。物皆伸舒而出也。季春之月。生气方盛。阳气发泄。句者毕出。萌者尽达。二月靁发声。始电至。三月而大振动"。

制。面对重大预警，人们为之惊恐无状是正常的表现，但对掌管重要事项的成员来说，则应处乱不惊，坦然面对和处置。如同在日常中，突如其来的惊雷，必然使人惊恐不已，但是主持祭祀者则应镇静自若。

"震，亨"，可理解为"惊雷，是日常生活中并不少见的现象，雷暴雨也是事物发展中不可缺少的现象"之义；"震来虩虩，笑言哑哑"①，可理解为"惊雷一声，让人惊恐不已，吓得连话都说不出来"；"震惊百里，不丧匕鬯"②，合理的断句应为"震，惊百里，不丧匕鬯"，可理解为"惊雷之震使整个小国的民众都受惊，但是主持祭祀者应镇静自若，手里的祭祀用物不可脱手掉落"之义。

"震来虩虩，后笑言哑哑，吉"的含义是：重大风险预警现象，引发人们的惊恐，是正常合理的情状，这种惊恐能够激起人们的风险意识。如果人们对于预警不惊恐，反倒是不正常的状态。

"震来，厉。亿丧贝，跻于九陵，勿逐，七日得"的含义是：重大风险预警发生时，如果判断其预期风险较大，那么，就必须启动紧急避险机制。避险过程中，不要去考虑抢救一般性的财产损失，唯当有效避险，才是挽回损失的根本之策。如同遭遇雷电交加，预示着可能发生大暴雨灾害，必须紧急避往高地。惊慌中丢失了钱财，好不容易登上了高坡，就不要返回去寻找了，避险成功后的收获足可抵偿这一损失。

"震来，厉"③，可理解为"雷电猛烈，预示有大暴雨灾害袭来"之义；"亿丧贝"④，可理解为"恻度财产损失"之义；"跻于九陵，勿逐，七日得"⑤，可理解为"已经到了避险高地，就不要去考虑损失问题了，避险后的收获足以抵偿其损失"之义，犹如今人俗语"留得青山在，不怕没柴烧"之义。

---

① "虩虩"，表"惊惧"之态；"笑言哑哑"，表受惊后如哑人一样能笑不能言。
② "百里"，指称一个较小的诸侯国或郡县；"匕鬯"，匕为勺子，鬯为香酒，均为祭祀用物。
③ "厉"，可理解为"超出其能力或超出其预期的大风险"，此处可理解为"预示有大暴雨袭来"之义。
④ "亿（億）"，相当于"意"。《说文解字注》释为"意，志也。志即识也。心所识也。意之训为测度，为记。训测者，如论语毋意毋必，不逆诈，不億不信，億则屡中。其字俗作億"。此处可理解为"恻度"之义；"贝"，为"货币"之义，此处代指财物。"亿丧贝"，帛书本作"意亡贝"。
⑤ "跻"，《说文解字》释为"跻，登也"；"七日"，或为"灾害过去之期"之义。"勿逐，七日得"，可理解为"丢失了财物，不必急于去寻找，过些时日自然会失而复得"。《既济卦·六二》亦有"勿逐，七日得"之句。

"震苏苏，震行无眚"①的含义是：风险预警现象发生时，要观察所处的环境状况，要考虑预警之危机的程度，再做出适当的应对。在危机程度较低的情形下，可以正常进行其活动。如同惊雷袭来，虽然使人微微发抖，但行于大道之上，即使有雷雨来袭，也无大碍。

"震遂泥"的含义是②：风险预警发生时，可能遭受因预警突如其来而引致的风险，而不是预警危机真正出现的风险。如同出其不意的打雷声，让人惊慌失措而坠陷泥污之中。

"震往来，厉，意无丧有事"的含义是③：预警现象反反复复地出现，预示着将有较大风险。这一情形下，应当意识到不是有重大财产损失，就是有其他大事发生。如同雷电交加不断，预示着大暴雨难以避免，要意识到或者会导致房屋、庄稼方面的损失，甚至可能还有要付诸祭祀的大事发生。

"震索索，视矍矍，征凶。震不于其躬，于其邻，无咎。婚媾有言"的含义是：重大风险预警发生时，人们普遍心态难安，此种情形下，不是急于推进其发展目标的时机。尽管预警的灾害并未发生于自身而承受其损失，但由于周边群体遭受了灾害，也应有设身处地的同情心同理心，不可操办喜庆之事，特别不宜操办与对方相关联的喜庆之事。

"震索索，视矍矍"④，可理解为"惊雷突发，必然导致心态难安"之义；"征凶"，可理解为"对其长远目标可能带来较大的不确定性风险"之义；"震不于其躬，于其邻"，可理解为"本地没有遭受雷暴雨袭来的灾害，但周边区域遭受了雷暴雨灾害"之义；"无咎"，可理解为"不会给自身带来不良后果"之义；"婚媾有言"⑤，可理解为"此时操办婚礼之类喜事，有不顾及他人痛苦之嫌，会受到非议"。

---

① "苏苏"表"微微发抖"之态；"眚"，《说文解字》释为"眚，目病生翳也"，指代灾殃。
② "遂"，有"坠落"之引申义。《墨子·法仪》有"其贼人多，故天祸之，使遂失其国家"之语。《荀子·修身》有"人有此三行，虽有大过，天其不遂乎"。
③ "厉"，可理解为"超出其能力或超出其预期的大风险"；"意"，《说文解字》释为"意，志也，从心察言而知意也"。与上文"亿丧贝"之"亿"同义；"丧"，与上文"亿丧贝"之"丧"同义；"有事"，此处指需要通过祭祀来处理的重要情形。古代把祭祀和战事视为大事，《左传·成公十三年》有"国之大事，在祀与戎"之语。
④ "索索"，表"心绪不宁"状态；"视矍矍"，表"与雷同出的闪电就像老人矍铄的目光，使人敬畏不已"之义。"矍"，《说文解字》释为"矍，一曰视遽貌"。
⑤ "言"，《说文解字》释为"直言曰言，论难曰语"。"有言"，此处可理解为"会受到非议"之义。

【哲理意涵】

本章的哲理意涵：事物发展过程中，必然会有重大风险预警情形出现，某些预警可能真正导致危机，某些预警则未必真正出现危机。无论是否真正转为危机，对于可能出现危机的预警都要谨慎应对。重大风险预警现象，是有利于事物顺利发展的必要机制。面对重大预警，人们为之惊恐是正常表现，但对掌管重要事项者来说，则应处乱不惊，坦然面对以处置。其一，重大风险预警现象，引发人们的惊恐，有利于激起人们的风险意识；其二，预期风险较大时，必须启动紧急避险机制。避险过程中，不可过多考虑保全财产，有效避险才是挽回损失的根本之策；其三，考虑所处环境状况及危机程度，再做出合理应对。预期危机程度较低时，可以正常进行其活动；其四，因应预警也可能引致风险，并不一定是危机本身造成的风险；其五，预警现象反复出现时，预示着将有较大风险。应意识到各种关联性的大事都有可能发生；其六，重大风险预警发生时，人们普遍心态难安，不宜急于推进其正常发展目标。自身未遭受灾害而周边群体遭受灾害时，应设身处地考虑他人的处境，不可呈现出置身事外甚至是幸灾乐祸的姿态。

【生态文明启示】

"震"的生态文明启示是：经济社会发展过程中，必然会有重大生态风险预警情形出现。过度的经济活动，导致严重的生态破坏、环境污染问题，就是重大的风险预警，无论是否会真正转化为生态环境危机，都应谨慎应对。其一，生态环境领域的风险预警现象，引发人们的惊恐，有利于激起人们的生态环境风险意识；其二，预期生态环境风险较大时，必须启动紧急避险机制。此时，就不可过多考虑经济利益的损失，而应考虑生态环境破坏性影响得以遏制这一根本问题；其三，如果生态环境危机程度较低时，可合理兼顾经济利益；其四，对于生态环境风险的应对，也应合理，不应因此而加剧或增加了其他风险；其五，严重的生态破坏、环境污染问题频繁出现，自然灾害加剧加频，就意味着生态环境危机的风险越来越大；其六，生态环境风险较大时，不宜急于推进其经济发展目标。其他区域出现较大的生态环境风险时，应感同身受地予以协助，应从关联性、整体性角度来治理和防范生态环境风险。

第五十二章　艮

【原文】

艮卦

艮下艮上

艮，艮其背，不获其身，行其庭，不见其人。无咎。

初六，艮其趾，无咎，利永贞。

六二，艮其腓，不拯其随，其心不快。

九三，艮其限，列其夤，厉，熏心。

六四，艮其身，无咎。

六五，艮其辅，言有序，悔亡。

上九，敦艮，吉。

【新认识与新释译】

"艮"的含义是①：事物发展过程中，宜止行于当止之境。问题出在哪一局部，就应止动这一局部，但是止动应考虑到其关联性的影响。

"艮，艮其背，不获其身，行其庭，不见其人。无咎"的含义是：当止而止就是，追随某一事物发展到一定阶段，不再亦步亦趋地追随。当止而止，有利于事物顺利发展。如同与他人同行一段时间之后，自行而止，只能看到同行者的背部，不再关注他们的正面情形；又如同与人同行一段时间之后，自行走入一所庭院，就不再关注同行者的情形。

---

① "艮"，《说文解字》释为"艮，很也"，而对"很"则释为"很，不听从也"。"艮"，《汉字源流字典》释为：会意字，甲骨文从"人"，从朝后看的"目"，会"人扭头向后瞪视"之义。《易经》各卦辞、爻辞中可理解为"止行、当止之事"之义。"艮"，帛书本作"根"。"根"，《说文解字》释为"根，木株也"，即"树木的地下部分"，此处可理解为"限于地层下，而不会生长出地面"之义。

"艮其背，不获其身"，可理解为"与人同行，自行而止后，不再关注他们的正面情形"之义；"行其庭，不见其人"，可理解为"与人同行，自行走入庭院，不再关注同行者的情形"之义；"无咎"，可理解为"当止而止行为不会带来与本义相悖的影响或后果"。

"艮其趾，无咎，利永贞"的含义是①：如果"当止之事"出在不影响全局的局部，则直接使其停止即可。这样，有利于其长期低风险发展。如同问题出在脚部，那么使其脚部停止活动，而不使之影响到全身。

"艮其腓，不拯其随，其心不快"的含义是②：如果"当止之事"出在可能影响周边局部，则要考虑化解其对关联局部的影响。如同问题出在小腿，那么使其小腿停止活动，就要考虑对小腿相连的大腿的影响，进而还要考虑到其对心脏的影响。

"艮其限，列其夤，厉，熏心"的含义是：如果"当止之事"出在可能影响关键性的局部，则要考虑止动局部而对关键部位的影响。如同问题出在人体活动关键的腰部，那么使其腰部停止活动，就要考虑对其腰部两边的肌肉乃至心脏的严重影响。

"艮其限，列其夤"③，可理解为"抑止腰部的行动，以至于撕裂了脊背的肉，身陷危险而心忧如熏的状态"之义；"厉"，可理解为"超出其能力或超出其预期的大风险"；"熏心"④，可理解为"忧虑到其对心脏的影响"之义。

"艮其身，无咎"的含义是：如果"当止之事"出在全局的主干，则直接使其止动即可，这样不会带来不良后果。如同问题出在人体上身，那么使其上身停止活动，全身也就自然而然地停止了活动。

"艮其辅，言有序，悔亡"的含义是⑤：如果"当止之事"出在本不该过多

---

① "趾"，《尔雅·释言》释为"趾，足也"，即"止步状态的脚"之义；"利永贞"，可理解为"利于其长期低风险发展"之义。

② "腓"，《说文解字》释为"腓，胫腨也"，即"胫骨后的肉"，俗称"腿肚子"；"拯"，《说文解字》释为"拯（抍），上举也"，即"双手上举援救"，此处为"自我解救"之义；"随"，《说文解字》释为"随，从也"，此处可理解为"随之而动的关联部位"之义；"快"，《说文解字》释为"快，喜也"，此处"不快"可理解为"不正常"之义。

③ "限"，指"人体上下两部分的分界"，亦即代指"腰部"；"夤"，《说文解字》释为"恭也，敬惕也。又进也，缘连也"，此处代指人的脊柱，位置与心相对。

④ "熏"，此处可理解为"忧虑"之义。《大雅》有"忧心如熏"之语。

⑤ "辅"，《说文解字》释为"辅，人颊车也"，此处代指"面颊、面颊骨"，《左传·僖公五年》有"谚所谓'辅车相依，唇亡齿寒'者，其虞虢之谓也"之语；"序"，《说文解字注》释为"东西墙也"，《释宫》曰：东西墙谓之序，按堂上以东西墙为介。《礼经》谓：阶上序端之南曰序南。谓正堂近序之处曰东序、西序"。此处可理解为"言语应有其分寸"之义；"悔亡"，可理解为"削减因口舌带来的风险"之义。

活动的局部，则要使之止动，使得其对整体发展的风险削减。如同为人本来就不应过多发议论，如果口舌出了问题，使之尽可能地安静，反而因少言而有益。

"敦艮，吉"的含义是①：接受劝勉，而止于当止之境，也有利于事物顺利发展。

【哲理意涵】

本章的哲理意涵：事物发展过程中，宜止行于当止之境。当止而止就是，追随某一事物发展到一定阶段，不再亦步亦趋追随；当止而止就是，局部事物之间，既有关联性，又有其固有边际；当止而止，有利于事物顺利发展。其一，问题出在哪一局部，就应止动这一局部；其二，止动某一局部，应考虑到其关联性的影响；其三，止动某一重要局部，应考虑到其对关键性部位的影响；其四，止动主干部位，也就止动了整体；其五，止动风险因素较多的局部，降低其带来的整体风险；其六，接受外部的劝勉意见，止于当止之境。

【生态文明启示】

"艮"的生态文明启示是：经济社会发展过程中，考虑到其生态环境影响，某些经济行为当止则止。当止而止就是，某一有效的经济增长方式发展到一定阶段，就不应继续强化这一方式。例如，增加要素投入的经济增长方式，发展到一定阶段就不宜持续地以这一方式扩张。考虑经济活动对生态环境影响的机理，相应地停止有关的经济活动。其一，严重的生态环境问题出在哪一产业领域，就应停止这一产业领域的经济活动；其二，停止某一产业领域的经济活动，但应考虑到其关联性的影响，以做适当的权衡；其三，停止某一重要产业领域的经济活动，应考虑到其对关键性产业领域的影响，以做适当的权衡；其四，停止了主导产业的经济活动，应考虑到其对整个经济体系的影响，以做适当的权衡；其五，停止生态环境风险因素较多的产业领域（如高污染产业、对生态环境破坏严重的产业），以降低其带来的整体性生态环境风险；其六，考虑全社会的共识，停止相应产业领域的经济活动，如终止对臭氧层破坏严重的制冷剂产业。

---

① "敦"，《说文解字》释为"敦，怒也，诋也"，即"恼怒、叱责"，引申为"劝勉"之义。

第五十三章　渐

【原文】

渐卦

艮下巽上

渐，女归吉，利贞。

初六，鸿渐于干，小子厉有言，无咎。

六二，鸿渐于磐，饮食衎衎，吉。

九三，鸿渐于陆，夫征不复，妇孕不育，凶，利御寇。

六四，鸿渐于木，或得其桷，无咎。

九五，鸿渐于陵，妇三岁不孕，终莫之胜，吉。

上九，鸿渐于陆，其羽可用为仪，吉。

【新认识与新释译】

"渐"的含义是①：事物渐进发展，就是顺其自然地发展。各种顺其自然的渐进状态，都是事业顺利的表征②。

"渐，女归吉，利贞"的含义是③：事物渐进发展，就是顺其自然地发展。犹如，大雁南归一样符合自然；又犹如，女子成年后出嫁一样顺其自然而预期良好。

---

① "渐"，《说文解字》释为"渐，水。出丹阳黟南蛮中，东入海"，"渐"有"疏导、渐进"之义渐，古水名，即今之浙江。"渐"有"疏导"之义。如《史记·越王勾践世家》有"禹之功大矣，渐九川，定九州"之语。本书作者推测，"浙江"之得名，或亦与"禹之渐九川"有关联。

② 《渐卦》各爻除九五外，其他各爻均有"无咎"或"吉"等正面论述断语，值得关注和探讨。

③ 《渐卦》的卦辞为三句话，分别是关于"鸿渐"的、关于夫妇的、关于占卜吉凶的论述。由此可见，各爻辞的第二句，应当都是关于夫妇生活的论述，个别爻辞有所省略，但不难合理理解其意涵。

"鸿渐于干，小子厉有言，无咎"的含义是：事物开始阶段，有一定的磨合过程，不必担心其后续的发展进程。如同大雁南归途中暂时停留岛屿或海岸；又如同新娘刚刚嫁入，丈夫或严厉或有所责难，但这都是极为自然的。

"鸿渐于干"①，可理解为"大雁南归途中停留岛屿或海岸"之义；"小子厉有言"②，可理解为"丈夫表现严厉而有所责难"之义；"无咎"，可理解为"这些情形，不会带来与本义相悖的后果"。

"鸿渐于磐，饮食衎衎，吉"的含义是：事物发展渐进，初有起色而安稳前行，关系日渐融和。如同大雁南归途中安然地停留到磐石之上；又如同夫妇饮食自如。

"鸿渐于磐"③，可理解为"大雁南归途中停留到磐石之上"之义；"饮食衎衎"④，可理解为"夫妇饮食自如地生活"之义；"吉"，可理解为"这些情形，意味着一切进展顺利"之义。

"鸿渐于陆，夫征不复，妇孕不育，凶，利御寇"的含义是：事物渐进发展，应认识并预防各类可能出现的问题。如同大雁南归，跨过海面终于回到了陆地，原本要开始正常的生活，却会面对各种风险；又如同丈夫服役在外原本以为到期可归却久久不归，或是妻子有孕在身原本以为能够顺利产子，却不料流产了。只要提前预防，都能够有效应对这些风险。

"鸿渐于陆"⑤，可理解为"大雁南归，跨过海面回到陆地"之义；"夫征不复"，可理解为"丈夫服役在外久久不归"之义；"妇孕不育"⑥，可理解为"妻子有孕在身，却流产了"之义；"凶，利御寇"，此处可理解为"尽管有较大风险，但还是能够有效应对这些风险"之义。

"鸿渐于木，或得其桷，无咎"的含义是⑦：事业持续渐进，进入稳定发展

---

① "鸿"，《说文解字》释为"鸿，鸿鹄也"，可理解为"大雁"或"天鹅"；"干"，此处可理解为"水边、河岸"之义。

② "言"，《说文解字》释为"直言曰言，论难曰语"，即"责难"之义，"有言"即为"承受责难"之义。

③ "磐"，《广韵》释为"磐，大石"。

④ "衎"，《说文解字》释为"衎，行喜貌"。

⑤ "陆"，《说文解字》释为"陆，高平地"。

⑥ "不育"，此处可理解为"未能顺利生产"之义。

⑦ "桷"，《说文解字》释为"桷，榱也，椽方曰桷"，此处可理解为"横平可做方形椽子的树枝"；"无咎"，可理解为"不会带来不良后果"之义；与其他各爻对照，可合理推测该爻辞省略了关于夫妇平稳生活的内容，可合理增益以利于对上下文的统一理解。

阶段。如同大雁南归终于回到陆地之后，或找寻到适合栖息的大树、平坦枝杈；又如同夫妇婚后进入稳定生活状态。

　　"鸿渐于陵，妇三岁不孕，终莫之胜，吉"的含义是：事物渐进发展，达到高峰阶段。如同大雁栖息到最适合的山丘；又如同婚后的稳定生活，妻子逐步成为家庭的女主人，即使妻子多年都没有生育（虽然，女子婚嫁后生儿育女是确定其地位的重要因素），也没有人欺凌或指使她。

　　"鸿渐于陵"①，可理解为"大雁栖息到最适合的山丘"之义；"妇三岁不孕，终莫之胜"②，可理解为"妻子逐步成为家庭的女主人，即使多年未育，也没有人敢欺凌她"之义；"吉"，可理解为"这些情形，有利于进一步发展"之义。

　　"鸿渐于陆，其羽可用为仪，吉"的含义是③：事物渐进发展，进入承续阶段。如同大雁又要北归了，渐渐从山上、树上飞回到陆地，褪去的羽毛还被作为仪仗装饰品，充满荣耀；又如同经年的生活，夫妇逐渐老去，但他们已经成为家族的尊严和荣耀。

【哲理意涵】

　　本章的哲理意涵：事物渐进发展，就是顺其自然地发展。各种顺其自然的渐进状态，都是事业顺利发展的标志。其一，事物初始阶段，有一定的磨合过程，不必担心其后续的发展进程；其二，事物渐进阶段，初有起色而安稳前行，相关关系日渐融和；其三，事物渐进发展阶段，应认识并预防各类可能出现的问题；其四，事业持续渐进，将进入稳定发展阶段；其五，事物渐进发展，达到高峰阶段，相关成员地位稳固；其六，事物渐进发展，进入承续阶段，创业者将成为后续者的榜样与荣耀。

【生态文明启示】

　　"渐"的生态文明启示是：工业文明向生态文明转型的实现过程，是一个渐进发展的过程，也就是生态文明建设渐次推进的过程。在其过程中，顺其自然的渐进状态，是生态文明建设顺利推进的表征。其一，生态文明建设初始阶段，经济发展与生态环境保护的目标之间、利益群体之间必定存在一定的磨合过程，

---

① "陵"，《说文解字》释为"陵，大阜也"，即"高大的山头"之义。

② "胜"，此处可理解为"欺凌"之义。

③ "陆"，《说文解字》释为"陆，高平地"；"仪"，《说文解字》释为"仪，度也"，即"法度"，此处可理解为"仪礼"之义；与其他各爻对照，可合理推测该爻辞省略了关于夫妇老年生活的内容，可合理增益以利于对上下文的统一理解。

只要目标明确，就不会影响其后续的发展进程；其二，随着生态文明建设的渐次推进，必然进入初有起色而安稳前行的发展阶段，经济与生态环境之间的关系日渐融和；其三，随着生态文明建设的深入推进，必将遭遇其他问题，对此应提前认知并有所预备。例如，生态责任分担等生态环境公平问题；其四，随着生态文明建设的持续推进，将稳定地向生态文明社会形态转型；其五，随着生态文明社会形态转型的稳步实现，由此而形成稳固的生态文明利益格局和社会结构；其六，随着生态文明社会形态转型的稳步实现，生态文明建设的先行者的理念和理想，将成为全社会共同的理念并逐步得以实现。

第五十四章　归妹

【原文】

归妹卦

兑下震上

归妹，征凶，无攸利。

初九，归妹以娣。跛能履，征吉。

九二，眇能视，利幽人之贞。

六三，归妹以须，反归以娣。

九四，归妹愆期，迟归有时。

六五，帝乙归妹，其君之袂不如其娣之袂良。月几望，吉。

上六，女承筐无实，士刲羊无血，无攸利。

【新认识与新释译】

"归妹"的含义是①：事物发展目标，单纯依靠内在条件，难以达成。需从多方对其不足予以补强，才有利于其顺利发展。

"归妹，征凶，无攸利"的含义是②：事物发展目标，如果仅仅依靠内在条件，是难以达成的。如同一个家族的男子成年后，如果不婚娶的话，其家族的传承就存在很大风险，也难以实现其家族不断传承的目标。

---

① "归"，《说文解字》释为"归（歸），女嫁也。从止，从妇省"，即本义是"女子出嫁"，其后凡是返家均借用"女嫁"之义来表述。《归妹卦》各爻的"归"，均为"女子出嫁"之义。

② "征凶"，可理解为"对其长远目标可能带来较大的不确定性风险"；"无攸利"，可理解为"难以实现本可顺其自然而带来的利益"。从"归妹"卦各爻的内容来看，"征凶，无攸利"，不是对"归妹"行为本身的断语，而是对"归妹"需要解决的问题所做出的断语，可理解为"如果不'归妹'的话，将面临风险，难以达成目标"之义。

　　"归妹以娣。跛能履，征吉"的含义是：事物发展过程中，某些方面有所不足时，只要通过一定方式把不足予以补强，那么，就可以正常发挥作用，有利于长远发展。如同少女出嫁，将其妹妹也一同嫁过去，两人在夫家就可以互相帮助，若有某些不足而可以及时补强之；又如同跛腿之人，如果得到他人帮助，也可像正常人那样行走。

　　"归妹以娣"，可理解为"少女出嫁时，将其妹妹也一同嫁过去"之义；"跛能履"①，可理解为"跛腿之人，如果得到他人的帮助，也就能够像正常人那样行走"之义；"征吉"，可理解为"对其人生目标有所助益，不会增加风险"。

　　"眇能视，利幽人之贞"的含义是②：事物发展过程中，某些方面有所不足时，只要通过一定方式减少其不必要的期望，那么，就可以正常发挥作用，顺利地推进其长远发展。如同失一目亦可视看，终究有碍视角，此时如能像隐士般减少额外欲求的话，同样能够顺利发展。

　　"归妹以须，反归以娣"的含义是③：事物发展过程中，某些方面有所不足时，应当发挥辅助性因素的作用。但是，起辅助性作用的辅助者，只能是辅助性的，不应取代起主要作用者的地位。如同少女出嫁时将其姐姐也一同嫁过去，但姐姐也只能作为妾而不能取代女主人地位。

　　"归妹愆期，迟归有时"的含义是：事物发展过程中，不应把一件事的成功，寄托于唯有的某一时机。如同嫁女错过了佳期，过后还有很多合适的佳期。

　　"帝乙归妹，其君之袂不如其娣之袂良。月几望，吉"的含义是：事物发展过程中，不宜斤斤计较一时的得失，而应以长远发展的目光来看待。

　　"帝乙归妹，其君之袂不如其娣之袂良"④，可理解为"帝乙为与周族联姻，决定将女儿嫁给周族姬昌，但姬昌已先聘有莘国姒为嫡夫人，帝乙之女只好屈

---

①　"跛能履"，可理解为"失一足勉强可行走，终究有碍步伐"之义。《履卦·六三》亦有"跛能履"之语。

②　"眇能视"，可理解为"失一目勉强可视看，终究有碍视角"之义。《履卦·六三》亦有"眇能视"之语；"幽人"，为"隐居的高士"，此处可理解为"如隐士般没有额外欲求"；"贞"，可理解为"预期发展进程顺利"。"利幽人之贞"，可理解为"只要内心平静自然，信念坚定，其预期发展进程必定顺利"之义。《履卦·六三》有"幽人贞吉"之语，语义与之相近。

③　"须"通"媭"，代指"姐姐"。

④　参见：《泰卦·六五》，亦有"帝乙归妹"之语；"袂"，《说文解字》释为"袂，袖也"。此处可理解为"衣饰差别代表的地位差别"。

己无法以嫡夫人身份嫁给姬昌。不承想,周族很快就兴盛起来了,如此看来,帝乙之女也并不是屈就";"月几望,吉",可理解为"月近于盈满,意味着事物朝着圆满方向发展"之义。

"女承筐无实,士刲羊无血,无攸利"的含义是:事物发展过程中,繁衍发展应有实际行为。如果仅仅是有名无实的形式,将难以达成其顺利发展的目标。

"女承筐无实,士刲羊无血"①,可理解为"女子捧着筐,里面却没有什么东西;男士宰杀羊,却不出血。此处是隐喻:婚嫁之后,男女双方有生理缺陷,无法交合繁衍"之义;"无攸利",可理解为"难以实现顺其自然的发展"之义。

【哲理意涵】

本章的哲理意涵:事物发展目标,单纯依靠内在条件,是难以达成的。需要从多方面对其不足方面予以补强,才有利于其顺利发展。其一,一种方式是,通过强化辅助因素以补强主导因素的不足;其二,一种方式是,减少目标中非必要的欲求;其三,强化辅助因素的过程中,要避免辅助因素对主导因素主导地位的侵蚀;其四,不应把目标的达成,寄托于唯一时机;其五,不应计较一时的得失,而应有长远发展目光;其六,针对发展目标,应有切实可施行的举措和行动。

【生态文明启示】

"归妹"的生态文明启示是:生态文明建设的区域目标,单纯依靠区域内在条件和内在努力,是难以实现的。需要从多方面对其不足方面予以补强,才有利于其顺利推进。如生态环境治理、生态环境质量维护,都需要区域间的有效协作,才能够有效地达成治理或维护的目标。其一,区域协同的方式之一是,通过生态环境转移支付、生态环境保护的技术支持等方式以补强经济不发达区域生态环境治理能力和维护能力的不足;其二,区域协同的方式之二是,减少非必要的经济活动以降低对周边区域的生态环境影响;其三,在区域协同过程中,应避免"搭便车"等行为;其四,要有效地实现区域协同,就必须形成长期的合作协定,但这一协定的形成,可能需要多次的博弈和协商,不要寄希望于一蹴而就;其五,区域协同过程中,不应计较一时一事的得失,而应有长远的目光、整体利益的格局;其六,区域协同,应有切实可施行的举措和行动,而不应停留在合作意向或纸上协定。

---

① "承筐",《诗经·小雅·鹿鸣》有"我有嘉宾,鼓瑟吹笙。吹笙鼓簧,承筐是将"之句,后以"承筐"借指欢迎宾客;"刲",《说文解字》释为"刲,刺也"。

第五十五章　丰

【原文】

丰卦

离下震上

丰，亨。王假之，勿忧，宜日中。

初九，遇其配主，虽旬无咎，往有尚。

六二，丰其蔀，日中见斗。往得疑疾，有孚发若，吉。

九三，丰其沛，日中见沫，折其右肱，无咎。

九四，丰其蔀，日中见斗，遇其夷主，吉。

六五，来章，有庆誉，吉。

上六，丰其屋，蔀其家，窥其户，阒其无人，三岁不觌，凶。

【新认识与新释译】

"丰"的含义是①：事物繁盛过程中，与自身发展相伴成长的另一事物可能导致对己方遮蔽的状态。

"丰，亨。王假之，勿忧，宜日中"的含义是：与自身相伴成长之事物呈现对己遮蔽状态，是事物发展过程中常见的现象。如若仍然具有正当性、仍然得到重要力量的有力支持，则不必担心当下，却应警觉此后的可能情形。犹如，处于正午日中，应认识到"日中则昃"的一般常理。

"丰，亨"，可理解为"因某一方面繁盛而导致对其他方面有所遮蔽，是事

---

① "丰"，《说文解字》释为"丰，草盛丰丰也"，亦即"草木茂盛"之义。《汉字源流字典》认为"丰"与"封"同源，都有树木茂盛之义，植树的目的是分界。本书作者认为，《丰卦》所讨论的主题是"相关事物导致的遮蔽"问题，与卦名"丰"的本义没有直接的关联性。

物发展过程中常见的现象"之义；"王假之，勿忧"①，可理解为"正处于国君影响力普照的繁盛状态，犹如处于正午日中，却应警觉繁盛过后的可能情形"之义；"宜日中"，可理解为"正处于日中时分，应意识到'日中则昃'之理"之义。

"遇其配主，虽旬无咎，往有尚"的含义是②：自身繁盛过程中，某一相伴而生的事物，极有可能相随壮大而与自身地位相当，成为遮蔽己方的阴影。对此，不必过于担心，这是发展过程常见的情形，只要按照既往的经验应对即可。

"丰其蔀，日中见斗。往得疑疾，有孚发若，吉"的含义是：与自身发展相伴而生的事物，遮蔽己方的阴影越来越大。这就如同侵蚀太阳的阴影不断扩大，中午时分，大地变得昏暗，天空还能看到北斗星。这样，会使得己方心生疑虑。但只要平和以待，事态很快就会得以恢复正常。

"丰其蔀，日中见斗"③，可理解为"侵蚀太阳的阴影扩大，导致白日昏暗能见北斗之天象"之义；"往得疑疾"，可理解为"这种情形下继续前行，会心生疑虑"之义；"有孚发若，吉"④，可理解为"只要坚定信念，平常以待，事态就将顺利平复"之义。

"丰其沛，日中见沬，折其右肱，无咎"的含义是：与自身发展相伴而生的事物，遮蔽己方的阴影越来越大。其地位不仅是与己相当，而且有断其得力支持力量之态势。这就如同侵蚀太阳的阴影几乎遮蔽了全部阳光，大地变得愈加昏暗，天空能看清星星闪耀。但，这只是一时状态，不会对长远产生严重的影响。

"丰其沛，日中见沬"，可理解为"遮蔽己方的形势越来越明显"之义；"沛"与"沬"，《周易集解》有"虞翻曰：日在云下称沛。沛，不明也；沬，

---

① "假"，《汉字源流字典》释为"从人、从叚（借助山崖攀缘而上），义当为借助、凭借"。

② "遇"，《说文解字》释为"遇，逢也"，即未约定而相逢之义，此处可理解为"意料之外的情形"；"配"，可理解为"够得上……资格"之义；"旬"，可理解为"既成事实"之义。《周礼》有"旬终则令正日成"之语，大意是：公务部门每十天将日常工作整理记录在案；"无咎"，可理解为"某行为不会带来与本义相悖、适得其反的影响或后果"；"往有尚"，可理解为"以先行者之行为作为借鉴"之义。

③ "蔀"，《广韵》释为"小席也"，即"覆于棚架以遮阳的草席"，引申为"遮蔽阳光之物"；"斗"，《说文解字注》释为"因斗形方直也。俗乃制徒字象形，有柄，上象斗形，下象其柄也。斗有柄者，葢象北斗"。此处即指称"北斗七星"。

④ "有孚"，可理解为"对于……坚定其信念"之义；"发若"，可理解为"照常运行"之义。

小星也"之释；"折其右肱"，与前后文的"遇其配主""遇其夷主"的含义相关，此处可理解为"断其作为左膀右臂的支持力量"之义；"无咎"，可理解为"这一状态，不会带来严重的影响或后果"。

"丰其蔀，日中见斗，遇其夷主，吉"的含义是①：与自身发展相伴而生的事物，遮蔽己方的阴影大到一定程度后，又会逐步退去。这就如同侵蚀太阳的阴影从遮蔽了全部阳光，逐步回复到可见北斗的程度。

"来章，有庆誉，吉"的含义是②：与自身发展相伴而生的事物，遮蔽己方的阴影大到一定程度后，又会逐步退去，直至全部退去。这就如同遮蔽阳光的阴影尽退，太阳出来，并显露出原有的辉光，值得庆贺。

"丰其屋，蔀其家，窥其户，阒其无人，三岁不觌，凶"的含义是：与自身发展相伴而生的事物，成为遮蔽己方的阴影。就其整个过程而言，是有较大风险的征兆。如同日食遮蔽太阳的过程：一会儿大地全暗下来，好像一个大的屋子，被草席盖上，窥视户内寂静无人，这是多年难得一见的日食凶兆。

"丰其屋，蔀其家"，可理解为"遮蔽现象，就像一个大的屋子，被草席严严实实盖上"之义；"窥其户，阒其无人"③，可理解为"窥视户内寂静无人"之义；"三岁不觌，凶"④，可理解为"这是多年来未见的日食天象，乃凶险征兆"之义。

【哲理意涵】

本章的哲理意涵：与自身相伴成长之事物呈现对己遮蔽的状态，是事物发展过程中常见现象。如若事物仍具正当性、仍然得到关键力量的有力支持，则不必担心当下，却应警觉此后的可能情形。其一，相伴而生的事物，壮大到与自身地位相当的地步，此时应按照既往经验有序应对；其二，相伴而生的事物，壮大到使得自身心生疑虑的地步，此时应坚定信念，平常以待；其三，相伴而生的事物，壮大到有断我得力支持之态势，此时应隐忍以待；其四，相伴而生的事物，壮大到一定程度后，毕竟其正当性和支持力量有限，又会逐步消退到配角地位；其五，相伴而生的事物，进而继续消退，直至其遮蔽影响完全消退；

---

① "夷"，此处可理解为"从'对等地位'又逐步退返到'配角地位'之义"。
② "来章"，此处可理解为"太阳之辉光得以恢复"；"庆"，《说文解字》释为"庆（慶），行贺人也。吉礼以鹿皮为挚，故从鹿省"；"誉"，《说文解字》释为"誉，偁也"。
③ "阒"，《说文解字》释为"阒，静也"，即"寂静无人"之义。
④ "觌"，《说文解字》释为"觌，见也"，即"见到过"之义。《困卦·初六》亦有"三岁不觌"之语。

其六，就相伴而生事物从不断扩大遮蔽影响到逐步消退的整个过程而论，对事物的顺利发展而言，是充满风险的过程。

【生态文明启示】

"丰"的生态文明启示是：经济活动的繁盛过程中，给生态环境带来的影响，逐步达到抵消经济福利甚至是完全抵消经济福利的状态（起初是经济活动给人们带来重大福利改进；其后是福利改进的同时，生态环境影响日益严重；再其后是福利改进与生态环境恶化相当；再其后是经济福利不足以抵消其生态环境影响）。但其对生态环境的影响是不具有正当性的，也不会得到持续的普遍支持，因此，经济福利完全被环境污染、生态破坏现象遮蔽的状态，不可能持续下去，最终还是将回归到经济福利为主、生态环境影响可控的状态。但是，由生态环境影响遮蔽经济福利的整个过程，对人类的生存发展与传承而言，是充满风险的过程。

第五十六章　旅

【原文】

旅卦

艮下离上

旅，小亨。旅贞吉。

初六，旅琐琐，斯其所取灾。

六二，旅即次，怀其资，得童仆，贞。

九三，旅焚其次，丧其童仆，贞厉。

九四，旅于处，得其资斧，我心不快。

六五，射雉，一矢亡，终以誉命。

上九，鸟焚其巢，旅人先笑后号啕。丧牛于易，凶。

【新认识与新释译】

"旅"的含义是①：事物在外在环境条件下的发展状况。即，对于事物发展的外部条件，自身无法把控，且充满不确定性，自身无力影响外界而只是外界影响的承受者。

"旅，小亨。旅贞吉"的含义是②：事物在外在环境条件下发展，在各种不确定性因素都得以合理控制的情况下，将得以顺利进行。只要各方面都谨慎应对的话，总体的预期风险并不高。

---

① "旅"，《说文解字》释为"军之五百人为旅"。《汉字源流字典》释为，由军队在外行军打仗引申指出行在外。《孔颖达疏》释为"旅者，客寄之名，羁旅之称，失其本居而寄他方，谓之为旅"。本书作者认为，《旅卦》所论述的主题是：事物在外在环境条件下的发展状况。

② "小亨"，可理解为"在相关问题处理得当的条件下，则事物发展顺利"之义，不宜理解为与"亨"有程度上的差别；"贞吉"，可理解为"预期风险较小"之义。

"旅琐琐，斯其所取灾"的含义是①：事物在外在环境条件下发展，对于不确定性问题，必须谨慎对待、谨慎处置。因为小的不确定性因素，可能引发较为严重的不确定后果。如同商旅于外，或因琐屑小事而引发灾祸大事。

"旅即次，怀其资，得童仆，贞"的含义是：事物在外在环境条件下发展，对于特定节点上的不确定性条件，遵照若干准则，尽可能地使之转化为确定性条件。如同商旅于外，天黑之前及时安排住宿，稳妥保管好其川资，有忠信者随从，都是旅行顺利的基本准则。

"旅即次"②，可理解为"到了该行止的时候就停止前行而安稳住宿"之义；"怀其资，得童仆"，可理解为"妥善保管川资，从者得力且可信赖"之义；"贞"③，可理解为"满足了这些条件则有利于旅行顺利"之义。

"旅焚其次，丧其童仆，贞厉"的含义是④：事物在外在环境条件下发展，即使遵照一定准则，将不确定性因素尽可能减少，也依然可能出现其他意外的风险，也会对预期目标产生较为严重的影响。如同商旅于外，或遭受住宿之所火灾殃及，或者遭遇随从者离去之困境，都会对商旅进程产生不利影响。

"旅于处，得其资斧，我心不快"的含义是⑤：事物在外在环境条件下发展，各种不确定性因素，既可能带来风险损失，某些时候也可能获得意外收益。但是，对于风险收益，要认识到你所获得的风险收益就是他人的风险损失。所以，一定要从换位思考的角度去检视自身行为，以减少自己遭受同类的风险损失。如同商旅于外，在某一停留休息之所，拾得一笔意外财物，庆幸之余，必须有所感悟和警觉。

---

① "琐"，《说文解字注》释为"玉声，谓玉之小声也。《周易》'旅琐琐'，郑君、陆绩皆曰：琐琐，小也"。"琐琐"，此处可理解为"因琐事引发他事"之义。

② "次"，《说文解字》释为"次，不前，不精也"，《说文解字注》释为"不前不精也，前当作峙，不峙不精皆居次之意也"，此处为"行旅中停滞不前"之义。《左传》有"凡师，一宿为舍，再宿为信，过信为次"之句，即"次"原指军队的行止，后来引申用于指代客旅行止。

③ 以单字"贞"为占断用语时，可理解为"预期一切正常"之义。

④ "焚"，《说文解字》释为"焚，烧田也"，此处可理解为"因烧荒而延烧到其居住之所"之义；"丧其童仆"，此处可理解为"童仆不再跟随或脱逃"之义；"贞厉"，可理解为"预期将产生较严重的影响"之义。

⑤ "处"，《广韵》释为"留也，息也，定也。又居室也"；"斧"，《王弼注》释为"斧，所以斫除荆棘，以安其舍者也"。"资斧"，此处可理解为"商旅时随身携带的财物及器具"；"快"，《说文解字》释为"快，喜也"，此处"不快"可理解为"疑虑"之义。《艮卦·六二》亦有"其心不快"之语，可参考其释义。

"射雉，一矢亡，终以誉命"的含义是①：事物在外在环境条件下发展，自身尽量不要去增加不确定性因素，不要在目标之外去额外追求风险收益，否则可能导致的是风险损失。始终要以完成既定目标来决定自己的行为。如同商旅于外的路途之中，却去猎射野鸡，可能的结果是没有获得猎物却损失了防卫所用的箭支。好在及时放弃射猎，才能完成初始目标。

"鸟焚其巢，旅人先笑后号啕。丧牛于易，凶"的含义是：事物在外在环境条件下发展，要认识到，即使一些看上去与自身关联不大的风险，也有可能波及自身，甚至导致自身即将完成目标时遭受重大风险损失，前功尽弃。如同商旅于外，突然周边树林出现小的火情，不承想火势由小而大，最终蔓延到货物交易场所，使得自己辛辛苦苦一路运载而来的一车贸易货物损失殆尽。

"鸟焚其巢"②，可理解为"小的火情，引发火势延烧"之义；"旅人先笑后号啕"③，可理解为"商旅之人在交易场所观看火情，转眼之间火势就蔓延近前"之义；"丧牛于易，凶"④，可理解为"一牛车货物在即将完成交易之时而损失殆尽，遭受巨大风险"。

【哲理意涵】

本章的哲理意涵：事物在外在环境条件下进行发展，发展主体对于外部条件无法把控，存在多方面的不确定性需要承受其影响。但只要各方面都谨慎应对，总体风险并不高。应对各种不确定性的情形主要包括：其一，谨慎对待和处置小的不确定性因素，以免引发较为严重的不确定性后果；其二，特定节点上的不确定性因素。应遵照若干准则，尽可能地使之转化为确定性条件；其三，即使将不确定性因素尽可能减少，依然可能出现其他意外风险，对此应有心理准备；其四，某些时候也可能获得意外收益。但要认识到你所获得的风险收益就是他人的风险损失，要从换位思考角度对自己有所警示；其五，不要在目标之外去额外追求风险收益，避免目标追求之外的风险损失；其六，一些关联不

---

① "誉"，《说文解字》释为"誉，称也"，对"称"则释为"称，铨也"。"誉命"，此处可理解为"以原本目的做出行为选择"之义。

② "焚"，《说文解字》释为"焚，烧田也"。此处可理解为"鸟巢所在的树林着火被焚"之义。

③ 《同人卦·九五》有"先号啕而后笑"之语，其义与此句相对。

④ "牛"，此处可理解为"牛车及其所装载的交易货物"。《论语·为政篇》有"人而无信不知其可也，大车无輗，小车无軏，其何以行之哉？"之语，大车即牛车，小车即马车，牛车通常用于装载货物。"丧牛于易"，《大壮卦·六五》有"丧羊于易"之语。语义或相近；"凶"，可理解为"充满不确定性和较大风险"。

大的风险因素，也有可能波及自身，甚至导致即将完成目标时遭受重大风险损失，对此种情形也应预做准备。

【生态文明启示】

"旅"的生态文明启示是：生态文明建设，如何在外在条件下推行。如在对外投资贸易活动中，如何体现其生态文明理念？如何有效控制其生态环境方面的不确定性和风险？其一，在具体的对外投资贸易活动，如出现生态环境方面的风险，应谨慎对待和处置，以免引发较为严重的生态环境后果；其二，特定节点上的不确定性因素。应遵照一定准则，尽可能地使之转化为确定性条件。如对外投资贸易活动中某些高新技术可能存在生态环境风险，此时应尽可能使用生态环境风险可控的成熟技术；其三，在无法充分了解其生态系统条件、生态环境规制不同的背景下，对外投资贸易活动的生态环境风险将加大，对此应有认识和预防；其四，不要通过对外投资贸易活动去转嫁生态环境责任或生态环境风险，以此谋取利益。

第五十七章　巽

【原文】

巽卦

巽下巽上

巽，小亨。利有攸往。利见大人。

初六，进退，利武人之贞。

九二，巽在床下，用史巫纷若，吉，无咎。

九三，频巽，吝。

六四，悔亡，田获三品。

九五，贞吉，悔亡，无不利，无初有终。先庚三日，后庚三日，吉。

上九，巽在床下，丧其资斧，贞凶。

【新认识与新释译】

"巽"的含义是①：事物发展过程中，应及时听取多方面的建议主张、权衡利弊得失，以决断进一步的发展之路。

"巽，小亨。利有攸往。利见大人"的含义是：事物发展过程中的决断，听取多方建议、权衡利弊得失，只要得当，则有利于事物顺利发展、顺其自然地发展、完善地发展。

---

① "巽"，《说文解字》释为"跪人也，巽从此"。《汉字源流字典》释为"甲骨文像二人跪伏地上以备差遣之状，会行迹卑顺之意"。"巽"，帛书本作"筭"。"筭"，《说文解字》释为"筭，长六寸，计历数者。言常弄乃不误也"，可理解为"计算、算计"之义。综合而论，《巽卦》所论述的主题是"权衡得失"。《系辞传》有"巽以行权"之语。

"巽，小亨"①，可理解为"决断时，听取多方建议、权衡利弊得失，如果得当的话，有利于事物顺利发展"之义；"利有攸往"，可理解为"利于顺其自然地发展"之义；"利见大人"，可理解为"利于其朝着成熟方向发展"之义。

"进退，利武人之贞"的含义是②：在进退抉择紧要之际，应果敢决断。如同武人根据自身经验和直感刚毅果敢地做出决断，此时不宜反复征求建议以免贻误时机。

"巽在床下，用史巫纷若，吉，无咎"的含义是：事物发展过程中的决断，降尊纡贵听取多方人士的意见建议，兼听则明，有利于事物顺利发展。

"巽在床下"③，可理解为"降尊纡贵听取他人意见"之义；"用史巫纷若"④，可理解为"采用听取多方面意见的方式"之义；"吉，无咎"，此处可理解为"当下进展顺利，长远无风险损失"之义。

"频巽，吝"的含义是⑤：在听取多方人士的不同意见建议做出决断时，不宜急促地做出决断，因为需要全面地综合地辨析相关信息和预判后果。如同催促筮卜的话，就会导致缺乏周全考虑的后果。

"悔亡，田获三品"的含义是：听取多方建议、权衡利弊得失做出决断后，一旦决定，就要坚信不疑，坚定推进，则会大有收获。如同打猎之时，对于猎获目标坚持不懈，就会大有收获。

"贞吉，悔亡，无不利，无初有终。先庚三日，后庚三日，吉"的含义是：听取多方建议、权衡利弊得失做出决断后，一旦决定，就要有条不紊地推进。初始进展未必顺利，但结果可期。如同在前三天准备好，在后三天内密切关注各方反应，到了第七天真正开始推行，这样才能使之顺利推进。

"贞吉，悔亡"，可理解为"预期风险较小，各种风险因素也逐渐消减"之

①　"小亨"，可理解为"在相关问题处理得当的条件下，则事物发展顺利"之义，不宜理解为与"亨"有程度上的差别。
②　"武人之贞"，此处可理解为"武人的感觉和判断"之义。
③　"床下"，本书作者认为，与"陛下""殿下""足下"等称谓有相通性。此处可理解为"降尊纡贵地听取其意见的对象"之义；"吉"，可理解为"进展顺利"之义；"无咎"，可理解为"不会带来与本义相悖的影响或后果"之义。
④　"史巫纷若"，可理解为"由祝史、巫觋、太卜等人来筮卜，因为他们多识广、知识渊博，综合他们的见解，就能够兼听则明"之义。
⑤　"频"，《玉篇》释为"急也"。

义；"无不利，无初有终"①，可理解为"消除了各种不利因素，虽然初始未必顺利，但其良好结果可期"之义；"先庚三日，后庚三日"②，可理解为"决定下达前，宣告三天；决定下达后，让人们充分认识，再叮嘱三天，才正式执行"之义；"吉"，可理解为"如此一来，必定进展顺利"之义。

"巽在床下，丧其资斧，贞凶"的含义是③：事物发展过程中的决断，听取多方建议，也要有一定的合理限度。如果反反复复听取意见，谋而不断，就可能丧失有利条件，导致风险。

【哲理意涵】

本章的哲理意涵：事物发展过程中，应及时听取多方面的建议主张、权衡利弊得失，以决断进一步的发展之路。只要得当，则有利于事物顺利发展、顺其自然地发展、完善地发展。这一过程中，应区分几种情形。其一，在进退抉择紧要之际，应果敢决断，此时不宜反复征求建议贻怠时机；其二，不耻下问听取多方人士的意见建议，兼听则明，有利于事物顺利发展；其三，在听取多方人士的不同意见后，不宜急促做出决断，应全面地综合地辨析；其四，一旦根据意见做出决断，就应坚信不疑，坚定推进；其五，一旦做出决断，就要有条不紊地推进。初始进展未必顺利，但结果可期；其六，听取多方建议，要适度，如果谋而不断，就会错失有利时机，导致风险。

【生态文明启示】

"巽"的生态文明启示是：生态系统如何维护、如何修复，生态文明建设如何推进等问题，应听取代表各方利益群体的建议主张、权衡利弊得失，以决断其推行之路。其一，当发现某一经济项目可能给生态环境带来严重影响的情形下，应果断地停止相关经济活动；其二，鉴于生态系统的复杂性，生态保护对各群体利益影响的不同，对于生态系统的维护与修复方式和进程，应听取多方

---

① "无不利"，可理解为"不是不利于发展的因素"之义。参见《坤卦·六二》对此语的释义。

② 王弼《周易注》释为"申命令谓之庚。夫以正齐物，不可卒也。民迷固久，直不可肆也。故先申三日，令著之后，复申三日，然后诛而无咎怨矣"。《说文解字》在对"庸"作释义时，释为"庸，用也。从用从庚。庚，更事也。《易》曰：'先庚三日'"，《说文解字注》释为"庚，更事也。庚更同音。说从庚之意。《易》曰'先庚三日'，巽九五爻辞。先庚三日者，先事而图更也"。

③ "斧"，《王弼注》释为"斧，所以斫除荆棘，以安其舍者也"。"资斧"，可理解为"商旅时随身携带的财物及器具"。"丧其资斧"，此处为引申义，即"丧失自身既有之有利条件"之义；"贞凶"，可理解为"预期风险极大"之义。

意见建议；其三，生态系统的维护与修复是长远性的复杂问题，不宜急促做出决断，应全面地综合地辨析评估；其四，生态环境保护对人类社会而言是极其重要的，一旦形成了这样的共识，就应坚定地推进，而不宜反反复复；其五，生态环境保护，短期内未必能够产生明显的效果，但长远来看必定对于维护人类生存环境的可持续性有重要作用；其六，生态环境保护问题，不宜议而不行。

第五十八章 兑

【原文】

兑卦

兑下兑上

兑，亨，利贞。

初九，和兑，吉。

九二，孚兑，吉，悔亡。

六三，来兑，凶。

九四，商兑未宁，介疾有喜。

九五，孚于剥，有厉。

上六，引兑。

【新认识与新释译】

"兑"的含义是①：事物发展过程中，与其他事物之间形成了互相连通的路径。

"兑，亨，利贞"的含义是：事物发展过程中，与其他事物形成连通路径，是事物正常发展的态势，也有利于事物的顺利发展。

"和兑，吉"的含义是②：事物发展过程中，与其他事物形成连通路径，是

---

① "兑"，《释名》释为"物得备足，皆喜悦也"。《诗经·大雅》有"行道兑矣"之语，《毛传》释为"兑，成蹊也"，即"相通"之义。本书作者认为，根据该卦各卦辞、爻辞的内容来看，《兑卦》所讨论的主题是"事物发展中，与其他事物之间形成的连通路径"。"兑"，帛书本作"夺"。《说文解字注》释为"夺，手持佳失之也。引申为凡失去物之称。凡手中遗落物当作此字。今乃用脱为之"。即"夺"通"脱"，而"脱"通"兑"，帛书本之"夺"由此而来，但"兑"与"夺"孰先孰后，无从判断。
② "和"，《说文解字》释为"和，相应也"，即"相呼应"之义。

由于连通可使事物之间形成一种和谐协调的关系。此类连通路径，不会带来风险。

"孚兑，吉，悔亡"的含义是①：事物发展过程中，与其他事物形成连通路径，是由于各事物主体之间相互信任而形成的。此类连通路径，随着信任的增进其风险因素逐渐消除。

"来兑，凶"的含义是②：事物发展过程中，与其他事物形成连通路径，非出自自身主动意愿而形成的。此类连通路径，会带来一定风险。

"商兑未宁，介疾有喜"的含义是③：事物发展过程中，与其他事物形成连通路径，是由于外部环境与内部状况存在可连通条件情形下实现的。此类连通路径，起初会有一些不确定的因素，但通过判别之后可认定其是有利的。

"孚于剥，有厉"的含义是④：事物发展过程中，与其他事物形成连通路径，是由于各事物主体之间相互信任而实现的。但在信任关系有所衰退的状况下，此类连通路径，要预防可能出现一些风险因素。

"引兑"的含义是⑤：事物发展过程中，与其他事物形成连通路径，是由于事物之间存在互为援引作用的情形下而维持的。如同弓与箭的关系。

【哲理意涵】

本章的哲理意涵：事物发展过程中，与其他事物形成连通路径，是事物正常发展的态势，也有利于事物的顺利发展。形成连通关系，有不同的成因和情形。其一，由于连通可使事物之间形成一种和谐协调的关系；其二，由于各事物主体之间相互信任而形成；其三，由他方主动联络而形成；其四，由于外部环境"倒逼"而形成；其五，此前因相互信任而形成，虽然信任关系有所衰落，

---

① "孚"，《说文解字》释为"孚，卵孚也。一曰信也"，既表示于他人而言的"信用""诚信"，也表示于自身而言的坚定信心。

② "来"，《广韵》释为"至也，还也，及也"，此处可理解为"非主动、非意愿的"之义；"凶"，可理解为"充满不确定性和较大风险"之义。

③ "商"，《说文解字》释为"商，从外知内也"，即"从外部推知内部情况"之义；"宁"，《说文解字》释为"宁（窜），安也"；"介"，《说文解字》释为"介，画也"，即"划定界限"，此处可理解为"判别"之义。"有喜"，为"病愈"之义。"介疾有喜"，可理解为"判别之后，可将不确定因素转化为有利因素"之义。

④ "剥"，《说文解字》释为"剥，裂也"，引申为"剥落"之义，《易经》中的"剥"，可理解为"渐渐显露的事物衰败征兆"，参见《剥卦》相关卦辞、爻辞；"有厉"，可理解为"非预期的、意料之外的风险"。

⑤ "引"，《说文解字》释为"引，开弓也"，引申为"牵动"，此处可理解为"因相互援引而形成连通关系"。

但连通关系依然存在；其六，存在互为援引作用的情形下而得以维持的。

【生态文明启示】

"兑"的生态文明启示是：生态文明建设进程中，与产业经济活动、社会发展活动相关领域形成连通路径，是正常推进的必然趋势，也有利于其顺利发展。生态文明建设过程中形成连通关系，有不同的成因和情形。其一，生态文明建设，与产业经济活动、社会发展活动相关领域形成连通路径，可使相关领域之间形成一种和谐协调的关系；其二，由生态、经济、社会各相关利益群体之间相互信任而形成；其三，某些情形下，是从经济活动、社会活动的行为者的角度，主动与生态文明建设活动行为者协商形成的；其四，某些情形下，是由于应对外部环境变化而"倒逼"形成的生态—经济—社会关联关系；其五，只要生态—经济—社会关联关系曾经形成，那么这种关联关系就会长期存在；其六，生态、经济、社会各领域应相互协同，以解决各自面对的问题。

第五十九章　涣

【原文】

涣卦

坎下巽上

涣，亨。王假有庙，利涉大川，利贞。

初六，用拯马壮，吉。

九二，涣奔其机，悔亡。

六三，涣其躬，无悔。

六四，涣其群，元吉。涣有丘，匪夷所思。

九五，涣，汗其大号，涣王居，无咎。

上九，涣其血，去逖出，无咎。

【新认识与新释译】

"涣"① 的含义是②：事物发展过程中，出现流散态势，应审慎评估其情势以有效应对。

"涣，亨。王假有庙，利涉大川，利贞"的含义是：事物发展过程中出现流散态势时，应顺应事物发展的规律和大势以合理应对。如果能够有效应对，将有利于克服更大的困难，过渡到一个新的发展阶段。

---

① 值得关注和探讨的是，《涣卦》卦辞及每一爻爻辞的占断用语，都是正面的。包括："亨""利贞""悔亡""无悔""吉""元吉""无咎"等。

② "涣"，《说文解字》释为"涣，流散也"。《道德经·第十五章》有"涣兮，其若凌释"之语，其含义是：如固态之冰融解为液态之水的变化过程，特指其将变未变的状态。《系辞传》"刳木为舟，剡木为楫，舟楫之利，以济不通，致远以利天下，盖取诸涣"。《涣卦》所讨论的主题或可理解为：事物有被某一情势冲散之危机。如同大水来临而可能冲散家中人财物，当有"舟楫"以应对危急情形。

"涣，亨"①，可理解为"事物发展过程中，出现流散态势，是一种正常情形"之义；"王假有庙，利涉大川"②，可理解为"君王所赋予的影响力有利于应对流散情势，也有利于克服更大的困难，过渡到一个新阶段"之义；"利贞"，可理解为"有利于其如预期般顺利发展而达成目标"之义。

"用拯马壮，吉"的含义是③：事物发展过程中，出现流散态势，初期，当尽力避开风头之险境。如同洪水到来之时，若有骏马骑用则可避开洪水之险。

"涣奔其机，悔亡"的含义是④：事物发展过程中，出现流散急迫态势时，若有阻挡防范机制，就能够大大降低其风险。如同洪水来势汹汹，但机木筑成的堤防起到了有效阻拦作用，堤防背后的人员则得以保全。

"涣其躬，无悔"的含义是⑤：事物发展过程中，出现流散态势，每一个人直接面对之时，宜坚定自我心志，这样并不会产生很大的风险。如同自身遭受洪水冲击时，只要坚定站稳脚跟，则一般不会被冲走。

"涣其群，元吉。涣有丘，匪夷所思"的含义是：事物发展过程中，出现流散态势，只要众人齐心协力，其实是难以溃散的。就如同洪水冲向山丘，根本不用担心山丘会被洪水夷平。

"涣其群，元吉"⑥，可理解为"众人面对流散情势，齐心协力，则风险较小"之义；"涣有丘，匪夷所思"⑦，可理解为"洪水冲向山丘，山丘是很难被

---

① "亨"，为"享"的本字，为"进献"之义，后引申为"通达"之义。此处可理解为"事物内在机制正常运行"之义。

② "假"字，《汉字源流字典》释为"从人、从段（借助山崖攀缘而上），本义当为借助、凭借"。"王假"，可理解为"由国君加持的影响力"之义。《萃卦》亦有"王假有庙"之语，参见其释义；"利涉大川"，参见《需卦》对其的阐释，即"克服较大的困难，过渡到一个新阶段"之义。

③ "拯"，《说文解字》释为"拯（抍），上举也"，即"双手上举援救"，此处为"自我解救"之义。《明夷卦·六二》亦有"用拯马壮"之语。

④ "奔"，《说文解字注》释为"趋也。《释宫》曰：室中谓之时。堂上谓之行。堂下谓之步。门外谓之趋。中庭谓之走。大路谓之奔。此析言之耳。浑言之则奔走趋不别也。引申之，凡赴急曰奔。凡出亡曰奔"；"机"，《说文解字》释为"机，木名"。《山海经》有"单狐之山多机木"之语。此处可理解为"机木筑成的堤防"；"悔亡"，可理解为"风险逐渐消减"之义。

⑤ "无悔"，可理解为"风险并不大"之义。

⑥ "群"，此处可理解为齐心协力的人群；"元吉"，可理解为"于事物发展进程而言，风险较小"之义。

⑦ "匪夷"，是指"不会夷平"之义；"所思"，是指"人人都能够想象得到"之义。"匪夷所思"，不能理解为后世成语的含义（"不是一般常理所能想象得到的"之义）。

洪水夷平的"之义。

"涣，汗其大号，涣王居，无咎"的含义是：事物发展过程中，出现流散态势，可能导致家国溃散之时，当发布紧急号令以统一行动。如同洪水水势很大，如果民众都听从号令，那么，即使洪水冲垮最坚固的君王居所，也不会对民众造成更大的灾祸。

"涣，汗其大号"①，可理解为"洪水态势严峻之时，国君应发布紧急号令"之义；"涣王居"，可理解为"洪水冲垮最坚固的国君居所"之义；"无咎"，可理解为"不会带来与本义相悖的后果"。

"涣其血，去逖出，无咎"的含义是②：事物发展过程中，出现流散态势，导致宗族流离失所，即使迁徙到远方而存留其血脉，也是一个可以接受的结果。

【哲理意涵】

本章的哲理意涵：事物发展过程中，出现流散态势，是发展常态。若能审慎评估其情势以有效应对，将有利于克服更大困难，过渡到一个新的发展阶段。针对不同的流散情势，可秉持不同的应对理念。其一，初期，当尽力避开风头之险境；其二，平时，应建立具有一定阻挡能力的防范机制或设施；其三，每一个个体直面冲击时，应坚定克服困难的心志；其四，群体面对冲击时，应齐心协力；其五，国家面对冲击时，应发布并遵从统一号令；其六，即使遭受严重冲击导致流散，也应留存"根种"以待重新发展。

【生态文明启示】

"涣"的生态文明启示是：生态文明建设进程中，并非总有足够信念和力量来推动其前进。出现流散态势，是其进程中的常态。针对不同的流散情势，应有效应对。其一，生态文明建设初期，不宜与主张经济增长至上的力量正面冲突，而应避其锋芒，渗透式推进；其二，生态文明建设，应建立具有抵制和防范否定生态文明理念的制度机制；其三，作为个体的社会成员，在面对经济利益与生态利益严重冲突的情形下，需要坚定其以生态文明理念解决问题的心志，而不怀退回经济利益至上思路之念；其四，群体面对经济利益

---

① "汗"，表"散出不回收"之义；"大号"，即君王发布政令。

② "血"，《说文解字》释为"血，祭所荐牲血也"，即，祭祀时作为牺牲敬献给神灵的鲜血，此处或代指"宗族"；"逖"，《说文解字》释为"逖，远也"，即远离之义；"无咎"，可理解为"不会带来与本义相悖的影响或后果"。

与生态利益严重冲突的情形下，应齐心协力，以生态文明理念解决问题；其五，国家面对经济利益与生态利益严重冲突的情形下，应发布并遵从统一号令而坚定生态文明建设道路；其六，即使因经济危机等深重问题，使得生态文明建设遭受严重冲击，也应留存"生态文明"信念，以待重新推进的时机。

第六十章 节

节卦

兑下坎上

节，亨。苦节，不可贞。

初九，不出户庭，无咎。

九二，不出门庭，凶。

六三，不节若，则嗟若，无咎。

六四，安节，亨。

九五，甘节，吉，往有尚。

上六，苦节，贞凶，悔亡。

【新认识与新释译】

"节"的含义是①：事物发展过程中，应重视关键性部件和关键性时间节点。连接事物各个部分的关键性部件，简称"关节"。它既具有整体事物的特性，又对特定部分起着节制作用；连接事物各个阶段的关键性阶段，简称"节点"。它既是整体事物发展进程的一部分，又对各阶段进程起着特殊作用的关键

---

① "节"，《说文解字》释为"节（節），竹约也"，即指竹节，亦指植物枝干交接处，亦指动物骨骼连接处，亦指时序方面的交接点（时令）。本书作者认为，为了更好地理解"节"的含义，可将《节卦》卦辞、爻辞各句联系起来，或许可以做这样一个比拟。以植物的生长来理解，"不出户庭"，相当于种子将要发芽而未破出种子的状态；"不出门庭"，相当于种子已经发芽到一定程度，将要破土而出的状态；"不节若"，相当于：如果不能一节一节地生长，那么，这株植物就没有生命力，很快就将枯萎；"安节"，与"不节"是相对的，能够一节一节地顺利生长，也就意味着其具有旺盛的生命力；"甘节"，相当于开花结果的过程，完成其生命力的重要阶段；"苦节"，即相当于果实成熟而植物本身的生命力将进入一个经历寒冬而等待下一个春天的漫长时期。

阶段。

"节，亨。苦节，不可贞"的含义是①："关节"，对整体事物起着关键性作用和节制作用，是事物运行的正常机制。"节点"，对事物发展进程起着关键作用，如果关键性"节点"出现难点，将对事物持续发展产生不确定性风险。

"不出户庭，无咎"的含义是②：事物孕育成长阶段，即将要脱离母体，是其一个关键性节点。如同种子将要发芽而即将破出的状态，这是顺应自然的发展过程，不会有什么大的风险。

"不出门庭，凶"的含义是③：事物成长过程中，脱离母体将要面对外部环境而发展，是其一个关键性节点。如同种子发芽到一定程度，将要破土而出的状态，未来的状态充满不确定性，并不完全取决于自身，还取决于外在环境状况。

"不节若，则嗟若，无咎"的含义是④：事物成长过程中，脱离母体后能否顺利达成其关键性节点？如果没有顺利达成关键节点，则应探寻其成因予以调整适应。如果能够调整适应，也不会带来不良后果。

"安节，亨"的含义是⑤：事物成长过程中，经历了脱离母体后的关键性节点，就意味着能够顺顺利利地持续生长。

"甘节，吉，往有尚"的含义是⑥：事物成长过程中，形成了顺其自然的关键性节点，一切都顺其自然地发展，并有先行者之行为效果作为借鉴。

"苦节，贞凶，悔亡"的含义是⑦：事物成长过程中，完成了一个周期性过程，将进入下一阶段的新发展。尽管预期其进程艰难，但风险因素将逐渐消除。

---

① "苦"，《说文解字》释为"大苦，苓也"，即"一种非常苦的野菜"，引申为"艰辛"之义；"可"，《韵会》释为"可者，否之对"。"不可贞"，可理解为"其行为结果，是不确定性的、难以预期"。

② "无咎"，可理解为"不会带来与本义相悖的后果"。

③ "凶"，可理解为"充满不确定性和较大风险"。

④ "嗟"，《说文解字》释为"嗟，咨也"，对"咨"则释为"谋事曰咨"；"无咎"，可理解为"不会带来与本义相悖的影响或后果"。

⑤ "安"，《说文解字》释为"安，静也"，此处可理解为"清静无为地"；"亨"，可理解为"正常运行"之义。

⑥ "甘"，《说文解字》释为"甘，美也"，即"味美"，此处可理解为"乐意、心甘情愿"之义；"往有尚"，是"以先行者之行为作为借鉴"之义。

⑦ "苦"，为"艰辛"之义。"苦节"，参见本卦的卦辞释义；"贞凶"，可理解为"预期风险较大"之义；"悔亡"，可理解为"所担心的风险因素逐渐消除"之义。

【哲理意涵】

本章的哲理意涵：事物发展过程中，应重视关键性部件（"关节"）和关键性时间节点（"节点"）。"关节"，对整体事物起着关键性作用和节制作用，是事物运行的正常机制。"节点"，对事物发展进程起着关键作用。以植物发育生长的例子来理解，需要关注的主要关节点有：其一，种子将要发芽而未破出种子的状态；其二，种子已经发芽到一定程度，将要破土而出的状态；其三，如果不能一节一节地生长，那么，这株植物就没有生命力，很快就将枯萎；其四，如果能够一节一节地顺利生长，也就意味着其具有旺盛的生命力；其五，开花结果的过程，完成其生命力的重要阶段；其六，完成了一个周期性过程，将迎来新的生命周期。

【生态文明启示】

"节"的生态文明启示是：生态文明建设过程中，有其关键性的"节点"。如随着经济发展，经济活动对环境质量的负面影响、对森林覆盖率的负面影响、污染排放等，都将呈现出"倒U型"特征（环境库兹涅茨曲线），其从增长到减少的转折点，就是生态文明建设过程的关键性"节点"，对生态文明建设进程而言有着关键性作用。生态文明建设推进过程中，需要关注的主要"节点"有：其一，初始阶段，生态文明理念，能否在生产者、消费者中得以认同并逐步孕育形成；其二，逐步形成生态文明理念的人们，能否逐步形成一个能够影响社会决策的重要力量，如生态环境友好型非政府组织等，发挥其影响作用；其三，某些生态环境保护认识和行为，由于无法一个阶段一个阶段地顺利发展，那么，这样的认识和行为，就缺乏其生命力，将无法持续存在，如极端的动物保护主张；其四，只有那些能够一个阶段一个阶段地顺利发展的生态环境保护的认识和行为，才具有旺盛的生命力，并逐步壮大其力量和社会影响力；其五，生态文明建设发展到一定阶段，生态文明理念转化为相应的社会行为规则和社会制度；其六，一个阶段的生态文明建设取得成效后，将迎来新的生态文明建设阶段。每一个阶段都必将经历艰难到难题逐步突破的过程。

第六十一章　中孚

【原文】

中孚卦

兑下巽上

中孚，豚鱼，吉。利涉大川，利贞。

初九，虞，吉。有它不燕。

九二，鸣鹤在阴，其子和之。我有好爵，吾与尔靡之。

六三，得敌，或鼓或罢，或泣或歌。

六四，月几望，马匹亡，无咎。

九五，有孚挛如，无咎。

上九，翰音登于天，贞凶。

【新认识与新释译】

"中孚"的含义是①：事物发展过程中，应在与之交往的群体中获得信用。

"中孚，豚鱼，吉。利涉大川，利贞"的含义是②：在与之交往的群体中获得信用，其根本是自身内心真诚，而不是一次性的利益输送。如同豚、鱼等祭祀物，虽然简单，只要内心真诚，仍然会被神灵接纳而赐福。建立了信用，才能承担更大的责任、完成更大的目标，才能使事物顺利发展。

---

① "中"，《说文解字》释为"中，内也"，即"事物的内部"；"孚"，《说文解字》释为"孚，卵孚也。一曰信也"，既表示于他人而言的"信用""诚信"，也表示于自身而言的坚定信心。"中孚"，本书作者认为，可理解为"其行为在众人之中获得信用"之义。《泰卦·九二》有"中行"之语，表"其行为在众人之中得以倡导"之义。可参照其释义。"孚"，帛书本作"复"。"复"，《说文解字》释为"复，往来也"。

② "利涉大川"，参见《需卦》对其的阐释，即"克服较大的困难，过渡到一个新阶段"之义。

"中孚，豚鱼，吉"①，可理解为"豚、鱼等祭祀物，虽然简单，只要内心真诚，仍然会被神接纳而赐福"之义；"利涉大川"，可理解为"有利于克服更大的困难，过渡到一个新阶段"之义；"利贞"，可理解为"有利于其如预期般顺利发展而达成目标"之义。

"虞，吉。有它不燕"的含义是②：在群体中建立信用的过程中，初始与你交往者，对你有所疑虑，是正常的、合理的。如同人们担心有蛇而内心必然有所不安。

"鸣鹤在阴，其子和之。我有好爵，吾与尔靡之"的含义是：信用的本质，就是相互之间和谐相处、互相信任。如同鹤与其伙伴在河的两岸，互相鸣和。诚信的本质，就是利益共享。又如同你有好酒，就要与同伴共享、与同伴一起醉倒。

"鸣鹤在阴，其子和之"③，可理解为"鹤与其伴在河的两岸，互相鸣和"之义；"我有好爵，吾与尔靡之"④，可理解为"我有好酒，就要与你一起醉倒"之义。

"得敌，或鼓或罢，或泣或歌"的含义是⑤：信用的基础，就是要形成相互诚信而为的合作者，一方遇到困难，就要同心协作。如同遇到敌人，或者一起进攻，或者一起收兵，或者一起承受挫折，或者一起庆贺胜利。

"月几望，马匹亡，无咎"的含义是⑥：作为信用的基础，诚信之道，合作者之间应当透明可知，不可高深莫测。如同月望之夜马匹走失，是很容易发

---

① "豚鱼"，即，豚和鱼，多喻微贱之物。《礼记·王制》有"庶人春荐韭，夏荐麦，秋荐黍，冬荐稻。韭以卵，麦以鱼，黍以豚，稻以雁"之说，内含"平民于夏秋两季，用豚与鱼祭祀"之义。

② "虞"，《说文解字》释为"虞，驺虞，白虎黑文，尾长于身，仁兽，食自死之肉"，即"一种仁兽"，作动词为"忧虑"之义，《诗经·大雅·抑》有"用戒不虞"之语；"吉"，《说文解字》释为"吉，善也"；"它"，即"蛇"本字；"燕"即"燕处"，亦即"安然闲适"之义，如同《礼记·经解》"燕处则听雅颂之音"之语。"有它不燕"可理解为"担心有蛇出现而内心有所不安"。

③ "阴"，《说文解字》释为"暗（闇）也，水之南，山之北也"，此处可理解为"河的对岸"之义；"其子"，此处可理解为"其同伴"之义。

④ "爵"，《说文解字》释为"爵，礼器也"，即"仪礼用的酒器"，此处代指"美酒"；"靡"，《说文解字》释为"靡，披靡也"，即"旗帜倒伏"，此处可理解为"醉倒之态"。

⑤ "得"，《说文解字》释为"行有所得也"；"罢"，《说文解字》释为"罢，遣有辜也"，即"放逐有罪的人"，此处可理解为"罢兵"之义。

⑥ "无咎"，此处可理解为"相互透明的行为不会带来与本义相悖的后果"。

现的。

"有孚挛如，无咎"的含义是①：作为信用的基础，诚信之道，就是步伐一致。如同携手同行。

"翰音登于天，贞凶"的含义是②：作为信用的基础，诚信之道，就是要以常态相待。如果以非常态姿态相待，必有较大的预期风险。如同鸡禽偶尔可能飞起，但终究不是其常态。

【哲理意涵】

本章的哲理意涵：事物发展过程中，应在与之关联的群体中获得信用，其根本是自身内心真诚地寻求协作，而不是一次性的利益交换。应着重关注几方面的问题。其一，建立信用的过程中，初始与你交往者有所疑虑，是正常、合理的，应设身处地予以理解；其二，建立信用的过程中，就是要在相互之间形成和谐相处、相互信任的关系；其三，建立信用的过程中，就是要形成相互诚信而为的关联关系，一方遇到困难，则要同心协作；其四，作为信用的基础，合作者之间应当透明可知；其五，作为信用的基础，就是要信守步伐一致的诚信之道；其六，作为信用的基础，就是要以常态相待。如果出现非常态情形，必致风险。

【生态文明启示】

"中孚"的生态文明启示是：生态文明建设过程中，生态利益主体，应与经济利益主体等关联主体形成相互信任关系，要真诚地寻求协作，而不是一次性的利益交换。其一，初始阶段，经济利益主体对于生态环境保护的推行将损害其利益，有所疑虑，是正常、合理的，所以，应充分考虑到他们的利益诉求，才有可能寻求到协作的利益基础；其二，生态文明建设过程中，对于经济利益主体，应基于各自的利益诉求谋求博弈均衡，而不是单纯依靠强制性的生态环境规制手段；其三，生态文明建设过程中，生态利益主体、经济利益主体之间，应逐步形成紧密的关联关系。如某一流域的生态联系与产业经济联系，应协同起来考虑。某一方面遇到困难，则要同心协作。如流域出现严重的污染问题，则流域内的经济主体务必承担起协同治理责任，否则必将在不远的将来损害自

---

① "有孚"，可理解为"坚定对合作者的信任"之义；"挛"，《说文解字》释为"挛，系也"；"无咎"，此处可理解为"有诚信的行为不会带来与本义相悖的后果"。

② "翰音"为鸡的代称，《礼记·曲礼》有"凡祭宗庙之礼……羊曰柔毛，鸡曰翰音"之语；"贞凶"，可理解为"预期风险极大"之义。

身的经济利益；其四，生态利益主体、经济利益主体之间相互信任、相互协同的重要基础是：各自的利益诉求、各自的行为特征是透明可知的，相互之间顾及对方的利益；其五，作为相互信任、相互协同的基础，还要信守步伐一致的合作原则；其六，作为相互信任、相互协同的重要基础，就是要谋求长期的协作协议，以解决相互之间的"囚徒困境"问题。

第六十二章　小过

【原文】

小过卦

艮下震上

小过，亨，利贞。可小事，不可大事。飞鸟遗之音，不宜上，宜下，大吉。

初六，飞鸟以，凶。

六二，过其祖，遇其妣。不及其君，遇其臣。无咎。

九三，弗过防之，从或戕之，凶。

九四，无咎。弗过遇之，往厉必戒，勿用永贞。

六五，密云不雨，自我西郊。公弋取彼在穴。

上六，弗遇过之，飞鸟离之，凶，是谓灾眚。

【新认识与新释译】

"小过"的含义是①：事物发展过程中，对于一些问题，虽然无法采用最根本的解决路径，此时不妨寻求退而求其次的途径去解决。

"小过，亨，利贞。可小事，不可大事。飞鸟遗之音，不宜上，宜下，大吉"，此句的含义是：寻求退而求其次的解决路径，是事物发展过程中正常作为，尽管不是最好的解决路径，同样有利于事物顺利发展。但要认识到，这一方式只适用于非关键性问题的解决，对于关键性问题，只能寻求根本性的解决途径。如同飞鸟因离散而寻找自己的群体时，尽管无法直接向领头之鸟发出呼救信息，但其在空中的鸣叫声，能够被其同伴知晓，这样同样是有效的。

---

① "过"，《说文解字》释为"过，度也"即"边走边度量"之义。《系辞传》"断木为杵，掘地为臼，臼杵之利，万民以济，盖取诸小过"。"小过"，帛书本作"少过"。"少"，《说文解字注》释为"不多也。不多则小，故古'少''小'互训通用"。

　　"小过，亨，利贞"①，可理解为"寻求退而求其次的解决路径，是事物发展过程中正常现象，尽管不是最优解决路径，同样有利于事物顺利发展"之义；"可小事，不可大事"，可理解为"寻求退而求其次的解决路径，只适用于非关键性问题的解决，不能用于根本性、关键性的问题"之义；"飞鸟遗之音，不宜上，宜下"②，可理解为"飞鸟因离散而在空中发出鸣叫声，只会被其同伴知晓，而难以被其上的头鸟察觉"之义；"大吉"③，此处可理解为"尽管不是最好的解决方式，但也有利于事物的顺利发展"之义。

　　"飞鸟以，凶"的含义是④：事物发展过程中，面对某一问题，无法实现根本性的解决路径，如果因此而放弃的话，那么，其前景必然充满风险。如同飞鸟离群后，因无法让头鸟知晓就放弃的话，那将面临极大风险。

　　"过其祖，遇其妣。不及其君，遇其臣。无咎"的含义是：事物发展过程中，面对某一问题，虽然无法听取关键性人士的意见，不妨退而求其次寻求相对次要地位人士的意见，同样有利于问题的解决。如同原本应当去拜见祖父却未能如愿，转而去拜见祖母；又如同理应去拜见君主却未能如愿，转而去拜见重臣，这样做都不会带来不利的后果。

　　"过其祖，遇其妣"⑤，可理解为"未能拜见到祖父，转而去拜见祖母"之义；"不及其君，遇其臣"⑥，可理解为"未能拜见到君主，转而拜见重要臣僚"之义；"无咎"，可理解为"该行为不会带来与本义相悖的后果"之义。

　　"弗过防之，从或戕之，凶"的含义是⑦：事物发展过程中，寻求退而求其

① 本书作者认为，《小过卦》讨论的主题是"退而求其次的解决问题方法"，以现代学术语言来认识，可理解为"次优"之义。此外，《大过卦》的卦名源于"过涉灭顶"，其含义是"对于一个充满危险之所，应远离。否则，将承受灭顶之灾"。可见，《小过卦》与《大过卦》没有直接联系，不宜相提并论。
② "遗"，《说文解字》释为"遗，亡也"，此处可理解为"飞鸟离群"之义。
③ "大吉"，可理解为"对于某一问题，能够通过一定方式有效解决的话，就有利于事物的顺利发展"之义，参见《家人卦·六四》对此语的释义。
④ "以"，《汉字源流字典》释为"以与已同源"，此处可理解为"停止"之义。
⑤ "遇"，此处可理解为"拜见"之义。《周礼·春官·大宗伯》有"春见曰朝，夏见曰宗，秋见曰觐，冬见曰遇，时见曰会，殷见曰同"之述。
⑥ "及"，此处可理解为"拜见"之义。《左传·宣七年》有"与谋曰及"之语。
⑦ "防"，《说文解字注》释为"堤也。《周礼·稻人》曰：以防止水。引申为凡备御之称"；"从"，《说文解字》释为"从，相听也。随行也"；"戕"，为"他国之人杀害本国君主"之义，《左传·宣公十八年》有"凡自虐其君曰弑，自外曰戕"之述；"凶"，可理解为"充满不确定性和较大风险"。

次的途径去解决是正常的。但其前提是：无法采用最根本的解决路径。如果根本途径是可行的，而有意不去采用的话，那么，极有可能被"次优路径"引入歧途，这样做必然带来风险。如同本来能够见到君主，而有意回避君主，却去面见重臣，这样做是极其危险的。

"无咎。弗过遇之，往厉必戒，勿用永贞"的含义是：在一切正常的情形下，面对某一问题，恰巧显现了"次优"解决路径，如果就加以采用的话，是存在风险损失的。还是应当充分考虑是否存在最好的解决路径，这样做的话，就不会存在风险损失。如同还未及拜见君主却见到了重臣，这样的情形应当尽可能避免，否则存在很大的风险。

"无咎"①，此处可理解为"一切正常的情形"之义；"弗过遇之，往厉必戒"②，可理解为"还未及拜见君主却意外地见到了重臣。这种情形必然是存在风险的，应当事先有所预案对策"之义；"勿用永贞"，可理解为"最好谨慎而为，不让那样的情形出现，那样其预期风险就不会产生"之义。

"密云不雨，自我西郊。公弋取彼在穴"的含义是：事物发展过程中，遭遇问题，首先要等到问题明确之后，再去考虑采用根本方式还是退而求其次的方式去解决。如同尽管乌云密布，但大雨还只是在郊外，大雨是否真正到来，还有待观察变化；又如同有人田猎时，飞鸟在巢中是否会被人观察到而被猎获尚未可知。这些情况下，就不要急于选择解决问题的方法。

"密云不雨，自我西郊"③，可理解为"乌云密布，但大雨尚在郊外，是否到来，有待观察"之义；"公弋取彼在穴"④，可理解为"诸侯众人田猎时，飞鸟恰好停留在鸟巢中"之义。

"弗遇过之，飞鸟离之，凶，是谓灾眚"的含义是：事物发展过程中，遭遇问题时，既不考虑根本方式也不考虑退而求其次的方式去解决，听之任之的话，

---

① "无咎"，通常放在卦辞、爻辞的最后，其含义是"某一行为不会带来与本义相悖的影响或后果"。而"无咎"，放在卦辞、爻辞的起始，其含义略有不同，可理解为"一切正常的情形"之义。

② "厉"，可理解为"超出其能力或超出其预期的大风险"；"戒"，《说文解字》释为"戒，警也。又，持戈以戒不虞"。

③ 《小畜卦》亦有"密云不雨，自我西郊"之语。其含义是：乌云密布，大雨尚在郊外，大雨是否真正到来，还有待观察变化。

④ "弋取"，即"用带绳子的箭射鸟"。《诗经·大雅·桑柔》有"如彼飞虫，时亦弋获"；"穴"，《说文解字注》释为"土室也。引申之凡空窍皆为穴"。此处可理解为"鸟巢"之义。

其结果必然是凶险的，承受灾祸后果也是必然的。如同因意外地见到了重臣，就不再去拜见君主；又如同飞鸟失群，既不向头鸟发出求救信号，也不向同伴发出信号，那么，最终必然彻底失群。

"弗遇过之"，可理解为"还未及拜见君主却意外地见到了重臣"之义；"飞鸟离之"①，可理解为"飞鸟离群"之义；"凶，是谓灾眚"，可理解为"风险极大，必受灾祸"之义。

【哲理意涵】

本章的哲理意涵：事物发展过程中，某些情形下无法采用最优路径，则可寻求退而求其次的次优途径。应针对不同的状况采取不同的对策。其一，面对某一问题，无法达成最优解决路径时，不可因此而放弃，否则前景充满风险；其二，面对某一问题，无法听取关键人士意见而知晓最优路径时，不妨听取次要人士意见而知晓次优路径，同样有利于问题的解决；其三，选择次优路径，一定要确认最优路径是否确实不可行，如果有最优路径却先行选择了次优路径，则可能被"次优路径"引入歧途；其四，应预防因先行认识到次优路径反而错过了最优路径的情形；其五，遭遇问题时，要等到问题明确之后，再去考虑采用最优路径还是次优路径；其六，遭遇问题时，既不考虑最优路径，也不考虑次优路径，听之任之的话，则必然导致风险损失。

【生态文明启示】

"小过"的生态文明启示是：生态文明建设的推进过程中，某些情形下无法采用最优路径，则可寻求退而求其次的次优途径。例子之一，对于一个区域经济活动规模，先行确定其生态环境容量，再以其容量去规制经济规模，是最优的路径。但在现实中，很多区域实际上的经济规模已经超过了其生态环境容量，此时就无法以生态环境容量去规制经济规模，只能谋求其他路径。如可采取逐步降低污染强度（单位经济规模的污染排放）作为其规制目标。例子之二，对于低碳经济的推进，对企业进行碳排放约束，是最直接有效的路径。但是，企业追求利润最大化是其本质特征，所以，企业并没有动机去推进低碳经济活动。此时，不如退而求其次地通过消费者规制来推动，如果制度机制能够使得消费者形成低碳消费倾向，那么，生产者必定为市场利益而迎合消费者的消费偏好，进而转向低碳生产方式。

① "离"，此处可理解为"飞鸟离群"之义。《广韵》有"近曰离，远曰别"之释。

第六十三章　既济

【原文】

既济卦

离下坎上

既济，亨，小利贞，初吉，终乱。

初九，曳其轮，濡其尾，无咎。

六二，妇丧其茀，勿逐，七日得。

九三，高宗伐鬼方，三年克之，小人勿用。

六四，繻有衣袽，终日戒。

九五，东邻杀牛，不如西邻之禴祭，实受其福。

上六，濡其首，厉。

【新认识与新释译】

"既济"的含义是①：事物发展即将达成目标之时，应适当调整节奏，以使目标恰到好处地达成。

"既济，亨，小利贞，初吉，终乱"的含义是②：事物发展即将达成目标，是事物发展顺利的体现。只有节奏得当，其目标才能恰到好处地达成。应避免此前一切顺利却因最后节奏过快而导致结果不完美的情形。

"曳其轮，濡其尾，无咎"的含义是：事物发展即将达成目标之时，应调整

---

① "既"，在甲骨文和金文中像一个人坐在食器（皂）前扭头的样子，本意为吃完饭了，引申为"已经、完了"之义；"济"，为"渡过河流"之义，《楚辞·屈原·涉江》有"济乎江湖"之语。引申为"完成、功成"之义。

② "小利~"，可理解为"如果某行为适当的话，有利于~。（否则，将出现不利后果）"之义。参见《贲卦》对此语的阐释；"乱"，《说文解字注》释为"乱，不治也"，即"杂丝有待理清"，此处可理解为"不完美"之义。

节奏，有意识地适当制动减速缓行。如同制动车轮的装置，可使车子适当缓行；又如同小狐狸渡河有意沾湿尾毛，以减缓渡河速度。此类有意识的缓行准备，是没有坏处的。

"曳其轮"①，可理解为"以制动使车速减缓"之义；"濡其尾"②，可理解为"有意识地放慢渡河速度"之义；"无咎"，可理解为"适当缓行不会带来与本义相悖的后果"。

"妇丧其茀，勿逐，七日得"的含义是③：事物发展即将达成目标之时，对于过往未能满足的或损失的事物，不要急于去弥补、补偿。这就如同丢失了马车上的贵重饰物，不必急于去寻找，过些时日可望失而复得。

"高宗伐鬼方，三年克之，小人勿用"的含义是④：眼看事物发展即将达成目标之时，更不可急于求成。如同殷商高宗武丁时期，（周族受命）征伐鬼方，用了三年的时间才取胜。胜利来之不易，就是不急不躁，稳步推进的结果。急于求成的普通人，是无法如此行事的。

"繻有衣袽，终日戒"的含义是⑤：事物发展即将达成目标之时，依然应对可能的风险时刻保持戒备并做好应对准备。如同穿着有所破败的衣物，时刻保持着居安思危的意识。

---

① "曳"，《说文解字》释为"曳，臾曳也"，即"双手抓着拖曳"之义，此处可理解为"刹车之类的制动装置"。

② "濡"，为"沾湿"之义，《诗·曹风·候人》有"不濡其翼"之句；"尾"，《说文解字》释为"尾，微也。从到毛在尸后。古人或饰系尾，西南夷亦然"。"濡其尾"，《史记·春申君列传》有"诗曰'靡不有初，鲜克有终'。易曰'狐涉水，濡其尾'。此言始之易，终之难也。何以知其然也？昔智氏见伐赵之利而不知榆次之祸，吴见伐齐之便而不知干隧之败。此二国者，非无大功也，没利于前而易患于后也"之论说。

③ "茀"，《说文解字》释为"茀，道多艸，不可行"，此处之"茀"，《孔颖达疏》释为"蔽饰"，即"贵妇所乘车辆上的蔽饰"。《震卦·六二》亦有"勿逐，七日得"之句。

④ "高宗"，即殷商时期的高宗武丁；"鬼方"，为上古部落，为商、周西北境强敌。《诗经·大雅·荡》有"内奰于中国，覃及鬼方"之语。"高宗伐鬼方"，应理解为"高宗时期，（周族受命）征伐鬼方"，因为《未济卦·九四》有"震用伐鬼方，三年，有赏于大国"之语，很显然不是高宗出征，而是其附属国出征。由此，《易经》对于重要文字的省略表述方式可见一斑。

⑤ "繻"，《说文解字》释为"繻，缯采色"，即指彩色、细密的丝织品；"有"，《说文解字》释为"有，不宜有也"，《说文解字注》释为"不宜有也。谓本是不当有而有之称"；"袽"释为《玉篇》"袾袽，敝衣也"。综合起来，"繻有衣袽"，可理解为"衣着有所破损而体现居安思危"之义；"戒"，《说文解字》释为"戒，警也"。

　　"东邻杀牛，不如西邻之禴祭，实受其福"的含义是①：事物发展即将达成目标之时，更应关注利益相关者的人心和利益共享，而不是关注场面宏大的仪典。这就犹如，东方商纣王虽然杀牛祭祀，场面盛大，却不如西方西伯薄祭的实际效果，关键还在于人们内心的实际感受。

　　"濡其首，厉"的含义是②：事物发展即将达成目标之时，也不是越缓行越好，关键在于调整节奏的方式适当。不适当的方式和程度，反而可能带来额外的风险。如同小狐狸渡河，如果不是适当地沾湿尾部，而是过当地沾湿头部的话，以如此过当方式去减缓速度，就不一定能够顺利渡河，反而给渡河带来风险。

【哲理意涵】

　　本章的哲理意涵：事物发展即将达成目标之时，应适当调整节奏，以使目标恰到好处地达成，以避免最终结果不完美的情形。应关注几种状况。其一，目标即将达成之时，应及时调整节奏，有意识地适度制动减速缓行；其二，目标即将达成之时，对于过往的损失，不要急于去弥补；其三，目标即将达成的关键时刻，更不可急于求成；其四，目标即将达成之时，依然应对可能的风险保持戒备；其五，目标即将达成之时，更应关注利益相关者的人心和利益共享；其六，目标即将达成之时，应及时调整节奏，但方式和程度应适当，避免过当行为带来额外风险。

【生态文明启示】

　　"既济"的生态文明启示是：生态文明建设过程中，推行低碳、绿色、循环等经济发展方式是手段，其根本目的是使经济活动对生态环境的影响，不超过自然生态系统的承受能力，使得自然生态系统的生态功能的"可持续性"得以维护。但在现实中，往往把手段当作目的，推行"一刀切"的生态环境治理政策。这样的治理方式，并不是达成根本目标的有效方式，既损害经济效率，也损害生态环境治理效率。所以，在具体治理过程中，应针对各区域的生态承载力特征、经济规模及结构特征、生态环境质量的合意目标等，有针对性地制定有差别的治理政策。

----

① "禴"，为"古代四时祭礼"。《汉典》有"春祭曰祠，夏祭曰禴，秋祭曰尝，冬祭曰烝"之语，《孔颖达疏》有"四时之祭最薄者也"之说；"实"，《说文解字》释为"实，富也"，而对"富"则释为"富，备也"。由此，"实受其福"，可理解为"各自得到了其利益"之义。

② "濡其首"，与"濡其尾"之义相对。此处可理解为"沾湿头部"之义；"厉"，可理解为"超出其能力或超出其预期的大风险"。

第六十四章　未济

【原文】

未济卦

坎下离上

未济，亨。小狐汔济，濡其尾，无攸利。

初六，濡其尾，吝。

九二，曳其轮，贞吉。

六三，未济，征凶。利涉大川。

九四，贞吉，悔亡。震用伐鬼方，三年，有赏于大国。

六五，贞吉，无悔。君子之光，有孚，吉。

上九，有孚于饮酒，无咎。濡其首，有孚失是。

【新认识与新释译】

"未济"的含义是①：事物将要发展到最终阶段，需要通过制动方式使发展速度减缓下来。制动不得当的话，将导致难以准确达成目标，或是未及，或是过当。

"未济，亨。小狐汔济，濡其尾，无攸利"的含义是：事物将要发展到最终阶段，通过制动方式使之达成最佳目标，有所不足或有所过当，都是正常的。要想更为准确地达成目标，就应根据具体情况选择最为得当的制动方式。如同小狐狸渡河，不考虑河流的状况，而一成不变地选择沾湿尾部的方式，就不是得当的选择。

"未济，亨"，可理解为"事物将要发展到最终阶段，通过制动方式使之达

---

① 《未济卦》的卦名，显然来自《未济卦·六三》"未济"之语。参照该爻的阐释，可理解为"未能完成以制动使已经发展到极限的事物减缓下来"之义。

成最佳目标，有所不足或有所过当，都是正常的"之义；"小狐汔济，濡其尾"①，可理解为"小狐狸渡河有意识地提前沾湿尾部，在正常情况下是合理的。但如果是渡过一条干涸得很浅的河流，沾湿尾部反而不利于顺利渡河"之义；"无攸利"，可理解为"难以实现本可顺其自然而带来的利益"。

"濡其尾，吝"的含义是：不根据具体情况选择得当的制动方式，会带来一定的风险损失。如同小狐狸渡河，不考虑河流的状况，而一成不变地选择沾湿尾部，其渡河的效果就不是合理的。

"曳其轮，贞吉"的含义是②：根据具体情形随时改变制动节奏，则更有利于达到最佳目标。如同以手制动使车速减缓下来，很容易使车辆停在目标位置。

"未济，征凶。利涉大川"的含义是③：事物将要发展到最终阶段，未能通过制动方式准确达成目标的话，则对新阶段的发展可能带来不确定性风险。但这一风险不是根本性的，在此条件下，依然适合克服更大困难去追求新阶段的发展目标。

"贞吉，悔亡。震用伐鬼方，三年，有赏于大国"的含义是：通过制动方式准确地达成最佳目标的话，各种所担心的风险因素都得以消除。这种稳扎稳打的策略是有利于长远发展目标的。如同周族季历受商王武丁之令讨伐鬼方国，经历多年，既达成了完成商王指令的当前目标，也因此树立了自身威望，为未来阶段的伐商目标奠定了基础。

"贞吉，悔亡"④，可理解为"通过制动方式准确地达成最佳目标的话，各种所担心的风险因素都得以消除"之义；"震用伐鬼方，三年，有赏于大国"⑤，可理解为"商王武乙，曾令周侯季历讨伐鬼方国。季历伐鬼方经年，受到了商王奖赏。同时，也树立了自身的威望，为后来的伐商奠定了基础"之义。

"贞吉，无悔。君子之光，有孚，吉"的含义是：通过制动方式准确地达成最佳目标的话，不会形成任何风险因素。其影响范围内，都会形成其信用，有

---

① "汔"，《说文解字》释为"汔，水涸也"；"濡其尾"，参见《既济卦·初九》之释。
② "曳其轮"，参见《既济卦·初九》之释；"贞吉"，可理解为"预期风险较小"之义。
③ 此句显然有所省略，此处"未济"，可理解为"未能完成以制动使车速减缓之目的"之义；"征凶"，可理解为"对其长远目标可能带来较大的不确定性风险"；"利涉大川"，参见《需卦》对其的阐释，即"克服较大的困难，过渡到一个新阶段"之义。
④ 此处的"贞吉"，即指《未济卦·九二》"曳其轮，贞吉"所达成的状态。
⑤ "震"，本义为"雷电"，此处可理解为"因慑于恐惧而采取某一行为"之义。《尔雅·释诂》有"震，惧也"之释。

利于进一步的发展。

"贞吉，无悔"①，可理解为"通过制动方式准确地达成最佳目标的话，不会形成任何风险因素"之义；"君子之光，有孚，吉"②，可理解为"该事物整体的影响范围内，都会形成其信用，有利于进一步的发展"之义。

"有孚于饮酒，无咎。濡其首，有孚失是"的含义是：通过制动方式准确地达成最佳目标后，为使其影响范围内更好地形成信用，以合适的方式，适当地放缓下一步的节奏，不会带来不良后果。但是，放缓一定要适度，方式要得当。否则即使获得信用也违背了其基本准则。如同小狐狸渡河，如果不是正常地沾湿尾部，而是沾湿头部，反而对其顺利渡河带来风险。

"有孚于饮酒，无咎"③，可理解为"为使其影响范围内形成信用，以合适的方式，适当放缓节奏，不会导致不利的后果"之义；"濡其首"④，可理解为"小狐狸渡河，不是合理地沾湿尾部，而是沾湿头部"之义；"有孚失是"⑤，可理解为"即使获得了信用，也有悖于其准则"之义。

【哲理意涵】

本章的哲理意涵：事物将要发展到最终阶段，需要通过制动方式使发展速度减缓下来，使之达成最佳目标，有所不足或有所过当，都是正常的。要想更为准确地达成目标，就应根据具体情况选择最为得当的制动方式。要注意几种情形。其一，如果不根据具体情况选择得当的制动方式，会带来一定的风险损失；其二，若能根据具体情形随时改变制动节奏，更有利于达到最佳目标；其三，未能通过制动准确达成目标的话，对进一步发展有所影响，但不影响其进入新的发展阶段；其四，若能通过制动准确达成目标，风险因素得以消除，这一稳扎稳打策略有利于长远目标；其五，若能通过制动准确达成目标，有利于其在影响范围内形成信用，有利于进一步发展；其六，通过制动准确达成目标后，为使更好地形成信用，可适当放缓下一步节奏。但要适度且方式得当，否

---

① 此处的"贞吉"，即指《未济卦·九二》"曳其轮，贞吉"所达成的状态。
② "光"，《说文解字》释为"光，明也。从火在人上，光明意也"，此处可理解为"影响所辐射的范围"之义。
③ 《需卦·九五》有"需于酒食"之语，为"以轻松心态、进饮食等方式以等候雨停天晴"，此处"于饮酒"，与之有相近的含义；"无咎"，可理解为"这一行为不会带来与本义相悖的后果"之义。
④ 《既济卦·上六》也有"濡其首"之语，参见对此语的阐释。
⑤ "有孚"，可理解为"对于……坚定其信念"之义；"是"，《说文解字注》释为"直也。直部曰：正见也"。"失是"，可理解为"丢弃了此原则"之义。

则即使获得信用也有悖于其准则。

【生态文明启示】

"未济"的生态文明启示是：工业文明向生态文明的转型过程中，转型发展到一定阶段，需要通过有效方式使经济发展速度适当减缓，使之达成经济发展质量与生态环境相协调的目标。为了合理地减缓经济增长速度，就应根据具体情况选择最为得当的制动方式。要根据具体情况选择得当的经济减速方式，使经济减速的风险尽可能地降低；要根据社会经济反应不断调整减速节奏与方式，以利于更为平稳地达成目标；减速过程中，应兼顾相关群体的利益，以使各利益群体能够形成生态—经济相协调的社会共识和社会共同行动。

参考文献

[1] 王弼, 韩康伯, 孔颖达, 陆德明. 周易注疏 [M]. 北京: 中央编译出版社, 2013.

[2] 许慎. 说文解字 [M]. 北京: 中华书局, 2013.

[3] 段玉裁. 说文解字注 [M]. 北京: 中华书局, 2013.

[4] 谷衍奎. 汉字源流字典 [M]. 北京: 语文出版社, 2008.

[5] 康熙字典 [M/OL]. https: //www.cidianwang.com/kangxi/yi/yi2342.htm.

[6] 李光地撰, 李一忻点校. 周易折中 [M]. 北京: 九州出版社, 2002.

[7] 李学勤. 周易溯源 [M]. 成都: 巴蜀书社, 2006.

[8] 陈鼓应, 赵建伟. 周易今注今译 [M]. 北京: 商务印书馆, 2016.

[9] 南怀瑾, 徐芹庭译注. 白话易经 [M]. 长沙: 岳麓书社, 1988.

[10] 孙振声编著. 白话易经 [M]. 台北: 星光出版社, 1981.

[11] 方光华. 试论道家思想与《易传》的形成 [J]. 周易研究, 1994 (04).

[12] 钟茂初.《道德经》新识及其生态文明启示 [M]. 北京: 光明日报出版社, 2019.

[13] 郭志城等编著. 中国术数概观 [M]. 北京: 中国书籍出版社, 1991.

[14] 吴克峰.《周易》中的逻辑理论分析 [J]. 中州学刊, 2006 (02).

[15] 金春峰.《周易》对中国哲学史研究之重要意义——以若干重要问题为例兼论重写中国哲学史 [J]. 周易研究, 2018 (03).

[16] 杨振宁.《易经》对中华文化的影响 [J]. 自然杂志, 2005 (01).

[17] 林义正. 论中国经典诠释的两个基型: 直释与旁通——以《易经》的诠释为例 [J]. 周易研究, 2006 (02).

[18] 胡祥云.《易经》占断之辞的哲学意蕴 [J]. 古籍研究, 2003 (04).

[19] 周山.《周易》与类比推理 [J]. 周易研究, 2007 (06).

[20] 姚淦铭.《说文》编纂的《易》哲学视界 [J]. 辞书研究, 2009 (05).

[21] 欧阳康, 孟筱康. 试论《周易》的原初意义与现代意义 [J]. 周易研究, 2002 (04).

[22] 叶福翔. 周易思想综合分析——兼论《周易》成书年代及作者 [J]. 中山大学研究生学刊 (社会科学版), 1995 (02).

[23] 马新钦, 白海溶.《周易》断辞所蕴含的思想 [J]. 管子学刊, 2006 (02).

[24] 李零.《周易》是本什么样的书 [EB/OL]. http://www. aisixiang. com/data/75694-5. html.

后 记

　　"耳顺"之年将近，对于哲学问题的思考有着更为强烈的愿望，而读懂读通中国古代哲学思想的愿望尤为迫切。在读懂《道德经》的目标告一段落之后①，读懂弄通《易经》就成为新一个目标。有着近3000年历史、有"群经之首"之称的《易经》，到底是一部什么样的典籍，到底蕴涵了哪些深邃的思想？千百年来阐释《易经》的著述，"汗牛充栋"都难以形容其繁浩，却难觅一册逻辑清晰、简明易懂的释本。应当如何去读懂《易经》，几乎无从下手。

　　源于"道听途说"而对《易经》形成的初始印象是：博大精深、包罗万象、高深莫测。而浏览《易经》文本后形成的印象则是：文字晦涩难懂、其义讳莫如深。但对于《易经》的深邃与精妙深信不疑。初接触《易经》时，之所以叹服其精妙，就在于《易经》存在多种关系的统一：上卦与下卦的关系，同一卦中六爻相互之间的"承、乘、比、应"关系②，六十四卦次序中前后卦两两之间的关系，以及本卦与综卦、错挂、变卦之间的关系。也就是说，如果每种关系以一个方程来表达的话，那么，全部方程构成的方程组必须有解才能够使上述各种关系得以体现。这是何其精妙的一个系统设计！然而，随着相关思考不断深入之后，逐步意识到上述关系同时成立几乎是不可能的！以现代学术思想来认识，如果上述关系确实存在的话，必然存在诸多的均衡方程，寻求这些方程同时成立的"解"，最大可能是"无解"；与此同时，认真思考后还意识到：《易经》，与《易传》各篇（《文言》《象传》《彖传》《系辞传》《说卦传》

---

① 拙著《〈道德经〉新识及其生态文明启示》，已于2019年由光明日报出版社出版。
② 承，指称阴爻对上一爻的阳爻关系；乘，指称：当阴爻在上时，阴爻对其下一爻的阳爻关系；比，指称阴爻与阳爻的相邻关系（初与二，二与三，三与四，四与五，五与上）；应，指称初与四，二与五，三与上之间的呼应关系。

《序卦传》《杂卦传》等）之间，是完全不同的逻辑阐述体系，多种阐述体系杂糅在一起，必定引致逻辑的混乱；再者，还认识到，一个卦的卦象，不可能体现特定的哲学思想。例如，乾卦的卦象与二进制数字（111111）两者是等价的。面对一个二进制数字，不可能阐释出其特定的意涵，怎么就能够对一个等价的卦象却能解读出那么精深的意涵呢？显然，后世易学家们外生性地附加了各自的假设。

有此三点"意识"之后，对于如何读懂《易经》，也就显现了清晰的路径。那就是，一要把《易经》卦辞爻辞之外的一切内容，从《易经》的解读过程中剔除出去；二是只对《易经》文字的"义理"进行阐释，而对所谓"象数"不做附会；三是对于各卦的卦象，只认作为一个计序符号和特定的象形文字，而不对其结构做出任何"解析"。换言之，摒除千百年来各个历史时期和各种历史思潮背景下加诸《易经》的种种阐释，对于各种司空见惯的认识都应打上一个问号。也就是，要回归到《易经》本身的词句和语境，才能真正地认识《易经》的本义，才能真正地认识《易经》所要阐述的哲学思想。尽管，"《易传》已经是《周易》不可缺少的组成部分"，似乎是众多易学家的"共识"。但其逻辑基础并不可靠，其杂糅过程中的逻辑混乱是无法自圆其说的。撇开《易传》等释本，并不是要标新立异，只是基于逻辑判断的理性回归。明知原来的道路存在逻辑错误的情形下，没有理由一味地坚持下去！对此，《易经》之认识论思想值得借鉴。如同《复卦》六四爻辞"中行独复"，其意涵是：原本从众而行，但对照本真目标，独自醒悟后，即使他众依然固往，也应自行返归。

可见，读懂弄通《易经》关键在于把握其逻辑合理性。既要从逻辑合理的角度，去摒除那些与《易经》文本本身无关的文献；也要从逻辑合理的角度，去摒除那些在逻辑混乱思维下得出的"认识"；还要从逻辑合理的角度，对各卦所讨论的问题要有一个明确的界定。如果《易经》同一卦的卦辞爻辞并非讨论同一问题，而是漫无目的地随意讨论各种问题的话，那么，《易经》也就不成其为有哲学价值的著作，也就不值得去探究。要把握《易经》的逻辑合理性，就不得不下一番笨功夫，就必须一个字一个字去分析其本义，一个词一个词去理解其含义，一句话一句话去体悟其意涵。对于《易经》中的大部分用字，理应查阅《说文解字》《说文解字注》《康熙字典》等工具文献中的释义，再结合文本中的前后文，以选择各个用字在《易经》文本中的合理释义。把握《易经》

的逻辑合理性，就要基于对讨论问题的准确判断，进而基于上下文的有机联系，对行文省略部分，做出合理增益，以便于将一段文字有逻辑地串联起来，以更好地理解行文所表达的思想。

把握了逻辑合理性的原则，读懂弄通《易经》的哲理思想也就能够水到渠成。一方面，虽然《易经》"象—数—理"的精妙经不起逻辑上的推敲，这并不是《易经》本身的问题，而是后世易学家们强加诸其身的。但是，《易经》以简单的类比思维所阐述的哲理思想，则不可谓之不深邃。仅举一例。《无妄》卦中的一句爻辞"不耕获，不菑畬，则利用攸往"，其含义是：不怀获取意外利益之念，既不过分追求短期收获，也不追求超前获取利益。如同不耕种应当休耕的田地，不耕种刚刚开垦尚未成熟的田地。遵循这些原则去行事就有利于事物发展顺利。这一深刻哲理，于今人仍然有其切实价值。另一方面，《易经》的哲理思想，往往会因其为一本占卜之书而误解。其实，《易经》的"占断"，并不是针对某一事物的主观评断。它所"占断"的是：面对某一类问题时，如果采取某种应对方式，将会引致什么样的结果。例如，《临》卦中的一句爻辞"咸临，吉，无不利"，其含义是：以德威并用的方式，来引导、敦促民众遵照节令及时耕种，预期效果良好，不会有不利的影响。由此可见，其中的"占断"，是一种客观的分析，依然适用于当代人的思维方式。

《易经》的哲理思想，对笔者所从事的生态文明和可持续发展研究，亦有诸多的启示。例如，《泰》卦的一句爻辞"翩翩，不富以其邻，不戒以孚"，其生态文明启示是：人类成员所追求的目标无外乎"幸福"。而要达成这一目标，最有效的方式是尽可能减轻各种不必要的负累，尽可能减少人与人之间因戒防而增加的防备成本。由此，人们既得到了安宁和幸福，也大大减少了许多无谓的资源消耗和生态环境损耗。此类启示，无疑有其深刻的现实价值。

以上是笔者对于阅读《易经》、解读《易经》哲理思想的若干心路历程，犹如经历了"看山是山，看山不是山，看山还是山"① 的渐进认知过程。基于上述认知，本书力图还原《易经》本义，进而发掘《易经》哲理的现实价值，但由于自身认识能力和知识水平所限，无可避免地存在失之偏颇的解读，坦陈

---

① 此语源自禅宗大师青原惟信语："老僧三十年前未参禅时，见山是山，见水是水；及即至后来，亲见知识，有个入处，见山不是山，见水不是水；而今得个休歇处，依前见山只是山，见水只是水。"

之余亦期读者批评指正。

本书出版，得到光明日报出版社"博士生导师文库"的支持，谨致谢忱。

钟茂初

2020 年 12 月 1 日于南开园